纪念版

中华现代学术名著丛书

中国教育改造

陶行知 著

商务印书馆
创于1897 The Commercial Press

2017年·北京

图书在版编目(CIP)数据

中国教育改造/陶行知著. —北京:商务印书馆,2017
(中华现代学术名著丛书:120年纪念版)
ISBN 978-7-100-15159-7

Ⅰ. ①中… Ⅱ. ①陶… Ⅲ. ①陶行知(1891—1946)—教育思想—文集 Ⅳ. ①G40-092.6

中国版本图书馆CIP数据核字(2017)第212631号

《中国教育改造》
据亚东图书馆1928年版排印

中华现代学术名著丛书
(120年纪念版)
中国教育改造
陶行知 著

商务印书馆出版
(北京王府井大街36号 邮政编码100710)
商务印书馆发行
北京冠中印刷厂印刷
ISBN 978-7-100-15159-7

2017年12月第1版 开本710×1000 1/16
2017年12月北京第1次印刷 印张20¾

定价:108.00元

陶行知

(1891—1946)

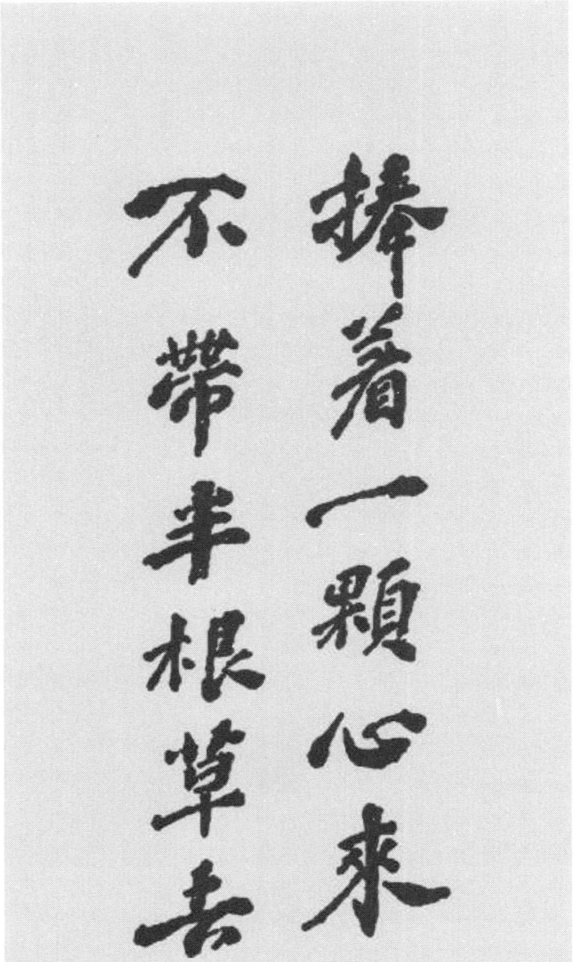

作者手迹

中华现代学术名著丛书
（120 年纪念版）
出 版 说 明

商务印书馆自 1897 年始创，以“昌明教育，开启民智”为宗旨，于建馆翌年便出版了《马氏文通》，这部学术经典既是中国学术现代化的标志之一，也开启了商务印书馆百年学术出版的序幕。

其后，商务印书馆一直与中华现代学术相伴而行，出版了大批具有鲜明原创精神并富于学术建树的经典著作，诸多开山之著、奠基之作都是在本馆首次问世。这些学术经典的出版，使本馆得以引领现代学术发展，激动社会思想潮流，参与民族新文化的构筑，也分享中国学界的历史荣光。

1949 年以后，本馆虽以迻译世界学术名著、编纂中外辞书为侧重，但原创学术著作的出版从未止步。2009 年起，我馆陆续出版“中华现代学术名著丛书”，全面整理中华现代学术成果，深入探寻现代中国的百年学脉。

丛书收录上自晚清下至 1980 年代末中国原创学术名著（包括外文著作），以人文社会科学为主，涵盖文学、历史学、哲学、法学、政治学、经济学、社会学、教育学、地理学、心理学、科学史等众多学科。意在辨章学术，考镜源流，收录各学科学派的名家名作，展现传统文化的新变，追溯现代文化的根基。丛书立足于精选、精编、精校，冀望无论多少年，皆能傲立于书架，更与“汉译世界学术名著丛书”共相辉映，昭示中华学术与世界学术于思想性和独创性上皆可等量齐观，为中国乃至东方学术在世界范围内赢得应有的地位。

2017 年 2 月 11 日，商务印书馆迎来了 120 岁的生日。为纪念本馆与中华现代学术风雨同行的这段历程，我们整体推出“中华现代学术名著丛书”120 年纪念版（200 种），既有益于文化积累，也便于研读查考，同时向长期支持丛书出版的诸位学界通人致以感激和敬意。

“新故相推，日生不滞。”两个甲子后的今天，商务印书馆又站在了一个新的历史节点上。传承前辈的出版精神，迎接时代的新使命，且行且思，我们责无旁贷。

商务印书馆编辑部

2017 年 11 月

凡　例

一、“中华现代学术名著丛书”收录晚清以迄20世纪80年代末，为中华学人所著，成就斐然、泽被学林之学术著作。入选著作以名著为主，酌量选录名篇合集。

二、入选著作内容、编次一仍其旧，唯各书卷首冠以作者照片、手迹等。卷末附作者学术年表和题解文章，诚邀专家学者撰写而成，意在介绍作者学术成就，著作成书背景、学术价值及版本流变等情况。

三、入选著作率以原刊或作者修订、校阅本为底本，参校他本，正其讹误。前人引书，时有省略更改，倘不失原意，则不以原书文字改动引文；如确需校改，则出脚注说明版本依据，以“编者注”或“校者注”形式说明。

四、作者自有其文字风格，各时代均有其语言习惯，故不按现行用法、写法及表现手法改动原文；原书专名（人名、地名、术语）及译名与今不统一者，亦不作改动。如确系作者笔误、排印舛误、数据计算与外文拼写错误等，则予径改。

五、原书为直（横）排繁体者，除个别特殊情况，均改作横排简体。其中原书无标点或仅有简单断句者，一律改为新式标点，专名号从略。

六、除特殊情况外，原书篇后注移作脚注，双行夹注改为单行夹注。文献著录则从其原貌，稍加统一。

七、原书因年代久远而字迹模糊或纸页残缺者，据所缺字数用“□”表示；字数难以确定者，则用“（下缺）”表示。

目　录

上篇　中国教育改造

下篇　相关文章补编

上　篇

中国教育改造

自　　序

这部书代表我在中国教育里摸黑路所见着的几线光明。从“教授”写到“教学”，从“教学”写到“教学做”，人家怕要疑我前后思想矛盾，其实我的矛盾处，便是我的长进处。当选择旧稿时，我曾下了一个决心，凡是为外国教育制度拉东洋车的文字一概删除不留，所留的都是我所体验出来的。所以我所写的便是我所信的，也就是我所行的。

当吾母六十寿辰，我立志要将吾父母传给我最好的精神在中国教育上充分表现出来作为我献与她的寿礼。她所最欢喜的是她的四个孙儿；她常呼他们为她的蟠桃。因此我便想到最好的寿礼，无过于把她爱蟠桃的心推广出去使全国的蟠桃都得到他们所应得的爱护。自从这天以后我便深刻的注意到小朋友们所受的教育。我踏进蟠桃园里去看了一看，知道这蟠桃园已由玉皇大帝交给专好“升赏”的猴王看管了。玉皇大帝所以叫他看管的意思只是怕他“后来闲中生事，不若与他一件事管了，庶免别生事端”。谁知他不当一件事做，往往在园里“耍了一会，吃了几个桃子，变做二寸长的一个人儿，在大树梢头浓叶之下睡着了”。再抬头看看，只有小桃，中桃，后树上的大桃，“止有几个毛蒂青皮的，原来熟的都是猴王吃了”。这不是中国儿童教育的缩影吗！我们要想彻底改造蟠桃园，不但要请出如来法掌去收服猴王，还要“瑶池王母自栽培”才能使它“夭夭灼灼花盈树，颗颗株株果压枝”咧。纸上的教育改造能有多大效力！大家愿把整个的心捧出来献给小孩子才能实现真正的改造。这部书最多不过是画了几条路线罢了，倘使遇不着有心改造的人，便与废纸何异？

陶行知

一七年清明日

试验主义与新教育

《说文》:“新,取木也。”木有取去复萌之力,故新有层出不已之义。新教育与旧教育之分,其在兹乎?夫教育之真理无穷,能发明之则常新,不能发明之则常旧。有发明之力者虽旧必新;无发明之力者虽新必旧。故新教育之所以新,旧教育之所以旧,亦视其发明能力之如何耳。发明之道奈何?曰,凡天下之物,莫不有赖于其所处之境况。境况不同,则征象有异。故欲致知穷理,必先约束其境况,而号召其象征,然后效用乃见。此试验之精神,近世一切发明所由来也。彼善试验者立假设,择方法;举凡欲格之物,尽纳之于轨范之中:远者近之,微者大之,繁者简之,杂者纯之,合者析之,分者通之,多方以试之,屡试以验之,更较其异同,审其消长,观其动静,察其变化,然后因果可明而理可穷也。例如试验甲乙二教授法之优劣,则必将试验时之一切情形,归为一致。盖必先一其教师,一其教材,一其设备,一其时间,一其地方,而所教之学生又须年龄等,男女等,家境等,程度等,然后施以各异之教法,乃可知结果之攸归;屡试而验,然后二法之优劣,乃可得而发明焉。故欲求常新之道,必先有去旧之方。试验者,去旧之方也。盖赏论之,教育之所以旧者五,革而新之,其惟试验。所谓五旧者何?

一曰,依赖天工　彼依赖天工者,待天垂象,俟物示征,成败利钝,皆委于气数。究其流弊,则以有限之时间,逐不可必得之因果,是役于物而制于天也，安得不为所困哉？困即无自新之力矣。苟其有之，或出于偶然。即有常矣，或所示者吝，吾又安能穷其极而启其新耶？荀子曰：“大天而思之，孰与物畜而制之？从天而颂之，孰与制天命而用之？因物而多之，孰与骋能而化之？思物而物之，孰与理物而勿失之也？”此数语可谓中试验精神之窾要矣。盖善试验者役物而不为物所役；制天而不为天所制。惟其以人力胜天工，故能探其奥蕴，常保其新焉。

二曰，沿袭陈法　彼泥古之人以仍旧贯为能事。行一事，措一词，必求先例。有例可援，虽害不问；无例可援，虽善不行。然今昔时势不同，问题亦异。问题既异，方法当殊。故适于昔者未必适于今。徒执古人之成规，以解决今之问题，则圆枘方凿，不能相容，何能求其进步也？故欲求教育刷新进步，必先有试验，以养成其自得之能力。能自得，始能发明；能发明，则陈法自去，教育自新矣。

三曰，率任己意　教育为一种专门事业，必学焉而后成。然从事教育之人，偏欲凭一己一时之意，以定进行之趋向。故思而不学，凭空构想者有之；一知半解，武断从事者有之；甚至昧于解决，以不了了之者亦有之。空想则无新可见；武断则绝自新之路；不了了之，则直无新之希望矣。欲救斯弊，必使所思者皆有所凭，所断者皆有所据；困难之来，必设法求所以解决之，约束之，利用之：凡此皆试验之道也。

四曰，仪型他国　今之号称新人物者，辄以仪型外国制度为能事；而一般之士，见有能仪型外人者，亦辄谓为新人物。虽然，彼岂真能新哉？夫一物之发明，先多守秘密。自秘密以迄于公布，须历几何时？自公布以迄于外传，又须历几何时？况吾所仪型者，或出于误会。以误传误，为害非浅。即得其真相，而辗转传述，多需时日。恐吾人之所谓新者,他人已以为旧矣。不特此也。中外情形有同者,有不同者。同者借镜,他山之石,固可攻玉。不同者而效焉,则适于外者未必适于中。试一观今日国中之教育,应有而无,应无而有者,在在皆是。此非仪型外国之过欤?若能实心试验,则特别发明,足以自用。公共原理,足以教人。教育之进步,可操左券矣。

五曰,偶尔尝试　当一主义发生之时,必有人焉慕其美名而失其真意。其弊也,弥近似而大乱真。乃时人不察,误认试验为尝试。计划不确,方法无定,新猷未出,已中途而废矣。彼真试验者,则不然。必也有计划,有方法,视阻力为当然,失败为难免,具百折不回之气概,再接再厉之精神。成败虽未可必,然世界实由此而进步,教育亦由此而进步。此岂持尝试之见者所可能哉!

既能塞陈旧之道,复能开常新之源,试验之用,岂不大哉!推类至尽,发古人所未发,明今人所未明,皆试验之力量也。吾国数千年来相传不绝之方法,惟有致知在格物一语。然格物之法何在,晦庵与阳明各持一说。晦翁以"即物穷理"释之,近矣。然而即物穷理,又当用何法乎?无法以即物穷理,则物仍不可格,知仍不可致。阳明固尝使用即物穷理者也。其言曰,"初年与钱友同论做圣贤,要格天下之物。……因指亭前竹子令去格看。钱子早夜去穷格竹子的道理,竭其心思,至于三日,使致劳神成疾。当初说他这时精力不足,某因自去穷格,早夜不得其理,到七日亦以劳思致疾。……及在夷中三年,颇见得此意思,乃知天下之物本无可格者;其格物之功,只在身心上做"。类此者皆坐格物不得其法之弊也。假使阳明更进一步,不责物之无可格,只责格之不得法,竞竞然以改良方法自任,则近世发明史中,吾国人何至迄今无所贡献?然亡羊补牢，未为晚也。全国学者，苟能尽刷其依赖天工，沿袭旧法，仪型外国，率任己意，偶尔尝试之旧习，一致以试验为主，则施之教育而教育新，施之万事而万事新，未始非新国新民之大计也。不然，若以应时为尽新之能事，则彼所谓旧教育者，当时亦尝为新教育也；而今之新教育，又安知他日之不或旧耶？

生利主义之职业教育

自本社标解决生计问题为进行之方针，一般学者，往往以文害辞，以辞害意，误会提倡者之本旨。推其原因，多由于不明生计二字之界说所致。惟其不明乎此，故或广之而训作生活，或狭之而训作衣食；驯至彼一是非，此一是非，议论纷纭，莫衷一是。不徒反对者得所藉口，即办学者亦无所适从。其隐为职业教育前途之障碍，良非浅鲜。孔子曰："名不正则言不顺；言不顺则事不成。"故欲职业教育之卓著成效，必自确定一正当之主义始。

夫职业教育之成效既有赖于正当之主义，则问何谓正当之主义，生活乎？衣食乎？抑生活衣食之外别有正当之主义乎？

生活主义包含万状，凡人生一切所需皆属之。其范围之广，实与教育等。有关于职业之生活，即有关于职业之教育；有关于消闲之生活，即有关于消闲之教育；有关于社交之生活，即有关于社交之教育；有关于天然界之生活，即有关于天然界之教育。人之生活四，职业其一；人之教育四，职业教育其一。故生活为全体，职业为部分；教育为全体，职业教育为部分。以教育全体之生活目的视为职业教育之特别目的，则职业教育之目的何以示别于教育全体之目的，又何以示别于他种教育之目的乎？故生活之不能为职业教育独专之主义者，以其泛也。

生活主义固不适于职业教育之采用矣。衣食主义则何如？大凡衣食之来源有四：职业、祖遗、乞丐、盗窃是也。职业教育若以衣食为主义，彼之习赖子、乞丐、盗窃者，不亦同具一主义乎？而彼养成赖子、乞丐、盗窃者，亦得自命为职业教育家乎。此衣食主义之不适于职业教育者一也。不宁惟是，职业教育苟以衣食为主义，则衣食充足者不必他求，可以不受职业教育矣。此衣食主义之不适于职业教育者二也。且以衣食主义为职业教育之正的，则一切计划将趋于温饱之一途。此犹施舍也。夫邑号朝歌，墨翟回车；里名胜母，曾子不入。学校以施舍为主旨，则束身自好者行将见而却步矣。此衣食主义之不适于职业教育者三也。凡主义之作用，所以指导进行之方法。若标一主义不能作方法之指针，则奚以贵？故衣食之可否为职业教育之主义，亦视其有无补助于职业方法之规定耳。夫学校必有师资，吾辈选择职业教员，能以衣食为其资格乎？学校必有设备，吾人布置职业教具，能以衣食为其标准乎？又试问职业学校收录学生，可否以衣食为去取？支配课程，可否以衣食为根据？衣食主义之于职业教育方法，实无丝毫之指导性质。有之，则吾不知也。衣食既不能为职业教育方法施行之指导，则其不宜为职业教育之主义，又明矣。此衣食主义之不适于职业教育者四也。不特此也，吾人作事之目的，有内外之分。衣食者事外之目的也；乐业者事内之目的也。足衣足食而不乐于业，则事外虽无冻馁之虞，事内不免劳碌之患。彼持衣食以为职业教育主义者，是忽乐业之道也。此衣食主义之不适于职业教育者五也。且职业教育苟以衣食主义相号召，则教师为衣食教，学生为衣食学。无声无臭之中隐然养成一副自私之精神。美国人士视职业教育与学赚钱(Learning to earn)为一途，有识者如杜威(Dewey)先生辈，咸以其近于自私，尝为词辟之。吾国当兹民生穷蹙之际，国人已以衣食为口头禅，兴学者又从而助长其焰，吾深惧国人自私之念，将一发难餍矣。此衣食主义之不适于职业教育者六也。是故衣食主义为众弊之渊薮，欲职业教育之有利无弊，非革除衣食主义不为功。

衣食主义既多弊窦，生活主义又太宽泛，二者皆不适用于职业教育，然则果应以何者为正当之主义乎？曰，职业作用之所在，即职业教育主义之所在。职业以生利为作用，故职业教育应以生利为主义。生利有二种：一曰生有利之物，如农产谷、工制器是；二曰生有利之事，如商通有无、医生治病是。前者以物利群，后者以事利群，生产虽有事物之不同，然其有利于群则一。故凡生利之人，皆谓之职业界中人，不能生利之人，皆不得谓之职业界中人。凡养成生利人物之教育，皆得谓之职业教育；凡不能养成生利人物之教育，皆不得谓之职业教育。生利主义既限于职业之作用，自是职业教育之特别目的，非复如生活主义之宽泛矣，此其一。以生利主义比较衣食主义尤无弊窦之可指，故以生利主义为准绳，则不能生利之赖子、乞丐、盗窃与养成之者皆摈于职业教育之外矣，此其二。学校既以生利为主义，则足于衣食而不能生利者无所施其遁避，此其三。父母莫不欲其子女之能生利，职业教育苟以生利为主义，自能免于施舍之性质，自好者方将督促子女入学之不暇，又何暇反加阻力乎？此其四。职业既以生利为作用，吾人果采用生利主义以办职业教育，则生利之方法，即可为职业教育方法之指针，此其五。职业教育既以养成生利人物为主义，则其注重之点在生利时之各种手续，势必使人人于生利之时能安乐其业，故无劳碌之弊，此其六。生利主义侧重发舒内力以应群需，所呈现象正与衣食主义相反。生产一事一物时，必自审曰："吾能生产乎？吾所生产之事物于群有利乎？"教师学生于不知不觉中自具一种利群之精神，此其七。不特此也,能生利之人即能得生活上一部分之幸福;而一衣一食亦自能措置裕如。不能生利之人,则虽有安富尊荣亦难长守。故惟患不能生利,不患不得生活之幸福与温饱。然则生利主义既无生活主义之宽泛,复无衣食主义之丛弊,又几兼二者之益而有之,岂非职业教育之正当主义乎?

生利主义之职业师资　职业教育既以养成生利人物为其主要之目的,则其直接教授职业之师资,自必以能生利之人为限。盖己立而后能立人,己达而后能达人,天下未有无生利经验之人而能教育人生利者。昔樊迟请学稼,子曰:“吾不如老农。”请学为圃,曰:“吾不如老圃。”孔子岂故为拒绝哉?亦以业有专精,事有专习,孔子之不如农圃,亦犹老农老圃之不知六艺耳。由是以推,无治病之经验者,不可以教医;无贸易之经验者,不可以教商。百凡职业,莫不皆然。故职业教师之第一要事,即在生利之经验。无生利之经验,则以书生教书生,虽冒职业教师之名,非吾之所谓职业教师也。

然职业教师不徒负养成生利人物之责,且负有改良所产事物之责。欲求事物之改良,则非于经验之外别具生利之学识不可。无学识以为经验之指导,则势必故步自封,不求进取。吾国农业,数千年来所以少改良者,亦以徒有经验而无学识以操纵之耳。故职业教师之第二要事,是为生利之学识。

兼有生利之经验学识尚不足以尽职业教师之能事。盖教授生利之法,随业而异。有宜先理想而后实习者,有宜先实习而后理想者,有宜理想实习同时并进者。为职业教师者自宜熟悉学者之心理,教材之性质,使所教所学皆能浃洽生利之方法,而奏事半功倍之效。故职业教师之第三要事,为生利之教授法。

准如前说,则健全之职业教师,自必以经验学术教法三者皆具为标准。三者不可得兼,则宁舍教法学术而取经验。盖无学术教法而有经验,则教师尚不失为生利之人物,纵无进取良法,然学生自能仪型教师所为,以生产事物。既能生产事物,即不失职业教育之本旨。如无经验,则教授法无由精密,纵学术高尚,断不能教学生之生利。既不能生利,则失职业教育之本旨矣。是故经验学术教法三者皆为职业教师所必具之要事,然三者之中,经验尤为根本焉。

职业教师既以生利经验为根本之资格,则养成职业师资自当取材于职业界之杰出者。彼自职业中来,既富有经验,又安于其事,再加以学术教法,当可蔚为良材。概之收录普通学子,为事当较易,收效亦当较良且速也。

职业教师既以生利之经验学术教法三者为资格,则如何养成此种教师之方法,亦在吾人必须研究之列。大概养成职业师资之法有三:(一)收录普通学子教以经验学术与教法;(二)收录职业界之杰出人物教以学术与教法;(三)延聘专门学问家与职业中之有经验者同室试教,使其互相砥砺补益,蔚为职业教师。夫经验所需之多少,随职业而异;其需经验较少之职业,利用第一法。如普通师范学校之教师有二三年之经验者,即可作教授之基础,故收录普通学子而养成之,为事甚易。其次则商业学校教员,似亦可以利用此法。但农工等职业之教师,性质迥异,非富有经验,不足以教生利。舍难就易,似不如采用第二法,精选职业界之杰出者养成之。彼既从职业中来,自必有相当之经验,再教以实用之学术教法,为事自顺。然此法效力之大小,常视国中教育普及之程度为差。其在欧美教育普及之邦,职业中人,大半受过八年之公共教育,既有普通知能以植其基,则于学术教法自易领悟。中国则不然,教育未普及,农工多数不识文字;既不识文字,则欲授以学术教法,自有种种困难。然而职业界之杰出者,终不乏粗识文字之人。当事者苟能精选而罗致之,则有用之职业师资,或能济济而出也。此外则有延聘学问家与经验家同室试教一法。当今职业师资缺乏,为其备选者或有学术而无经验,或有经验而无学术,速成一计,莫如合学问家与经验家于一炉而共冶之;既可使之共同试教,又可使之互相补益,则今日之偏材,经数年磨练之后,或能蔚成相当之师资,岂非一举两得哉?然一班二师,所费实巨,况学术经验贵能合一,若分附二人之身,终难免于隔膜。故此计虽有优点,不过为过渡时代权宜之策耳。总之,职业教师最重生利之经验,则养成之法,自宜提其要领,因已有之经验而增长之,方能事半功倍也。

生利主义之职业设备　孔子曰:"工欲善其事,必先利其器。"无利器而能善其事者,吾未之前闻。职业教育又何独不然?必先有种种设备,以应所攻各业之需求,然后师生乃能从事于生利;否则虽有良师贤弟子,奈巧妇不能为无米之炊何!故无农器不可以教农;无工器不可以教工。医家之教必赖刀圭。画家之教必赖丹青。易言之,有生利之设备,方可以教职业;无生利之设备,则不可以教职业。然职业学校之生利设备可分二种:一自有之设备;二利用职业界之设备。但无论设备之为己有,为利用,学生教师莫不可因以生利。故设备虽有己有利用之分,而同为学生教师生利之资则一。余尝游美之麻撒朱赛州(Massachusetts)视其乡村中学校附设之农业科,多利用学生家中之田园设备,使各生在家实习,命之曰家课(Home Projects)。教员则自御汽车,循环视察,当场施教。农隙则令学生来校习通用之学术。故校中自有之设备除课堂点缀以外实属寥寥无几;校外则凡学生足迹所至,皆其所利用之设备。

论其成效则不特设备之经费可省，而各家之农业皆藉学生而间接改良之。此盖利用他人生利设备以施职业教育之彰明较著者也。

生利主义之职业课程　职业学校之课程应以一事之始终为一课。例如种豆则种豆始终一切应行之手续为一课。每课有学理，有实习，二者联络无间，然后完一课，即成一事。成一事再学一事，是谓升课。自易至难，从简入繁，所定诸课，皆以次学毕，是谓毕课。定课程者必使每课为一生利单位，俾学生毕一课，即生一利；毕百课则生百利，然后万无愧于职业之课程。职业课程既以生利为主，则不得不按事施教，欲按事施教，则不得不采用小班制。故欧美之职业实习班至多不满十五人，凡以便生利课程之教授也。不特每课为然，即各课之联络亦莫不以充分生利为枢机。客有学蚕桑者，学成执蚕桑业，终岁生利之期两三月而已，余则闲居坐食，不数年而家计渐困，卒改他业。此能生利而不能充分生利之过也。故职业课程之配置，须以充分生利为标准，事之可附者附教之，事之可兼者兼教之。正业之外，苟能兼附相当之业，则年无废月，月无废日，日无废时矣。此之谓充分之生利。根据此旨以联络各课，是为充分生利之课程。

生利主义之职业学生　有生利之师资设备课程，遂足以尽职业教育之能事乎？曰，未也。学生择事不慎，则在校之时，学不能专；出校之后，行非所学。其弊也：学农者不归农；学商者不归商。吾国实业教育之所以鲜成效，固由于师资设备课程之不宜于生利，然其学生择业之法之不当，亦其一因也。大凡选择职业科目之标准，不在适与不适，而在最适与非最适。所谓最适者有二，一曰才能；二曰兴味。吾人对于一业，才能兴味皆最高，则此业为最适；因其最适而选之，则才能足以成事，兴味足以乐业，将见学当其性，用当其学，群与我皆食无穷之益矣。故能选最适之业而学者，生大利不难，岂仅生利已哉！择业不当，则虽居学习生利之名，而究其将来之生利与否，仍未可必。故欲求学业者归业，必先有精选职业之方法。方法维何？曰，职业试习科是也。职业试习科包含农工商及其他业之要事于一课程，凡学生皆使躬亲历试之。试习时期可随遇伸缩，多至半载，少至数星期皆可。但试习之种种情形，必与真职业无异，始可试验学生之真才能真兴味。一参假面具则试验科之本旨失矣。试习之后，诸生于各业之大概既已备尝，再择其最近才能最有兴味之一科专习之。彼其选择既根本于才能兴味，则学而安焉，行而乐焉，其生利之器量，安有不大者哉？

结论　职业学校：有生利之师资、设备、课程，则教之事备；学生有最适之生利才能兴味，则学之事备。前者足以教生利，后者足以学生利：教与学咸得其宜，则国家造就一生利人物，即得一生利人物之用，将见国无游民，民无废才，群需可济，个性可舒，然后辅以相当分利之法，则富可均而民自足矣。故职业教育之主义在是，职业教育之责任在是，余之希望于教育家之采择试行者亦莫不在是。谨贡一得，聊献刍荛，幸垂教焉。

教学合一

现在的人叫在学校里做先生的为教员,叫他所做的事体为教书,叫他所用的法子为教授法,好像先生是专门教学生些书本智识的人。他似乎除了教以外,便没有别的本领,除书之外,便没有别的事教,而在这种学校里的学生除了受教之外,也没有别的功课。先生只管教,学生只管受教,好像是学的事体,都被教的事体打消掉了。论起名字来,居然是学校;讲起实在来,却又像教校。这都是因为重教太过,所以不知不觉的就将他和学分离了。然而教学两者,实在是不能分离的,实在是应当合一的。依我看来,教学要合一,有三个理由:

第一,先生的责任不在教,而在教学,而在教学生学。大凡世界上的先生可分三种:第一种只会教书,只会拿一本书要儿童来读它,记它,把那活泼的小孩子做个书架子、字纸篓。先生好像是书架子、字纸篓之制造家;学校好像是书架子、字纸篓的制造厂。第二种的先生不是教书,乃是教学生;他所注意的中心点,从书上移在学生身上来了。不像从前拿学生来配书本,现在他拿书本来配学生了。他不但是要拿书本来配学生,凡是学生需要的,他都拿来给他们。这种办法,固然比第一种好得多,然而学生还是在被动的地位,因为先生不能一生一世跟着学生。热心的先生,固想将他所有的传给学生,然而世界上新理无穷,先生安能尽把天地间的奥妙为学生一齐发明？既然不能与学生一齐发明，那他所能给学生的，也是有限的，其余还是要学生自己去找出来的。况且事事要先生传授，既有先生，何必又要学生呢？所以专拿现成的材料来教学生，终归还是不妥当的。那末，先生究竟应该怎样子才好？我以为好的先生不是教书，不是教学生，乃是教学生学。教学生学有什么意思呢？就是把教和学联络起来：一方面要先生负指导的责任，一方面要学生负学习的责任。对于一个问题，不是要先生拿现成的解决方法来传授学生，乃是要把这个解决方法如何找来的手续程序，安排停当，指导他使他以最短的时间，经过相类的经验，发生相类的理想，自己将这个方法找出来，并且能够利用这种经验理想来找别的方法，解决别的问题。得了这种经验理想，然后学生才能探智识的本源，求智识的归宿，对于世间一切真理，不难取之无尽，用之无穷了。这就是孟子所说的自得，也就是现今教育家所主张的自动。所以要想学生自得自动，必先有教学生学的先生。这是教学应该合一的第一个理由。

第二，教的法子必须根据于学的法子。从前的先生，只管照自己的意思去教学生；凡是学生的才能兴味，一概不顾，专门勉强拿学生来凑他的教法，配他的教材。一来先生收效很少，二来学生苦恼太多，这都是教学不合一的流弊。如果让教的法子自然根据学的法子，那时先生就费力少而成功多，学生一方面也就能够乐学了。所以怎样学就须怎样教；学得多教得多，学得少教得少；学得快教得快，学得慢教得慢。这是教学应该合一的第二个理由。

第三，先生不但要拿他教的法子和学生学的法子联络，并须和他自己的学问联络起来。做先生的，应该一面教一面学，并不是贩卖些智识来，就可以终身卖不尽的。现在教育界的通病，就是各人拿从前所学的抄袭过来,传给学生。看他书房里书架上所摆设的,无非是从前读过的几本旧教科书;就是这几本书,也还未必去温习的,何况乎研究新的学问,求新的进步呢?先生既没有进步,学生也就难有进步了。这也是教学分离的流弊。那好的先生就不是这样,他必定是一方面指导学生,一方面研究学问。如同柏林大学包尔逊先生(P. Paulsen)说:“德国大学的教员,就是科学家,科学家就是教员。”德国学术发达,大半靠着这教学相长的精神。因为时常研究学问,就能时常找到新理。这不但是教诲丰富,学生能多得些益处,而且时常有新的材料发表,也是做先生的一件畅快的事体。因为教育界无限枯寂的生活,都是因为当事的人,封于故步,不能自新所致。孔子说:“学而不厌,诲人不倦。”真是过来人阅历之谈。因为必定要学而不厌,然后才能诲人不倦;否则年年照样画葫芦,我却觉得有十分的枯燥。所以要想得教育英才的快乐,似乎要把教学合而为一。这是教学应该合一的第三个理由。

一、先生的责任在教学生学;二、先生教的法子必须根据学的法子;三、先生须一面教一面学。这是教学合一的三种理由。第一种和第二种理由是说先生的教应该和学生的学联络;第三种理由是说先生的教应该和先生的学联络。有了这样的联络,然后先生学生都能自得自动,都有机会方法找那无价的新理了。

第一流的教育家

我们常见的教育家有三种：一种是政客的教育家，他只会运动、把持、说官话；一种是书生的教育家，他只会读书、教书、做文章；一种是经验的教育家，他只会盲行、盲动、闷起头来，办……办……办。第一种不必说了，第二第三种也都不是最高尚的，依我看来，今日的教育家，必定要在下列两种要素当中得了一种，方才可以算为第一流的人物。

（一）敢探未发明的新理。我们在教育界做事的人，胆量太小，对于一切新理，小惊大怪。如同小孩子见生人，怕和他接近。又如同小孩子遇了黑房，怕走进去。究其结果，他的一举一动，不是乞灵古人，就是仿效外国。也如同一个小孩子吃饭、穿衣，都要母亲帮助，走几步路，也要人扶着，真是可怜。我们在教育界任事的人，如果想自立，想进步，就须胆量放大，将试验精神，向那未发明的新理贯射过去；不怕辛苦，不怕疲倦，不怕障碍，不怕失败，一心要把那教育的奥妙新理，一个个的发现出来。这是何等的魄力，教育界有这种魄力的人，不愧受我们崇拜。

（二）敢入未开化的边疆。从前的秀才以为不出门能知天下事，久而久之，"不出门"就变做"不敢出门"了。我们现在的学子，还没有解脱这种风气。试将各学校的同学录拿来一看，毕业生多半是在本地服务，那在外省服务的，已经不可多得，边疆更不必说了。一般有志办学的人,也专门在有学校的地方凑热闹,那边疆和内地的教育,都置在度外。推其原故,只有一个病根,这病根就是怕。怕难,怕苦,怕孤,怕死,就好好的埋没了一生。我们还要进一步看,这些地方的教育究竟是谁的责任?我们要晓得国家有一块未开化的土地,有一个未受教育的人民,都是由于我们没有尽到责任。责任明白了,就放大胆量,单身匹马,大刀阔斧,做个边疆教育的先锋,把那边疆的门户,一扇一扇的都给它打开。这又是何等的魄力,有这种魄力的人,也不愧受我们崇拜。

敢探未发明的新理,即是创造精神,敢入未开化的边疆,即是开辟精神。创造时,目光要深;开辟时,目光要远。总起来说,创造开辟都要有胆量。在教育界有胆量创造的人即是创造的教育家,有胆量开辟的人即是开辟的教育家,都是第一流的人物。大丈夫不能舍身试验室,亦当埋骨边疆尘,岂宜随便过去!但是这种人才,究竟要到什么时候才能出现?究竟要由什么学校造就?究竟要用什么方法养成?可算是我们现在最关心的问题。

学生自治问题之研究

近世所倡的自动主义有三部分:一、智育注重自学,二、体育注重自强,三、德育注重自治。所以学生自治这个问题,是自动主义贯彻德育的结果,是我们数千年来保育主义干涉主义严格主义的反应,是现在教育界一个极重要的问题。这个问题,包含甚广。我们要问学生应否有自治的机会?如果应该自治,我们又要问学生自治究竟应有几多大的范围?学生应该自治的事体,究竟有哪里几种?规定学生自治的范围,又应有何种标准?施行学生自治,又应用何种方法?这几个问题,都是我们所要研究的。总起来说,就是学生自治问题。

学生自治是什么 凡是讨论一种问题,必先要明白问题的性质和它的意义。性质和意义不明了,就不免起人误会。这篇所讨论的学生自治,有三个要点:第一,学生指全校的同学,有团体的意思;第二,自治指自己管理自己,有自己立法执法司法的意思;第三,学生自治与别的自治稍有不同,因为学生还在求学时代,就有一种练习自治的意思。把这三点合起来,我们可以下一个定义:“学生自治是学生结起团体来,大家学习自己管理自己的手续。”从学校这方面说,就是“为学生预备种种机会,使学生能够大家组织起来,养成他们自己管理自己的能力”。

依这个定义说来,学生自治,不是自由行动,乃是共同治理;不是打消规则,乃是大家立法守法;不是放任,不是和学校宣布独立,乃是练习自治的道理。

学生自治的需要 今日的学生,就是将来的公民,将来所需要的公民,即今日所应当养成的学生。专制国所需的公民,是要他们有被治的习惯;共和国所需要的公民,是要他们有共同自治的能力。中国既号称共和国,当然要有能够共同自治的公民。想有能够共同自治的公民,必先有能够共同自治的学生。所以从我们国体上看起来,我们学校一定要养成学生共同自治的能力,否则不应算为共和国的学校。这是第一点。

当今平民主义的潮流,来势至为猛烈,受过它的影响的人,都想将一切的束缚尽行解脱。这固然有它的好处;不过也有它的危险。好处在哪里?大家从此可以充分发挥个人的精神,促进人群的进化。危险在哪里?束缚既然解脱,未必人人能够约束自己的欲望,操纵自己的举止,一旦精神能力向那坏处发泄,天下事就不可为了。一国当中,人民情愿被治,尚可以苟安;人民能够自治,就可以太平;那最危险的国家,就是人民既不愿被治,又不能自治。所以当这渴望自由的时候,最需要的,是给他们种种机会得些自治的能力,使他们自由的欲望可以自己约束。所以时势所趋,非学校中提倡自治,不足以除自乱的病源。这是第二点。

我们既要能自治的公民,又要能自治的学生,就不得不问问究竟如何可以养成这般公民学生。从学生的原则看起来,事怎样做,就须怎样学。比如游泳要在水里游,学游泳就须在水里学。若不下水,只管在岸上读游泳的书籍,做游泳的动作,纵然学了一世,到了下水的时候,还是要沉下去的。所以专制国要有服从的顺民,必须使做百姓的时常练习服从的道理;久而久之,习惯成自然,大家不知不觉的只会服从了。共和国要有能自治的国民,也须使做国民的时常练习自治的道理;久而久之,习惯成自然,他们也就能够自治了。所以养成服从的人民,必须用专制的方法;养成共和的人民,必须用自治的方法。如果用专制的方法,可以养成自治的学生公民,那末,学生自治问题,还可以缓一步说;无奈自治的学生公民,只可拿自治的方法将他们陶熔出来,所以从方法这方面着想,愈觉得学生自治的需要了。这是第三点。

学生自治如果办得妥当有这几种好处:

第一,学生自治可为修身伦理的实验　现今学行并重,不独讲究智识,而且要求所以实验智识的方法。所以学校教课当中,物理有实验,化学有实验,博物有实验,别门功课也有实习,如作文、图画、体操等等都于学识之外,加以实地练习的机会。它的目的,无非要由实验实习以求理想与实际联络,使所做的学问,可以深造。修身伦理一类的学问,最应注意的,在乎实行;但是现今学校中所通行的修身伦理,很少实行的机会;即或有之,亦不过练习仪式而已。所以嘴里讲道德,耳朵听道德,而所行所为却不能合乎道德的标准,无形无影当中,把道德与行为分而为二。若想除去这种弊端,非给学生种种机会,练习道德的行为不可。共和国民最需要的操练,就是自治。在自治上,他们可以养成几种主要习惯:一是对于公共幸福,可以养成主动的兴味;对于公共事业,可以养成担负的能力;对于公共是非,可以养成明了的判断。简单些说:自治可以养成我们对于公共事情上的愿力、智力、才力。照这样看来,学生自治,若办得妥当,可算是实验的修身,实验的伦理。全校就是修身伦理的实验室。照这样办,才算是真正的修身伦理。

第二,学生自治能适应学生之需要　我们办学的人所定的规则,所办的事体,不免有与学生隔膜的。有的时候,我们为学生做的事体越多,越是害学生。因为为人,随便怎样精细周到,总不如人之自为。我们与学生经验不同,环境不同,所以合乎我们意的,未必合乎学生的意。勉强定下来,那适应学生需要的,或者遗漏掉;那不适应学生需要的,反而包括进去。等到颁布之后,学生不能遵守,教职员又不得不执行,却是左右为难,甚至于学生陷于违法,规则失了效力,教职员失去信用。若是开放出去,划出一部分事体出来,让学生自己治理;大家既然都有切肤的关系,所定的办法,容或更能合乎实在情形了。这就是说,有的时候学生自己共同所立的法,比学校里所立的更加近情,更加易行,而这种法律的力量,也更加深入人心。大凡专制国家的人民,平日不晓得法律是什么,只到了犯法之后,才明白有所谓法律。那末,法律的力量,大都发现于犯法之后,这是很有限的。至于自己共同所立之法就不然,从始至终,心目中都有它在,平日一举一动,都为大家自立的法律所影响。所以自己所立之法的力量,大于他人所立的法;大家共同所立之法的力量,大于一人独断的法。

第三,学生自治能辅助风纪之进步 我们的行为,究竟应该对谁负责?对于少数教职员负责呢?还是要对于全校负责呢?按着旧的方法,学生有过失,都责成少数教职员监察纠正,其弊病有两种:第一种是少数教职员在的时候,就规规矩矩,不在的时候,就肆行无忌;第二种是大家学生以为既有教职员负责,我们何必多事,纵然看见同学为非,也只好严守中立。这是大多数的学生所抱持的态度。所以一人司法,大家避法。我们要想大家守法,就须使各人的行为,对于大家负责。换句话说,就是要共同自治。

第四,学生自治能促进学生经验之发展 我们培植儿童的时候，若拘束太过，则儿童形容枯槁；如果让他跑，让他跳，让他玩要，他就能长得活泼有精神。身体如此，道德上的经验又何尝不然。我们德育上的发展，全靠着遇了困难问题的时候，有自己解决的机会。所以遇了一个问题，自己能够想法解决它，就长进了一层判断的经验。问题自决得愈多，则经验越丰富。若是别人代我解决问题，纵然暂时结束，经验却也被旁人拿去了。所以在保育主义之下，只能产生缺乏经验的学生；若想经验丰富，必须自负解决问题的责任。

学生自治如果办得不妥当就要发生这几种弊端：

第一，把学生自治当作争权的器具　大凡团体都有一种特别的势力；这种势力比个人的大得多。用得正当，就能为公众尽义务；用不得当，就能驱公众争权利。学生自治是一种团体的组织，所以用得不妥当的时候，也有这种危险。

第二，把学生自治误作治人看　这个危险是随着第一个顺路下来的。有的时候，这也是个自然的趋势。因为有了团体，一不谨慎，就有驾驭别人的趋势。刘伯明先生说："人当为人中人，不可为人上人。"这句话，是我们共和国民的指南针。

第三，学生自治与学校立在对待地位　学生自治会与学校当有一种协助精神，不可立在对待的地位，但是办得不妥当，这种对待的情形，也是免不掉的，不过这是一种很不幸的现象，不是师生之间所宜有的。

第四，闹意气　学生有自治的机会，就不得不多发言论，多立主张，多办交涉，一不小心，大家即刻闹出意气；再由闹意气而彼此分门别户，树立党帜；于是政客的手段，就不得不传到学校里来了。

以上所举的，不过是几种重要的弊端；至于小的弊端，一时难以尽举。总之，学生自治如果办理不善，则凡共和国所发现的危险，都能在学校中发现出来。但是我们要注意，这许多弊端都是办理不妥当的过处，并非学生自治本体上的过处。如果励行自治的时候，大家不愿争权，而愿服务；不愿凌人，而愿治己；不愿对抗，而愿协助；不愿负气，而愿说理；那末，自治之弊便可去，自治之益便可享了。这种利害关头，凡做共和国民的都要练习。我们在学校的时候，有同学的切磋，有教师的辅助，纵因一时不慎，小有失败，究竟容易改良纠正。若在学校里不注意练习，将来到了社会当中，切磋无人，辅导无人，有了错处，只管向那错路上走，小而害己，大而害国：这都是因为做学生的时候，没有练习自治所致的。所以学生自治如果举行，可以收现在之益，纵小有失败，正所以免将来更大的失败。

规定学生自治范围的标准　学生自治的利弊，既如上所说，现在就要问学生自治有什么范围？规定学生自治的范围，应有若何的标准？

一、学生自治应以学生应该负责的事体为限。学生愿意负责，又能够负责的事体，均可列入自治范围；那不应该由学生负责的事体，就不应该列入自治范围。因自治与责任有联带关系，别人号令而要我负责，就叫做被治；别人负责而由我号令，就叫做治人；都失了自治的本意。所以学生自治，应以学生负责的事为限。

二、事体之愈要观察周到的，愈宜学生共同负责，愈宜学生共同自治。

三、事体参与的人愈宜普及的，愈宜学生共同负责，愈宜学生共同自治。

四、依据上列三种标准而订学生自治的范围时，还须参考学生的年龄程度经验。

学生自治与学校的关系　学生自治会是学校里面一种团体，自然与学校有密切的关系。这种关系，可以分为两类：一关于权限的，二关于学问的。

一、权限上的关系　学生自治会正式成立之后，学校里面的事体，就可分为二部分：一部分仍旧是学校主持，一部分由学生主持。平常的时候，权限固可以分明；不过既在一个机关里面总有些事体划不清楚的，既然划不清楚，就不能不有一种接洽的机会，使两方面的意思，都可以互相发表沟通，而收圆满的效果。此外还有临时发生而有关全校的事体，学校与学生都宜与闻，更不得不有一种接洽的机会，人数少的学校，可由校长直接担任；人数多的学校，可由校长指定教职员数人担任。学生自治会职员有事时，也由这几位和学生接洽。有这种接洽的组织，然后学校与学生的声气可通，就没有隔膜的弊病了。

二、学问上的关系　天下不学而能的事情很少，共同自治是共和国立国的根本，非是刻苦研究，断断不能深造。我们举行学生自治的时候，也要把它当作一个学问研究。既要当一个学问研究，那就有两点要注意：一、同学的切磋，二、教员的指导。有人说，现在中国的教职员对于学生自治问题，素未研究，恐怕未必能指导。这句话诚然，但是还有些意思要注意：一、学校里所有功课，都有教员指导，独于立国根本的学生自治一门，却没有指导，似乎把它太看轻了。二、若校内没有相当的人，办学的就应当赶紧物色那富于共和思想自治精神的教员，来担任此事。三、师生本无一定的高下，教学也无十分的界限；人只知教师教授，学生学习；不晓得有的时候，教师倒从学生那里得到好多的教训。所以万一找不到相当的人才，就请教职员和学生共同研究也好。总而言之，学生自治这个问题，不但要行，而且还要研究。研究的时候，学校不能不负指导参与的责任。

学生自治与学校既有这两种密切的关系，我们就须打破一切障碍，使师生的感情，可以化为一体，使大家用的力量，都有相成的效果。大家一举一动都接洽，有话好商量，有贡献彼此参考。在这共和的学校当中，无论何人都不应该取那武断的，强迫的，命令的，独行的态度。我们叫人做事的时候，不要和他说“你做这件事，你应该这样做”，我们要使得他明白“为何要做这件事，为何这样做”。彼此明白事之当然，和事之所以然，才能同心同德，透达那共同的目的。

施行学生自治应注意之要点　现在各学校对于学生自治，多愿次第举行，我悉心观察，觉得有几件最要紧的事体，必先预为注意，方能发生美满的效果。

第一，学生自治是学校中一件大事；全体学生都要以大事看待它，认真去做；学校里也须以大事看待它，认真赞助，若以为它是寻常小事，不加注意，没有不失败的。

第二，学生自治如同地方自治。地方自治之权，出于中央；学生自治之权，出自学校；所以学生自治，虽然可以由学生发动，但是学校认可一层似乎也是应有的手续。

第三，学生自治之有无效力，要看本校对于这个问题是否有相当了解和兴味。如果大家都明白它的真意，都觉得它的需要，那末，行出来必能得大家的赞助。所以未举行学生自治之前，必须利用演讲、辩论、谈话、作文等等养成充分的舆论。

第四，法是为人立的，含糊误事，故宜清楚；繁琐害事，故宜简单。

第五，推测一校学生自治的成败，一看他的领袖就知道；所以要提高学生的自治价值，就须使最好的领袖不得不出来服务。如果好的领袖洁身自好，或有好的领袖而大众不愿推举，都不是自治的好现象。

第六，学校与学生始终宜抱持一种协助贡献的精神。

第七，学校与学生对于学生自治问题，须采取一种试验态度，章程不必详尽，组织不必细密；一面试行，一面改良；虽然中途难免挫折，但到底必有胜利。

结论　总之学生自治，是共和国学校里一件重要的事情，我们若想得美满的效果，须把它当件大事做；当个学问研究；当个美术去欣赏。当件大事做，方才可以成功；当个学问研究，方才可以进步。这两种还不够。因为自治是一种人生的美术，凡美术都有使人欣赏爱慕的能力；那不能使人欣赏的，爱慕的，便不是真美术，也就不是真的学生自治。所以学生自治，必须办到一个地位，使凡参与和旁观的人，都觉得它宝贵，都不得不欣赏它，爱慕它。办到这个地位，才算是高尚的人生美术，才算是真正的学生自治。

我们对于新学制草案应持之态度

第七届全国省教育会联合会,拟订学制草案,征求全国意见,以为将来修正实施之准备,立意甚好。壬子学制,经十年之试验,弱点发见甚多。近一二年来,教育思潮猛进,该学制几有不可终日之势。故此次所提草案,确是适应时势之需求而来的。我们对于这应时而兴的制度,究竟要存何态度?我以为建设教育,比如造房屋;学制,比如房屋之图案。想有适用的房屋,必先有适用的图样。这图样如何画得适用?我以为画这图的人,第一必须精于工程。第二假使所造的是图书馆,他必定要请教图书馆专家;科学馆,必定要请教科学专家;纱厂,必定要请教明白纱厂管理的人;舞台,必定要请教明白管理舞台的人。有这两种人参议,才能斟酌损益,画出最适用之图样。制定学制,也可以应用这理。不过学制包括的范围更广,所应询问的方面更多了。此次全国省教育会联合会,征集各省教育界的意见,就是为了要顾到各方面的情形。所以我觉得凡对于学制有疑问有反对有主张的,都应提出充分讨论研究实验,使将来修正之后,各方面之教育,都有充分发展之机会。换句话说,虚心讨论研究实验,以构成面面顾到之学制,是我们对于学制草案应有之第一个态度。

建筑最忌抄袭:拿别人的图案来造房屋,断难满意。或与经费不符;或与风景不合;或竟不适用;日后懊悔,损失必多。我国兴学以来，最初仿效泰西，继而学日本，民国四年取法德国，近年特生美国热，都非健全的趋向。学来学去，总是三不像。这次学制草案，颇有独到之处。但是不适国情之抄袭，是否完全没有，要请大家注意。诸先进国办学久的，几百年；短的，亦数十年。他们的经验，可以给我们参考的，却是不少；而不能采取得益的，亦复很多。今当改革之时，我们对于国外学制的经验，应该明辨择善，决不可舍己从人，轻于吸收。这是我们对于研究新学制草案应有的第二个态度。

为造新房绘图易，为改旧房绘图难。因为改旧房时，须利用旧房，以适合改造之需要。然旧房有可利用的；有断不可利用的。有将来要拆而改造时，不得不暂行存留的。这都是绘图的人应加考虑的事。我们的旧学制，多半应当改革；但因国中特别情形，或亦有宜斟酌保存之处。大凡改制之时，非旧制遭过分之厌恶，即新制得过分之欢迎。这两种趋势，都能使旧制中之优点，处于不利之地位。所以我们欢迎新学制出现的时候，也得回过头来看看掉了东西没有。这是我们对于新学制草案应存的第三个态度。

图案是重要的，但只是建筑房屋的初步。学制是重要的，亦只是建设教育的初步。徒有学制，不能使人乐学；也如徒有图案，不能使人安居。如何使纸面上的图案变成可以安居之房屋，与如何使纸面上之学制，变成最优良最有效率之教育，是一相仿的事业，不知要费几许金钱脑力时间去经营，才能成就我们所想成就的。我们切不可存学制一定即了事的观念。我们更要承认学制以后之事业问题是无穷无尽的。无穷尽的事业，要我们继续不已的去办理它。无穷尽的问题，要我们继续不已的去解决它。所以学制虽是个重要问题，但只是前程万里的第一步。它原来是如此，就应如此看待它。这是我们对于新学制草案应有的第四个态度。

总之，当这学制将改未改之时，我们应当用科学的方法、态度，考察社会个人之需要能力，和各种生活事业必不可少之基础准备，修正出一个适用的学制。至于外国的经验，如有适用的，采取它；如有不适用的，就回避它。本国以前的经验，如有适用的，就保存它；如不适用，就除掉它。去与取，只问适不适，不问新和旧。能如此，才能制成独创的学制——适合国情，适合个性，适合事业学问需求的学制。

南京安徽公学办学旨趣

南京在前清为两江之都会，和安徽有密切的历史关系，就地理说，又和安徽十分接近。中国兴学以来，南京即为全国教育中心说，又和安徽的学者和学生来此传道受业的，素来很多。前清即有上江公学之设，民国成立后，因故停办，殊为憾事。"五四"以后，安徽学潮屡起，学生不能安心肄业，投到南京求学的，源源不绝。但南京学校格于种种限制，有志有才的学生不免向隅。安徽旅宁同乡会和旅宁同学会，看此景况，深表同情，就联合起来共谋上江公学之恢复，于十二年秋季开学，改名为南京安徽公学。所以安徽公学的设立，是迫于一种不能自已的同情心。因为安徽旅宁前一辈的人，对于后一辈的少年，发生了一种学问上的同情心，才有安徽公学的产生。

有了这种同情的基础，所以我们最注重师生接近，最注重以人教人。教职员和学生愿意共生活，共甘苦。要学生做的事，教职员躬亲共做；要学生学的智识，教职员躬亲共学；要学生守的规则，教职员躬亲共守。我们深信这种共学、共事、共修养的方法，是真正的教育。师生有了共甘苦的生活，就能渐渐的发生相亲相爱的关系。教师对学生，学生对教师，教师对教师，学生对学生，精神都要融洽，都要知无不言，言无不尽。一校之中，人与人的隔阂完全打通，才算是真正的精神交通，才算是真正的人格教育。

在共同生活中,教师必须力求长进。好的学生在学问和修养上,每每欢喜和教师赛跑。后生可畏,正是此意。我们极愿意学生能有一天跑在我们前头,这是我们对于后辈应有之希望。学术的进化在此。但我们确不能懈怠,不能放松,一定要鞭策自己努力跑在学生前头引导学生,这是我们应有的责任。师道之可敬在此。所以我们要一面教,一面学。我们要虚心尽量接受选择与本职本科及修养有关系之学术经验来帮助我们研究。要教学生向前进,向上进,非自己努力向前进向上进不可。

安徽公学是个贫穷的学校。办贫穷的学校如同管贫穷的家务一样。用一文钱,必问:“这文钱该用吗?”费一分光阴,必问:“这一分光阴该费吗?”光阴与钱都有限,该用才用,不该用必不用。用必尽其效。爱惜光阴,就是不为无益害有益。将无益的时间腾出,则从事有益的时间有余裕了。然后学生可从容问学,怡然修养,既不匆忙劳碌,那身心也就自然渐渐的有润泽了。节省经费,不是因陋就简,乃是移无用为有用。我们既不甘于简陋,来源又不易开,要想收相当的效果,自非革除浪费不为功。用最少的经费,办理相当的教育,是我们很想彻底努力的一个小试验。

现今办学的人,每存新旧宽严之见。我们只问是非好坏,不问新旧宽严。是的,好的,虽旧必存。非的,坏的,虽新必除。应宽则宽,应严则严,随时随地随人而施教育,初无丝毫之成见。我们承认欲望的力量:我不应放纵它们,也不应闭塞它们。我们不应让它们陷溺,也不应让它们枯槁。欲望有遂达的必要,也有整理的必要。如何可以使学生的欲望在群己相益的径途上行走,是我们最关心的一个问题。总之,必使学生得学之乐而耐学之苦,才是正轨。若一任学生趋乐避苦,这是哄骗小孩子的糖果子,决不是造就人才的教育。

最后我们要谈谈我们心中所共悬而藉以引导我们进行的目标。一、我们都是学生。教师的一部分生活也是学生，就要负学问的责任。做学问最忌的是玄想，武断，尽信书，以差不多自足，以一家言自封。我们要极力的锻炼学生，使他们得到观察，知疑，假设，试验，实证，推想，会通，分析，正确种种能力和态度，去探求真理的泉源。简单些说，我们研究学问，要有科学的精神。二、我们是物质环境当中的人。我们对于四周的环境，最忌是苟安，同流合污，听天由命，不了了之。有进取性的人，对于环境总想加以改造。但是驱着乌合之众，叫嚣乱斫，何能算得改造呢？我们应当秉着美术的精神，去运用科学发明的结果，来支配环境，使他们现出和谐的气象。我们要有欣赏性的改造，不要有恐怖性鬼脸式的改造。换句话说，我们改造环境，要有美术的精神。三、我们不但是物质环境当中的人，并且是人中人。做人中人的道理很多，最要紧的是要有富贵不能淫，贫贱不能移，威武不能屈的精神。这种精神，必须有独立的意志，独立的思想，独立的生计，和耐劳的筋骨，耐饿的体肤，耐困乏的身，去做那摇不动的基础。近今国人气节，消磨殆尽，最堪痛心。倘不赶早在本身和后辈身上培植一种不可屈挠的精神，将何以为国呢？至于今日少数具有刚性的领袖，又因缺少容量，自取失败，并以此断丧国家的元气，至为可惜。那末，推己及人的恕道，和大公无私的容量，也是做人中人的最重要的精神。把这几种精神合起来，我们找不到一个更好的名词，就称它为大丈夫的精神。我们处世应变，要有大丈夫的精神。

科学的精神，美术的精神，大丈夫的精神，都不是凭空所能得来的。我们要在“必有事焉”上下手。我们要以事为我们活动的中心。研究学问要以事为中心；改造环境要以事为中心；处世应变也要以事为中心。我们要用科学的精神在事上去求学问，用美术的精神在事上去谋改造，用大丈夫的精神在事上去锻炼应变。我们愿意一同努力朝这三个目标行走，活一天，走一天；活到老，走到老。

半周岁的燕子矶国民学校

——一个用钱少的活学校

燕子矶国民学校的官名叫作北固乡区立第一国民学校，设在南京燕子矶，离神策门约有十三里的路程。这个学校已经开了好多年，但它的新生命的起点是在今年正月。那时丁超调任这校校长，从事改造，为它开一新纪元。我们说它为半周岁就是为这个新纪元说的。我参观这个学校是和本社乡村教育研究员，东南大学乡村教育教授赵叔愚先生同去的。我们走进这个学校，四面一望，觉得似曾相识。因为我们在这里所看见的都是我们心目中所存在的理想，天天求它实现而不可得，不料在这个偏僻的地方遇到，真是喜出望外。现在我要把我们参观所得的，报告出来，公诸同好。

校长是一个学校的灵魂，要想评论一个学校，先要评论它的校长。丁校长是陆军小学出身，并经过甲种师范讲习科的训练，未任本校职务之前，曾在尧化门国民学校充任校长八年，著有成绩。我们看他的人，听他的话，察他的设施，觉得他是个天才的校长。他能就事实生理想，凭理想正事实。他有事实化的理想，理想化的事实。他事事以身作则。他是教员的领袖，学生的领袖，渐渐的要做成社会的领袖。

这个学校不但教学生读书，并且教学生做事。做什么？改造学校！改造环境！学生是来读书的，教他做事，自己不情愿，父母不情愿。这是第一个难关。教员是来教书的，要他教学生做事，固不情愿，实在也是不会。这是第二个难关。教学生读书易；教学生做事难。如何打破这两道难关？一要身教；二要毅力。丁校长教学生做事的成功也是在这两点。他起初的时候整天拿在手里的是钉锤和扫帚。所以那时有人讲他是位钉锤校长，扫帚校长，但是久而久之，教员跟他拿钉锤扫帚了，学生也跟他拿钉锤扫帚了。教员变做钉锤扫帚的教员；学生也变做钉锤扫帚的学生了。丁校长于是开始偕同教员学生合力改造学校，改造环境。

校址是在一个关帝庙里。关公神像之外还有痘神、麻神等等。这些神像已经把课堂占去了大半个。丁校长一方面要教课堂适用，一方面要免去地方反对，就定了一个保存关公搬移杂神的计划。他就带领学生为关公开光，把神像神座洗刷得焕然一新，并领学生们向关公恭恭敬敬的行礼。他再同教员把这些杂神的神像移到隔壁的庙里摆着。他们又把那个庙打扫得干干净净，把这些杂神安排得妥妥当当，大家也行个礼。杂神搬出之后，这个课堂又经过了一番洗刷，加了些灰粉，居然变了一个很适用的教室。村里的人看见关公开了光，杂神安排得妥当，又听见学生报告向神行礼的一番话，不但不责备校长，并且称赞校长能干。

校内干好了，进而求环境的改良。燕子矶即在近边，他就带领学生栽树，从门口栽到燕子矶顶上，风景一变。造林场栽树，十活一二。丁君栽树，栽一棵活一棵，也是他从经验中得来的。燕子矶坡上因有人时常倒垃圾，太不洁净，丁校长就领学生们把所有的垃圾扫除一空。村民不知卫生，仍是时常把垃圾倒在此处。但村民一面倒，他就一面扫，村民倒一回，他就扫一回。后来邻居渐渐的出来责备倒垃圾的人，燕子矶头从此清洁了。

教学生做事的第一个影响就是全校无事不举：屋角上，桌缝里都可以看见精神的贯注。第二个影响就是用不着用人做事：打扫、泡茶，及一切常务都是大家分任，所以这个学校没有门房，没有听差，没有斋夫。第三个影响就是学生得了些合乎生活需要的学问：学生在学校里既肯做事，会做事，在家里也肯做事，会做事了；父母因此也很信仰学校了。第四个影响就是省钱：这个学校连校长有四位职员，五级学生共有一百二十四个人，但每年只花费公家六百二十四元钱。平均每个学生只费五元钱。学费是一文不收的。这是何等的省钱啊？省钱不为希奇；省钱而有这样的成效，却是难能可贵的。

公家经费只有此数，设备一项宜乎因陋就简了。然而照我们所观察，比同等的学校好得多。就图书而论，这个学校里有教员参考书二十余种，学生读物四十余种，可谓选得妥当。

我见学生读物摆得有条有理，就问他买书的钱怎样来的。校长说每逢年节，午节，秋年学生例送节敬，我们却之不情，就拿来买些书给大家读读。再学生有一种储蓄买书的办法：每天储蓄一两个铜板，我们就把这笔钱拿来代学生买书。这是一种大家买书大家看的办法。每人出几角钱，就可得几十块钱的书读。出校的时候，学生还可把自己的书带回去，这是穷学校阅书最好的办法。

我再举一个例。学生喝茶的茶杯总要每人一个才合卫生之道。平常小学都是用公共茶杯，很不妥当。燕子矶国民学校却是每生一个茶杯。每人从家里带一个茶杯来，放在学校里，自己洗，自己管，自己用；茶水每人每星期出铜板两枚合办。茶水是公共的，茶杯是个人的，都是由学生自备的。

这个学校的教职员是很勤劳的。校长自己也教四堂。校长薪金每月二十元。教员薪金十四元的一人,十二元的一人,六元的一人。他们星期日只放半天学,暑假完全不放,学生在学校里补习各种家常实用的功课。燕子矶多水,父母不放心,所以不大愿意学校放假,学校肯得依从父母有理性的心理,所以很得社会信仰。

平常办学,学校自学校,社会自社会,不要说联络,连了解也说不到。丁校长接事只有半年,对于燕子矶社会情形,了如指掌。他并能得地方公正绅士信仰和帮助。学校因此无形中消除了好多障碍。

这个学校还给了我们一个很重要的暗示。乡村学校最怕的是教职员任职无恒,时常变更。在这种情形之下,研究设施都不能继长增高,真是可惜。丁先生所以能专心办学,一部分也是因为他的夫人能够和他共同努力。他的夫人也是本校的教员,特别担负女生的责任。她在这里服务是带一半义务性质。他们所组织的简朴家庭同时是乡村家庭的模范。我想未来的乡村学校最好是夫妻合办。如果男师范生和女师范生结婚之后,共同担负一个小乡村的改造,也是一生一大快事,并是报国的要图。

我们再看看这个学校普通的进步。去年校中只有学生七十八人,今年已经加到一百二十四人。去年女学生寥寥无几,今年因丁夫人之教导,已经有了三十余人了。去年本地有私塾四所,现在只有一所了。由此可见这半年进步敏捷之一斑。

现在办学的时髦方法:一是要求经费充足;有钱办学不算希奇,我们要把没有钱的学堂办得有精彩,才算真本领。二是聘请留学生做教授;有西洋留学生更好,西洋留学生中有硕士,博士头衔的更为欢迎。这个偶像是要打破的。像燕子矶这样一个学校,西洋博士能否办得起来还是一个问题；容或办得起来，我却没有看见过。

这个学校是有普遍性的。它可以给一般学校做参考。它也有缺点，但只是时间上的问题。我们很希望大家起来试试这种用钱少成绩好的活教育。

叔愚先生和我对于这天的参观，觉得快乐极了，也受了无限的感动，回时路上遇了大雨，一身都湿透了，只听着叔愚先生连说："值得！值得！值得！"

评陈著之《家庭教育》*

——愿与天下父母共读之

此书为东南大学教育科丛书之一，系近今中国出版教育专书中最有价值之著作。全书分十二章，立家庭教育原则一百零一条。前两章述儿童心理及普通教导法，为提纲挈领之讨论；后十章都是拿具体的事实来解释各项建议之涵义。在这书里，小孩子从醒到睡，从笑到哭，从吃到撒，从健康到生病，从待人到接物的种种问题，都得了很充分的讨论。这些讨论对于负家庭教育责任的，都有很具体的指导。

书中取材的来源不一，但有一个中心：这中心就是陈先生的儿子，一鸣。著者在《自序》中曾声明各项材料之来源，但未指明一鸣就是这本书之中心人物。倘使我们把这本书从头到尾读它一遍，就觉得这是无可怀疑的。一百多条举例当中，在一鸣那儿来的，就占了七十三条之多。其余的事实只可算为陪客。陈先生得了这个实验的中心，于是可以把别人的学说在一鸣身上印证，自己的学说在一鸣身上归纳。据他自己所说，我们晓得《佛戴之教育》(*The Education of Karl Witte*)一书对于他研究家庭教育这个问题是很有

---

* 陈鹤琴著，民国十四年出版，商务印书馆发行，售洋八角。

影响的。佛戴小时通五国方言,九岁进大学,十四岁得哲学博士,十六岁得法律博士并任柏林大学教授:都是他的父亲大佛戴的教育理想之实现。一鸣就是陈先生的佛戴。《家庭教育》一书就当作《一鸣之教育》看,也是可以的。

郑宗海氏的《序文》上说:“我阅过之后,但觉珠玑满幅,美不胜收,有数处神乎其技,已臻乎艺术的范域。”这种称赞并不过分。我现在要举一两个例来证明陈先生的艺术化的家庭教育。当他讨论游戏式的教育法时,他举了下面一个例:

> 今天(十三年四月十八日)下午我手里拿着一只照相机,叫我的妻子把我们的女儿秀雅放在摇椅里,预备要替她拍照的时候,一鸣就捷足先登,爬到椅子里去,也要我替他拍照。我再三劝告他,他总不肯。后来我笑嘻嘻的对他说:“一鸣!你听着!我叫一,二,三;我叫‘三’的时候,你就爬出来,爬得愈快愈好。”他看见我同他玩,也很高兴的答应我。歇了一歇,我就一,二,三的叫起来,说到“二”的时候,他一只足踏在椅子的坐板上,两只手挨在椅子边上,目光闪闪的朝我看着,等到我说到“三”的时候,他就一跃而出,以显出他敏捷的样子。(《家庭教育》,三五面)

一鸣三岁大的时候,陈先生要一鸣把东西玩好以后,整理好放在原处,一鸣不依,他就想了下面说的一个法子:

> 后来我对他说:“我帮助你一同弄。”我就“海荷”“海荷”的叫着,替他整理起来;他看见我已经替他整理好,乜“海荷”

“海荷”的叫着，把书籍搬到他的书架上去了。（《家庭教育》，七六面）

他讨论小孩子为什么怕，为什么哭的时候举了两个例，也可以显出他神乎其技的教育法：

我同一鸣（一岁零十个月）在草地上游玩的时候，他看见一只大蟾蜍就举起手来向着后退，并且喊叫说：“咬，咬！”我走过去，在地上拾了一根棒头轻轻地去刺着那只蟾蜍说：“蟾蜍你好吗？”后来他拿了我的棒头也去刺刺看，但是一触就缩回，仍显出怕的样子，但比当初好得多了。（《家庭教育》，九五面）有一天，我带一鸣（一岁零三个月）到东大附小去看小学生做戏，做戏的小学生们共有三百多人，戏做得很好，观戏的人大家都鼓掌。在这个当儿，小孩子应当发生惧怕。但我一抱一鸣进门，就笑嘻嘻的对我说：“你看这里许多小孩子。”后来看见小孩子要鼓掌的时候，我就对他说：“我们也来拍掌。”他一听见小孩子拍掌，也就欢欢喜喜地鼓起掌来。（《家庭教育》，九五面）

父母不会教养，小孩子不晓得要冤枉哭多少回。在这种家庭里面，小孩子早上醒了要哭，吃奶要哭，穿衣服要哭，换尿布要哭，洗脸要哭，拭鼻涕要哭，看见生人要哭，喊人抱要哭，讨糖吃要哭，跌了要哭，睡时脱衣服要哭。一天平均总得要哭十几回。估计起来全中国六岁以下的小孩子每年流的眼泪该有两万万斤。如果做父母的肯像陈先生这样细心教导儿童或是采用陈先生的教导方法，我敢说小孩子的眼泪是可以省掉一万万八千万斤咧。

陈先生写这本书有一个一贯的主张。这个主张就是做父母的对于子女的教育应有一致的措施。中国家庭教育素主刚柔并济。父亲往往失之过严；母亲往往失之过宽。父母所用的方法是不一致的。虽然有时相成，但流弊未免太大。因为父母所施方法之宽严不同，子女竟至无所适从，不能了解事理之当然。并且方法过严则易失子女之爱心；过宽则易失子女之敬意。这都是父母主张不一致的弊病。陈先生此书所述各种教育方法，或宽或严，都以事体的性质为根据，不以施教育的人为转移。他和他的夫人对于一鸣的教育就是往这条路去走的。我们看他教一鸣觉得他是个母亲化的父亲，姊姊化的父亲，但他从没有失掉父亲的本色。

这本书出来以后，小孩子可以多发些笑声，父母也可以少受些烦恼了。这本书是儿童幸福的泉源，也是父母幸福的泉源。著者既以科学的头脑，母亲的心肠做成此书，我愿读此书者亦务须用科学的头脑和母亲的心肠去领会此书之意义。我深信此书能解决父母许多疑难问题，就说他是中国做父母的必读之书也不为过。这本书虽有许多贡献，但还是初步试验的成绩。有志儿童幸福者倘能拿此书来做个基础，再谋进一步的贡献，那就更是我们所希望的了。

国画也要提倡了

上月十九日至二十四日为上海美术专门学校举行国画展览会之期，该校校长刘海粟先生做了一篇宣言叫做《昌国画》，我看了，不禁为中国美术前途贺。中国人画中国画，自是当然之事，现在也要提倡了，岂非奇事！仔细想来，这又何足为奇，中国文化哪一样不是弄到这步田地呢？

近年来我参观学校时最觉得伤心的一件事，就是到处所见的学生图画作品，一百分之九十九是非驴非马的西洋画。五年前我陪杜威夫人参观的时候，她很严重的批评说："放弃固有的艺术去干这种三不像的外国画，断断乎是条走不得的错路。"

学画要想学得好，必得有四种要素：一是自己的天才，民族特长在个人身上之表现；二是名师的指点；三是名画之临摹；四是自然之薰染。在中国学校里学外国画，这四种要素，简直是一无所有，那能学得好呢？若学国画，则自己的天才本来相近，名师之指点及名画之临摹，机会都比学外国画多得多，至于自然之薰染，则山川美景，触目皆是，更不必说了。在这种情形之下，倘能努力进修，不难在艺术上占一地位。我不是反对学外国画，我所反对的是三不像的外国画，是在无外国生命精神之环境里学候补字纸篓的外国画。看中国人画的西洋画，好像吃中国式的番菜，或美国式的杂炊，很难说得到欣赏。我很希望全国画家抱着"文艺复兴"的宏愿为国画开一新纪元。我更希望全国艺术教员还是自寻路走,不要蒙起头来跟人瞎跑。

整个的校长

去年我对南开中学学生演讲“学做一个人”,曾经提出五种“非整个的人”,内中有一种就是分心的人。分心的人是个命分式的人,不是个整个的人。整个的人的中心,只放在一桩主要的事上。他的心分散在几处,就是几分之一的人。这类人包括兼差的官吏,跨党的党人,多妻的丈夫。俗语说“心挂两头”就是这类人。这类人是命分式的人,不是整个的人。

做一个学校校长,谈何容易!说得小些,他关系千百人的学业前途;说得大些,他关系国家与学术之兴衰。这种事业之责任不值得一个整个的人去担负吗?现在不然。能力大的人,要干几个校长。能力不够或时间不敷分配的,就要找几个人,合起伙来,共干一个校长。

我要很诚恳的进一个忠告:一个人干几个校长,或几个人干一个校长,都不是整个的校长,都是命分式的校长。试问,世界上有几个第一流的学校是命分式的校长创造出来的?国家把整个的学校交给你,要你用整个心去做个整个的校长。为个人计,要这样才可以发展专业的精神,增进职务的效率。为学校计,与其做大人名流的附属机关,不如做一个学者的专心事业。具体的说:去年教育部所开的总长兼校长和校长兼校长的例不但不应沿袭,并且应当根本铲除。我希望现在以总长兼校长的诸公都自动的辞去部长或校长,以校长兼校长的诸公都自动的以担任一校校长为限。至于某大学设立会办一层,似有几人合做校长之情形。此种新例,亦不可开。总之,为国家教育计,为个人精力计,一个人只可担任一个学校校长。整个的学校应当有整个的校长,不应当有命分式的校长。

天将明之师范学校

——江宁县立师范学校半日生活记

我是天将明的时候动身去参观江宁县立师范学校的，我亲眼看见这个学校天将明的生活，觉得这个学校要天明了，也觉得中国的真正师范教育要天明了。中国的师范教育过了二十多年的黑夜生活，到了现在居然要天明了，要看见阳光了，要吸收朝气了，真是爽快啊！

这个学校设在南京南门外，我由丁兆麟先生介绍，于十月五日偕本社乡村教育研究员赵叔愚、邵德馨二先生前去参观。到了学校门口，看见学生在那儿买柴。有一个学生和一个卖柴的人抬着，又一个学生在那儿看秤上的戥码。好一幅学生买柴图！走进门口，找不着号房。本来号房是城里学校装门面的，乡下要他做甚！恰好有个学生在那儿，我就把名片交给他，请他送去递与校长。校长徐卓夫先生即刻出来接见，谈了十分钟，其中最感动人的一段话就是："我有改革本校的决心，就去聘请尧化门小学校长宋鼎先生来任本校训育主任及学生活动指导员。第一次不答应，第二次再去请；第二次不答应，第三次又去请。这次走到尧化门，凑得不巧，宋先生到了燕子矶去了。我就在大风大雨之下走到燕子矶去找宋先生，弄得像在泥里打滚出来的一样。宋先生看这情形也就答应了。”徐校长叙述这段话的时候，眼眶里泪汪汪的显出很悲壮的样子。此时一面谈，一面走，到院子里一看，宋先生正领着十来个学生在那儿整理校景。宋先生看见我来了，非常欢喜的说：“先生从前在江苏省教育会所说的乡村标准校长的三层资格，我们就拿到这里来实行了。我们每天天没有亮就起来，过这农夫的生活，大家都快乐得了不得。”是的，我看他们很像活神仙。写到这里，大家似乎愿意要晓得我所讲的乡村标准校长。九月中旬，江苏省教育会邀集研究乡村教育及办理乡村学校的人在南京贡院开会讨论标准乡村学校。我发表了一点意见说：“乡村标准学校最需要的就是标准校长。乡村标准校长应当有三层资格：一、他要有农夫的身手；二、他要有教师的头脑；三、他要有社会改造家的精神。”宋先生那天也曾列席会议，他竟拿这话来实地训练学生，这种见义勇为的精神，真令人钦佩不已。我看学生们在各处搬石头，挑瓦片，栽花除草，几疑学生就是农夫，农夫就是学生了。大家抖起精神来做得津津有味，丝毫没有假借。徐先生和我说：“我请了宋先生之后，还有些人说冷话，质问我‘为何找宋先生来，他有什么资格？’我回答他们说：‘他的资格就是尧化门小学。如果我的学生个个能把学校办成尧化门的样子，我也心满意足了。’社会里办事很难，现在还有这种冷酷的论调呢。”我劝他认定主张做去，人家好意的批评固要虚心考虑，但成败利害毁誉可以置之度外。干了几年之后，闲话自然没有了。停一会大家回到饭厅上去吃早饭。这里也是师生共食，和我们的南京安徽公学一样，所以我是很习惯的。八点钟应当上第一堂课，徐校长及宋先生一定要我们演讲，我们只得遵命，赵、邵二先生和我都有演词。我一上讲台，眼见这些可爱的学生——未来的乡村校长教员——心里就想到中国农民生活如何困苦，一般师范学校如何走入迷途，裨益农民子女之乡村学校如何稀少，徐校长之三顾茅庐，宋先生之以身作则，和正统派教育家对他们的冷笑态度，以致没有说两句话眼泪就滚了下来，全堂肃静无声，数分钟后才能发言。这是我第一次在讲坛上流眼泪，当时痛恨自己，不能制止，事后一想，为农民及乡村教育流几滴眼泪也是应该的。

演讲后，即参观上国文课。这天学的是柳宗元的《捕蛇者说》。秦教员讲解得很有精神，很有趣味，所发之问也能启迪学生的思想。次一课为《中国农业历史》。也是秦先生教。乡村师范教历史固不宜以农业为限，但这是属于课程问题。秦先生教这门功课也能引学生入胜。教毕，已经是十一时了。这是学习烹饪的时间。教练的是位钟先生，就是本校的事务员，从燕子矶小学过来帮忙的。我们到厨房里去参观他们的工作，看见钟先生和轮值的学生都穿了围裙在厨房里做菜煮饭，只有一个校工在那儿帮助挑水烧火。全校只有两个工人，还有一个是在农场上做粗工的。学生看待烧饭做菜如同上课也如同游戏，大家做得有滋有味的。徐校长说："今年有个姓程的学生，到了乡村里去做教员，饿了两天，就是吃了不会煮饭的苦楚。以后的学生大致没有这种困难了。"从前科举时代虽然考的是八股文章，但因为考举要在考场里好多日子，自己不会煮饭肚皮就要挨饿；并因为要在路上旅行很长久的时间，对于好多别的技能如骑马、打拳、舞剑、缝纫等等都要在家里学会，父母才放心给他们出去，所以科举时代，秀才们所会的不但是八股，并且还有些日常生活的本领。现今学堂里的学生简直只学得一点洋八股，连这些日用的常识常能都不会了，岂是国家办学的真意吗？这个学校冒大不韪，辞退了厨司，要教员同学生穿着围裙做厨子，这是何等的勇气！正午饭菜做好了就由学生送到饭厅上去，大家吃个快乐。我们不客气,也在这里同乐了一遭。每桌三大碗菜:一碗红烧肉,一碗炒白菜,一碗青豆煮豆腐。该校每星期吃两次荤,今日适逢荤期。这餐饭滋味很合口,材料很丰富,大家饱吃一顿。听说每月每人只费四块洋钱。学生说从前厨子做饭,既不好吃,又吃不饱,相形之下,想到昔日之苦更觉今日之乐了。我吃这餐饭要向全国县立师范学校建议一两句口号。这口号就是:“不会种菜,不算学生。”“不会煮饭,不得毕业。”

我参观之后觉得有三种感触。一是该校有贫而乐的精神,从校长以及教员学生都有这贫而乐的精神。全校四十人每月只有经费二百元,已有两个月没有发了,这不是用钱很少吗?社会待他们虽然冷淡,但是他们并不因此灰心;他们只是勇往直前的奋斗。二是该校有学小学的虚心。我曾说过“办中学要多学小学,少学大学”。办师范更应学小学。师范学校的职务是要采取优良小学的办法,训练学生,以广流传。该校聘请尧化门、燕子矶两校教员帮助训练学生,不久必生绝大的效力。他们放弃了一般师范学校的空架子,宁可虚心受小学之指导,这种不耻下问的态度实是一切进步之母。三是该校有远大的前途,影响所及可以为中国师范教育开一新纪元。他们有了灵魂,以后的发展只是时间问题,只是使此灵魂继长增高的活动出去就是了。他们有许多事业可以做。他们自从改革以来只有两个月的工夫,外面当然不能有惊人的成绩。但是照这样精神做下去一年一定有一年的功效,做下去多少时候一定就有多少时候的功效。乡下教员要做的事,他们就拿来教学生学。凡事会做则乐,不会做则苦。寻常师范生以下乡为苦,多半因为他们不会做乡下教员要做的事。我深信这个学校继续照样办了三年,凡乡村教师应做的事,学生是可以无不会做,无不乐做的了。他们的学生当能在乡村里安居乐业,负担乡村生活改造的任务。如果这种精神可以普遍全国的县立师范学校,我们全国乡村生活的改造事业就有希望了。天将明的中国师范教育！天将明的中国乡村生活改造！我晓得你们都要渐渐的随着天将明的江宁县立师范学校一一出现了。

无锡小学之新生命

——开原乡立第一小学一日生活记

今年九月本社聘请丁兆麟先生考察沪宁一带之乡村学校,以为改进乡村教育之根据;丁先生考察无锡小学二十余所之后,到昆山安亭和我会面,告诉我说:“无锡开原乡有个学校叫做开原小学办得很有精神。校长潘一尘先生听说你在无锡第三师范分校演讲一个费钱少的活学校,内中拿我们燕子矶小学来引证,就自己筹旅费到燕子矶来参观,后来又乘童子军会操机会带了学生来作第二次的参观。潘校长这种精神是最可钦佩的。我看他学校里一切设施,有的学东南大学的附属小学,有的学无锡第三师范的附属小学,或其他学校,原原本本都有根据,都足以代表校长虚心采纳的精神。但开原小学不但是效法他人的成法并且有它独创的方法,独到的境界。”丁先生说了,并劝我去参观。听了这番话,不消劝也要去参观了。这是我发愿去看开原小学的动机。

我于十月九日早晨六时半从无锡城里向开原乡出发,在西门外换车。车夫告诉我开原乡有好几个学校,问我要到哪个学校去。这一下却把我问倒了,因为丁先生并没有告诉我这个学校是在哪个村庄。我想好的学校,参观的人必多,我就对车夫说:“拉我到你常拉到的那个学校去罢。”车夫说:“我拉先生到河埒口去看看。”

车夫使劲跑了四十分钟,就到了河埒口,歇在一个学校门口,一看挂的是开原乡立第一小学,向里一望,气象不凡,料想就是这里无疑。走进门一问,果然不错。随手拿了一张名片托位学生代我递于潘校长。这个学校也没有门房听差了。我在应接室里坐着,一个学生送了一杯茶来,很有礼貌的说:"请先生用茶。"过了一分钟的光景,潘校长就出来接见。他曾在东吴大学肄业二年,没有进过师范学校。他的教员都没有进过师范学校。他是凭他的天才和虚心研究态度在这里办学。他们没有好些师范生的成见,也没有好些师范生的空架子。我请他把他办学的经过历史、现在状况、未来计划详详细细的指示了一番。他最后说:"可惜今天没有功课。明天双十节全县学校开联合庆祝大会;今日开原乡学校就提前先开全乡学校联合庆祝大会。幸而地点就在本校,请先生在这里看看我们学生及全乡学生的活动。"我说:"这就是功课,怕比正式的功课还要有意思,有价值些。"

过了一刻钟,创办人蒋仲怀先生也来了。这个学校是蒋先生在光绪三十年创办的。蒋先生家就住在本村。他现任无锡县教育局长。他有个决心要把他自己村里这个学校办好,使得全县学校可以得个标准。所以他对于这个学校的发展是很努力扶助指导的。

我看了校里筹备开会一定很忙,就请蒋、潘二位先生让我一人自由参观。得了他们允许,我就在应接室考察各种表册。开原小学所备的表册,很有系统,很有意义,并且是应用尽用的,不像好多学校,只是把它们挂在那儿当做装饰品罢了。其中最令人注意的有几种。一是儿童所好教科之统计。这是俞子夷先生近年创办的调查。该校竟已效行,真是敏捷之至。二是儿童志向之统计。别的学校只是概括的分类，该校所调查之志向非常具体，例如愿做教员、习商、当兵、航海、外交、花行、航空、铁行、电灯厂、洋布厂、面粉厂、木匠、米行、银行、成衣匠、丝厂、钱庄、报关行、印刷业、猪行和大总统的学生都有。这种具体的调查很能给施教者一种重要的参考。三是毕业生状况之统计。该校对于毕业生之状况调查得非常明晰。毕业生对于母校感情也非常浓厚。将来后期小学之发展大半要出于毕业生之赞助。就我所亲见的小学校中论，与毕业生之联络怕要以该校为最密切，得毕业生的帮助也怕要以该校为独厚了。四是学生之课外自治事业之各种图表簿册。该校之学生课外自治事业有一个组织总其成。这个组织叫做新民村。新民村里的组织有村民大会、村务会议、村政厅、村议会裁判所，以村长村佐总其成。村长就是校长。村中举办事业有原一商社、储蓄银行、新民旬刊社、童子军、博物馆、公园、农场、体育场、巡察团、卫生局、音乐会，这些事业每件都有一本簿子记录进行之状况，我一人在那里翻阅，把全村的生活都印入我的心中，好像照相一样，真是有味得很。其中最引我注意的可以略举几样说说。（甲）在《裁判所日记簿》上最令人受感触的就是犯事的处分。学生裁判学生，往往处分较教员还严。该校常有的处分是“关夜课”。这和迟放学的意思差不多。受这处分的学生，下午四至五时须关在学校里不许出去。（乙）《巡察团规程》里面最切实的是第八条巡察员的任务。

第八条　巡察员任务如左。

1. 禁止村民违禁行为。有违禁的随时拉了他，或抄他的姓名，报告团长办理。

2. 维持下列各行的秩序：

（1）休息运动时的秩序；

（2）整队出校时的秩序；

（3）周会或其他集会时的秩序；

（4）雨天取雨具时的秩序；

（5）维持避灾练习时的秩序；

（6）注意纠正村民行路时靠左走；

（7）禁止村民休息时在课堂故意逗留胡闹；

（8）其他。

3. 注意村民的行为。如有下面的情形，随时加以指导，比较重大的，报告当值监护教师处理：

（1）忽然患病的；

（2）受了伤的；

（3）幼年同学号哭的；

（4）一时失误的（如饮水弄湿衣服，无心损坏东西等）；

（5）年幼同学的困难（如不明禁令，不能自着衣服等）；

（6）收受遗失品送交团长管理；

（7）执行其他各教员特别委托的。

（丙）在村民大会的日记簿上看见一段最有趣的记录。这记录就是说九月二十九日写信请燕子矶小学加入双十节之联合庆祝大会。我看了这条记录就找该校关于这件事的来往信件。看了该校与燕子矶小学来往的信札，觉得这种小学生通信最足以促进学校间之合作，并给学生一种最有价值的发表及精神社交之机会。开原小学的信是周金耕、周映耕两个学生起稿的，承严仲虞给我抄来，披露于下：

诸位老师学长：

我们早已知道贵校的名字，并且和诸位精神上已有一种结合了；可是没有机会和诸位见面。日前你们丁老师到敝校来参观，我们得到他不少的指教，不知道丁老师平安抵校否？极念。

光阴如箭，不久又是国庆日了。敝校定于九日下午二时至五时，七时至九时，联络本地附近各校开庆祝大会。听丁老师说贵校亦愿加入表演，倘蒙惠临加入，不但增光敝校，且可使敝县各校大大地兴奋一下。尚请预先通知，以便编入节目。仰着脖子等你们回音。专此敬祝

学业进步。

无锡开原一校全体敬启

九月二十九日

表册翻完之后，我就到校内各部参观。一切布置都很有条理，也很清洁。学生进出都是很有秩序的，靠左靠右都有一定办法。我看见一块蓝色的牌子，后面是红色，不晓得什么意思，校长就把红色一面翻过来，院子里的学生看见红色就从院里跑了出去；后来校长又把蓝色一面翻过来，学生又纷纷进到院子来了。我才知道红色蓝色不过是发号令的记号：蓝色是可以在院里的记号；红色是即刻出院，好像有危险来了的记号。院子里还有点表现科学原理的办法。他们用洋铁管就着屋檐水做成一个喷水泉。到下雨的时候，听说这个喷泉是很好看的。所费只有十二个铜元。这样办法很有苏州第二女子师范附属小学科学环境的趣味。图书馆有学生用书29种，共计2866册，教员用书45种，共计2649册。学生用书分18个阶段；这是采取东南大学附属小学的办法。图书馆是由学生管理，分七股办事：即借书股、装订股、报告股、格言股、棋枰股、悬赏股、巡回文库股，很是井井有条。乡村小学图书馆就我所看过

的，怕要以此为最好了。该校公园约有980方尺，体操场约有4140方尺，农场约有780方尺。我走到农场的时候，有两位学生向我一鞠躬递了一封信给我，表示代表欢迎我的意思，我打开信一看，上面写的是：

陶先生：

我们在上午九时开一个欢迎会为先生拂尘，请先生到会指导指导，幸勿推却。敬请旅安。

开原一校村政厅敬上

十月九日启

原来半点钟前学生就在那里开会筹备欢迎。他们拟了秩序单，派定各人的职务并推了两个学生起稿写这封信给我。同时也写了一封信给蒋仲怀先生，请他训话。过了十分钟光景，又有两个学生来说是已经预备好了，要我们去指教。我就和蒋先生、潘先生一同去赴会。学生主席致欢迎词、唱歌、讲故事；然后由我演说。该校每周有周训。本星期的周训挂在那里是“知行合一”四个字，这是我的老本行，我就拿“知难行易”和“知易行难”的道理引证具体活动比较讨论一番。蒋先生又把“知是必行”、“知非必去”八个字勉励他们，然后散会。这种小学生自己筹备、自己主持的欢迎会，真是我平生第一次最可纪念的经验。

会散之后，潘校长领我到一个邻村的学校去参观，参观毕就到蒋先生家里去吃午饭。蒋先生送了我一张开原乡全图。这个图是今年六月测量的。就图上看来，一共有24个学校。全区学龄儿童5080人，入学男生有1628人，未入学男生有1794人；入学女生有

380 人,未入学女生有 1278 人。蒋先生说:“我想把这个学校办好,使得全乡的学校有所取法。”这是与我们“以学校化学校”的政策不约而合。

下午两时回到学校来赴庆祝会。这是个联合庆祝会。这天到的有八个学校的学生,都有教职员率领来的。个个学堂教职员学生都有主动的参与。现在把这个联合国庆大会的节目单披露于后,俾能明白这些学校协作精神之一般:

国庆大会节目单　民国十五年十月十日开会

开会

锣鼓开一

国歌

开会辞

演讲

国语歌开一

叠罗汉　双十节公三

国技公一

丝竹公一、开一

人山开一

双簧绩成

国耻小曲公一

叠罗汉　国之纪念塔公三

国庆问答开六

京剧　化子拾金绩成

可怜的秋香唐氏

表情　双十节

叠罗汉　庆祝国庆公三

国乐县四

渔樵耕读开一

寒衣曲公一

休息

尽力中华开一

麻雀和小孩唐氏

木兰从军公一

春天的快乐　歌剧开一

葡萄仙子　歌剧唐氏、公一、开一

滑稽舞

欢呼开一

散会

我这天虽没有看见该校上课,但该校的生活我是看得充分,怕比看正式上课还要亲切些。从文字及谈话上,我晓得该校对于课业上一切设施是最用心的。它已经采用新学制。学级制只存其适应需要的部分,其余的都打破了。于是国语主分阶段,数学主分团。设计教学及道尔顿制度酌量采用。他们要兼取各种方法之优点,不受一种方式之拘束。他们有一个决心,要使乡村小学的教学适应于教育新思潮。品行方面以《好儿童》为标准,藉以发展儿童天赋之才能,使他们向了能作能为的大路行走。从这天的生活上看来,我推想该校教课训育各方面有相类的切实。该校还有一个志愿,这志愿就是要以少量的经费教育多数儿童。该校现有初级学生 85 人,经常费每年 738 元,平均每生教育费为 8 元 7 角;高级小学 22 人,经常费 500 元,平均每生教育费为 22 元。我因为无锡生活程度不熟悉,不能判断该校所费之高下,但该校仍旧还是向经济的方面进行。

依我看来,西洋文化能补充东方文化的地方有两点:一是运用科学改造天然环境;二是运用社会组织以谋充分之协作。开原第一小学的最大特长就是有最敏捷、最切实的方法引导学生组织积极的活动。据说这里的教员也是同心协力的。中国的通病就是没有组织力;人数越多,越散漫。俗语说:“一个和尚挑水吃;两个和尚抬水吃;三个和尚买水吃。”就是描写这种不能协作之景况。当这外患频临的时候,国民没有伟大的组织便不能有伟大的抵抗,便不能有伟大的成就。我看了开原学校的团体活动,不禁为中国前途增加了好些希望。我希望个个学校都能得到这种精神,好为中国造就能组织、能团结、能为共同幸福从事共同活动之新国民。倘使这些学校既能培养团体生活,又能运用科学智识以改造天然环境,征服天然势力,那末,他们岂不成为更切需要、更合理想的学校吗?

南京中等学校训育研究会

南京中等学校近来组织了一个训育研究会，于本月九日开成立会，并于二十一日开第一次常会。这个研究会是由国立、省立、私立中等学校担任训育的职员组织而成的，可算是一个地方训育人员第一次对于训育问题之大协作。历来办学的人谈到学生品行问题就联想到宽严的观念。其实从前学校一味盲目的压制，近年学校一味盲目的放任，都是不应该走的错路。训育问题不是笼统的宽严问题：究竟什么事应当严？什么事应当宽？应当严的如何严法？应当宽的如何宽法？什么叫做严？什么叫做宽？我怕专在笼统的宽严问题上做工夫总寻不出什么条理来，所以希望担任训育的人第一要打破宽严的观念，要在宽严以外去谋解决。真正的训育是品格修养之指导。我们要在“事”上去指导学生修养他们的品格。事应当怎样做，学生就应当怎样修养，先生就应当怎样指导。各种事有各种做法，指导修养之法也跟了它不同。同是一事，处不同之地，当不同之时，遇不同之人，那做的方法，及指导修养的方法也就不能尽同了。怎样可以拿一个笼统的宽严观念来制裁他们呢？

训育上的第二个不幸的事体就是担任训育人员的消极作用。他们惯用种种方法去找学生的错处。学生是犯过的；他们是记过的。他们和学生是两个阶级，在两个世界里活着。他们对于学生的困难问题漠不关心。我们希望今后办训育的人要打破侦探的技术，丢开判官的面具。他们应当与学生共生活，共甘苦，做他们的朋友，帮助学生在积极活动上行走。他们也不应当忘记同学互相感化的影响；最好还要运用同学去感化同学——运用朋友去感化朋友。

训育上还有个最不幸的事体，这事就是教育与训育分家，把教育看作智识范围以内的事，训育看作品行范围以内的事；以为学习智识与修养品行是受不同的原理支配的，甚至于一校之中管教务与训育者不相接洽，或背道而驰。殊不知学习智识与修养品行是受同一学习心理定律之支配的。我们如果强为分家，必至自相矛盾，必至教智识的不管品行，管品行的不学无术。所以我们希望担任训育的人要打破智识品行分家的二元论，而在智识品行合一上研究些办法出来。

训育难办，中等学校的训育更难办，当今中国之中等学校训育尤其难办。然而难处即是有兴味处。它所以难是因为它的问题繁多而复杂；它所以有兴味是因为它给我们研究的机会极丰富而不可限量。品行养成之要素是在一举一动前所下的判断。我们问题中之最大问题是如何引导学生于一举一动前能下最明白的判断。这样一来，即刻牵涉到善恶、是非、曲直、公私、义利之分。这样一来，即刻牵涉到个人所处的地位、时会，及发生关系的人。这样一来，问题可就多了，可就难了，可就真有兴味了。知道这里的难处，欣赏这里的兴味，才可以干训育的事。任训育者不是查房间，管请假，记大过，发奖品就算了事。他的最大责任是引导学生参与现代人生切要的生活，于一举一动前能下最明白的判断。全体教职员都有这个责任，即全体教职员都负有一部分训育上之任务，不过任训育者总其成罢了。

南京训育研究会的成立,就是一件很有价值的事。从此各人可以把实际的具体问题提出交换意见,共谋改进。最好是活动些,大家可以伸缩自如;不可勉强规定一致的办法,以致造成机械的、呆板的训育系统。这种会的贡献就在唤起各人之主动思想,倘使每人提出经验上发生的问题,叫参与讨论的人都不得不慎重考虑,去谋适当的解决,便是很有价值了。像这样的研究训育会才值得推广哩。

创设乡村幼稚园宣言书

自从福录伯发明幼稚园以来，世人渐渐的觉得幼儿教育之重要；自从蒙梯梭利毕生研究幼儿教育以来，世人渐渐的觉得幼稚园之效力；自从小学校注意比较家庭送来与幼稚园升来的学生性质，世人乃渐渐的觉得幼儿教育实为人生之基础，不可不乘早给它建立得稳。儿童学者告诉我们凡人生所需之重要习惯、倾向、态度多半可以在六岁以前培养成功。换句话说，六岁以前是人格陶冶最重要的时期。这个时期培养得好，以后只须顺着他继长增高的培养上去，自然成为社会优良的分子；倘使培养得不好，那末，习惯成了不易改，倾向定了不易移，态度决了不易变。这些儿童升到学校里来，教师须费尽九牛二虎之力去纠正他们已成的坏习惯、坏倾向、坏态度，真可算为事倍功半。至于不负责任的教师，哪里顾得到这些。他们只一味的放任，偶然亲自看见学生做坏事，也不过给儿童一个消极的处分。于是坏习惯、坏倾向、坏态度蓬蓬勃勃的长，不到自害害人不止。这是必然的趋势。

有志儿童幸福的人和有志改良社会的人看此情形就大呼特呼的提倡广设幼稚园。但提倡的力竭声嘶而响应的寥若晨星。都市之中尚有几个点缀门面，乡村当中简直找不到他们的踪迹。这也难怪，照现在的情形来看，幼稚园倘不经根本的改革，不但是乡村里推不进去，就是都市里面也容不了多少。

依我看来，现在国内的幼稚园害了三种大病。一是外国病。试一参观今日所谓之幼稚园，耳目所接，哪样不是外国货？他们弹的是外国钢琴，唱的是外国歌，讲的是外国故事，玩的是外国玩具，甚至于吃的是外国点心。中国的幼稚园几乎成了外国货的贩卖场，先生做了外国货的贩子。可怜的儿童居然做了外国货的主顾。二是花钱病。国内幼稚园花钱太多，有时超过小学好几倍。这固然难怪，外国货哪有便宜的。既然样样仰给于外国，自然费钱很多。费钱既多，自然不易推广。三是富贵病。幼稚园既是多花钱，就得多弄钱。学费于是不得不高，学费高，只有富贵子弟可以享受它的幸福。所以幼稚园只是富贵人家的专用品，平民是没有份的。

我们现在所要创办的乡村幼稚园就要改革这三种弊病。我们下了决心要把外国的幼稚园化成中国的幼稚园，把费钱的幼稚园化成省钱的幼稚园，把富贵的幼稚园化成平民的幼稚园。

一、建设中国的幼稚园。我们在这里要力谋幼儿教育之适合国情，不采取狭义的国家主义。我们要充分运用眼面前的音乐、诗歌、故事、玩具及自然界陶冶儿童。国外材料之具有普遍性，永久性的亦当选粹使用，但必以家园所出的为中心。

二、建设省钱的幼稚园。打破外国偶像是省钱的第一个办法。我们第二个办法就是训练本乡师资教导本乡儿童。一村之中必有一二天资聪明、同情富厚之妇女。我们就希望她们经过相当训练之后，出来担任乡村幼稚园的教师。她们既可得一新职业之出路，又可使幼稚园的薪金不致超过寻常小学额数，岂不是一举两得？这些妇女中最可有贡献而应最先训练的无过于乡村教员校长之夫人、姊妹及年长的女学生。她们受过训练之后，只要有人加以提倡幼稚园就可一举而成。第三个办法就是运用本村小学手工科及本村工匠仿制玩具。如此办来，一个钱可抵数钱之用。三个办法同时并进，可以实现省钱的幼稚园。

三、建设平民的幼稚园。幼稚园花钱既省，取费自廉，平民的儿童当能享受机会均等。教师取之乡间，与村儿生活气味相投，自易亲近。这两件事都可以叫幼稚园向平民方面行走。但一个制度是否真能平民化要看它是否应济平民的需要。就我们所观察，乡村幼稚园确是农民普遍的永久的需求。试一看乡村生活，当农忙之时，主妇更是要忙得天昏地暗。她要多烧茶水，多弄饭菜，多洗衣服，有时还要她在田园里工作，哪里还有空去管小孩子。那做哥哥、做姊姊的也是送饭、挑水、看牛、打草鞋，忙个不了，谁也没有工夫陪小弟弟、小妹妹玩。所以农忙之时，村中幼儿不是跟前跟后，就是没人照应，真好像是个大累，倘使乡村幼稚园办得得当，他们就可以送来照料。一方面父母又可以免去拖累，一方面儿童又能快快乐乐地玩耍，岂不是"得其所哉"！小学儿童，年龄较大，可以做事，农忙时颇能助父母一臂之力，要他上学，不啻减少农民谋生能力，所以有如登天之难。幼稚园则不然。它所招的儿童，正是农民要解脱的负担，要他们进来，正是给农民一种便利。倘使办理得当，乡村幼稚园，可以先小学而普及。幼稚园既是应济平民的需要，自有彻底平民化之可能。我们只需扫除当路的障碍使它早日实现就是了。

建设一个中国的、省钱的、平民的乡村幼稚园不是一说就可以成功的。我们必须用科学方法去试验，必须用科学方法去建设。我们对于幼稚园之种种理论设施都要问它一个究竟，问它一个彻底。我们要幼稚园里样样活动都要站得住。我们要运用科学的方法来建设一个省钱的、平民的、适合国情的乡村幼稚园。将来全国同志起而提倡，使个个乡村都有这样一个幼稚园，使个个幼儿都能享受幼稚园的幸福，那更是我们所朝夕祷祝的了。

我们的信条

《我们的信条》虽是我用笔写的，但不是我创的。我参观诸位先生在学校里实际的工作，心里不由人起了好多印象，积起来共有18项，我就依着次序编成这套信条。所以这是诸位先生自己原来的信条，早已接受实行，今日只是大家共同温习一遍，并下决心，终身奉行，始终如一。

我们从事乡村教育的同志，要把我们整个的心献给我们三万万四千万的农民。我们要向着农民"烧心香"。我们心里要充满了农民的甘苦。我们要常常念着农民的痛苦，常常念着他们所想得的幸福。我们必须有一个"农民甘苦化的心"才配为农民服务，才配担负改造乡村生活的新使命。倘使个个乡村教师的心都经过了"农民甘苦化"，我深信他们必定能够叫中国个个乡村变做天堂，变做乐园，变做中华民国的健全的自治单位。这是我们绝大的机会，也就是我们绝大的责任。

我们深信教育是国家万年根本大计。

我们深信生活是教育的中心。

我们深信健康是生活的出发点，也就是教育的出发点。

我们深信教育应当培植生活力，使学生向上长。

我们深信教育应当把环境的阻力化为助力。

我们深信教法学法做法合一。

我们深信师生共生活，共甘苦，为最好的教育。

我们深信教师应当以身作则。

我们深信教师必须学而不厌，才能诲人不倦。

我们深信教师应当运用困难，以发展思想及奋斗精神。

我们深信教师应当做人民的朋友。

我们深信乡村学校应当做改造乡村生活的中心。

我们深信乡村教师应当做改造乡村生活的灵魂。

我们深信乡村教师必须有农夫的身手、科学的头脑、改造社会的精神。

我们深信乡村教师应当用科学的方法去征服自然，美术的观念去改造社会。

我们深信乡村教师要用最少的经费办理最好的教育。

我们深信最高尚的精神是人生无价之宝，非金钱所能买得来，就不必靠金钱而后振作，尤不可因钱少而推诿。

我们深信如果全国教师对于儿童教育都有鞠躬尽瘁死而后已的决心，必能为我们民族创造一个伟大的新生命。

民国十五年十一月二十一日中华教育改进社特约乡村学校——江宁县教育局管辖燕子矶小学、尧化门小学、巴斗山小学、江苏省立明陵小学——教职员在明陵小学开第一次联合研究会，由全体会员通过。

中国师范教育建设论

教什么？怎样教？教谁？谁教？这是师范学校的几个基本问题。要想把师范学校办得好，必须把这些问题先弄明白。

师范学校首先要问的是：教什么？这是教材问题。施教的人不能无中生有，他必得要运用环境所已有的事物去引起学生之活动。所以遇了"教什么"这个问题，我们暂时可以下一句答语：有什么，学什么；学什么，教什么；教什么，就拿什么来训练教师。但是世界上有的东西，无计其数；所有的未必是所需要的。因此，我们姑且又要加上一句答语：要什么，学什么；学什么，教什么；教什么，就拿什么来训练教师。

所有和所要都知道了，我们立刻发生教法问题。我们要接着问一问：怎样教？教的法子要根据学的法子；学的法子要根据做的法子。教法、学法、做法是应当合一的。我们对于这个问题所建议的答语是：事怎样做就怎样学；怎样学就怎样教；怎样教就怎样训练教师。

教什么和怎样教决不是凌空可以规定的。他们都包含"人"的问题。这问题就是：教谁？人不同则教的东西、教的方法、教的分量、教的次序都跟着不同了。我们要晓得受教的人在生长历程中之能力需要，然后才能晓得要教他什么和怎样教他；晓得了要教他什么和怎样教他，然后才晓得如何去训练那教他的先生。

预备要做先生的是哪种人？他对于教师职业的兴味、才能，如何？他充当某种教师是否可以胜任愉快？现在实际在那儿当教师的是谁？师范学校所期望于他所训练的人有多少能做适当的教师？这也是师范学校要考虑的问题。我们的建议是：谁在那儿教，谁欢喜教，谁能教得好就应当训练谁。

就上面所说的，总起来看，我们知道师范学校，是要运用环境所有所需的事物，归纳于他所要传布的那种学校里面，依据做学教合一原则，实地训练有特殊兴味才干的人，使他们可以按着学生能力需要，指导学生享受环境之所有并应济环境之所需。这个定义包含三大部分：一是师范学校本身的工作，二是中心学校的工作，三是环境里的幼年人生活。这三大部分应当发生有机体的关系，使得他们的血脉可以流通，精神可以一贯。他们中间不当有丝毫的隔膜。一看这个定义，我们立刻晓得师范学校的出发点就是他所要传布的中心学校；中心学校的出发点就是环境里的幼年人生活。由此我们也就可以明白建设师范教育之历程。

环境里的幼年人生活既是中心学校的中心，我们首先就要把他弄个明白。我们要晓得幼年人在生长历程中有什么能力，有什么需要。我们虽不能完全知道，但是学者已经研究出来的，我们必须充分明了。幼年人不是孤立的，他是环境当中的一个人。环境对于幼年人的生活有两种大的力量。一是助力。自然界的光线、空气、食物、饮料在常态之下都是扶助人类生长的东西。社会里的语言、文字、真知、灼见，以及别人的互相提携也都有扶助我们生长的作用。二是阻力。例如狂风、暴雨、水患、旱灾、虫害种种都是自然界与人为难的东西。社会方面的贪官、污吏、劣绅、土棍、盗贼以及一切不良的制度风俗也是我们生长的挡路物。可是阻力倘不太大，可以化为助力。逆境令人奋斗。生长历程中发生了困难才能触动思想，引起进步。人的脑袋就是这样长大的，文明也是这样进化的。我们应当运用自然界和社会界的助力阻力去培植幼年人的生活力，使他可以做个健全分子去征服自然，改造社会。因此，我们又要问自然界与社会界对于幼年人的生长有什么助力，有什么阻力？他们对于幼年人生长的贡献是什么？他们有什么缺憾要人力补天工之不足？一个环境对于幼年人生长之助力、阻力、贡献、缺憾，要具体的分析开来才能指导教育的实施。倘使囫囵吞枣，似乎没有多大用处。分析出来的具体事实必定是整千整万学校自然不能完全采纳进去。所以进一步的工作就是估量每件事实的价值。价值估量之后再作选择的工夫，把价值最低的除开，需要可缓的除开，学校不必教不能教的除开，留下来的容纳到学校里去，编的教材，制为课程，佐以相当设备，配以相当程序，使教师指导学生脚踏实地的去做去学。这样一来，中心学校就可以办成了。这种学校是有根的；它的根安在环境里，吸收环境的肥料、阳光，化作自己的生命。所以它能长大，抽条，发叶，开花，结果。这种学校是与自然生活，社会生活联为一气的。它能适应环境的生活，也能改造环境的生活。它是本地的土壤里产生出来的，它自能在相类的环境里传布。我们可以祝它说："恭喜你多福，多寿，多儿子；儿子又生孙；孙又生儿子；子子孙孙生到无穷期，个个都像你，个个胜过你。"中心学校有了办法，再办师范学校。师范学校的使命，是要运用中心学校之精神及方法去培养师资。它与中心学校的关系也是有机体的，也是要一贯的。中心学校是它的中心而不是它的附属品。中心学校也不应以附属品看待自己。正名定义，附属学校这个名字要不得。实习学校的名字好得多，但是这个名字包含了"思想与实习分家"的意味，也不是最好的。师范学校的各门功课都有专业的中心目的，大部分都应当与中心学校联串起来。例如教育学、心理学等等功课若是附加的性质，决不能发生很大的效力。这种功课应当与实地教学熔为一炉，大部分应当采取理科实验指南的体裁以谋教学做之合一。我们进行时对于师范生本身之能力与需要当然要同时顾到。因为师范生将来出去办学的环境与中心学校的环境必定不能一模一样；要想师范生对于新环境有所贡献，必得要同时给他们一种因地制宜的本领。

师范毕业生得了中心学校的有效办法和因地制宜的本领，就能到别的环境里去办一个学校。这个学校的精神与中心学校是一贯的，但不是刻印板的，不是照样画葫芦的。它要适应它的特殊环境，也要改造它的特殊环境。

这个学校对于学生所要培植的也是生活力。它的目的是要造就有生活力的学生，使得个个人的生活力更加润泽丰富强健，更能抵御病痛，胜过困难，解决问题，担当责任，学校必须给学生一种生活力使他们可以单独或共同去征服自然，改造社会。

我们这里所建议的步骤是一气呵成的：自然社会里的生活产生活的中心学校；活的中心学校产生活的师范学校；活的师范学校产生活的教师；活的教师产生有生活力的国民。

这个建设历程，从头到尾，都是息息相通的，倘使发现不衔接，不联络，不适应的地方到处可以互相参考纠正，随改随进。所以中心学校随着自然社会生活继续不断的改进，师范学校随着中心学校继续不断的改进，地方学校随着师范学校继续不断的改进，自然社会生活又随着地方学校继续不断的改进。

上述师范教育的建设历程，倘用下图表示，更能一目了然。

中国师范教育建设图

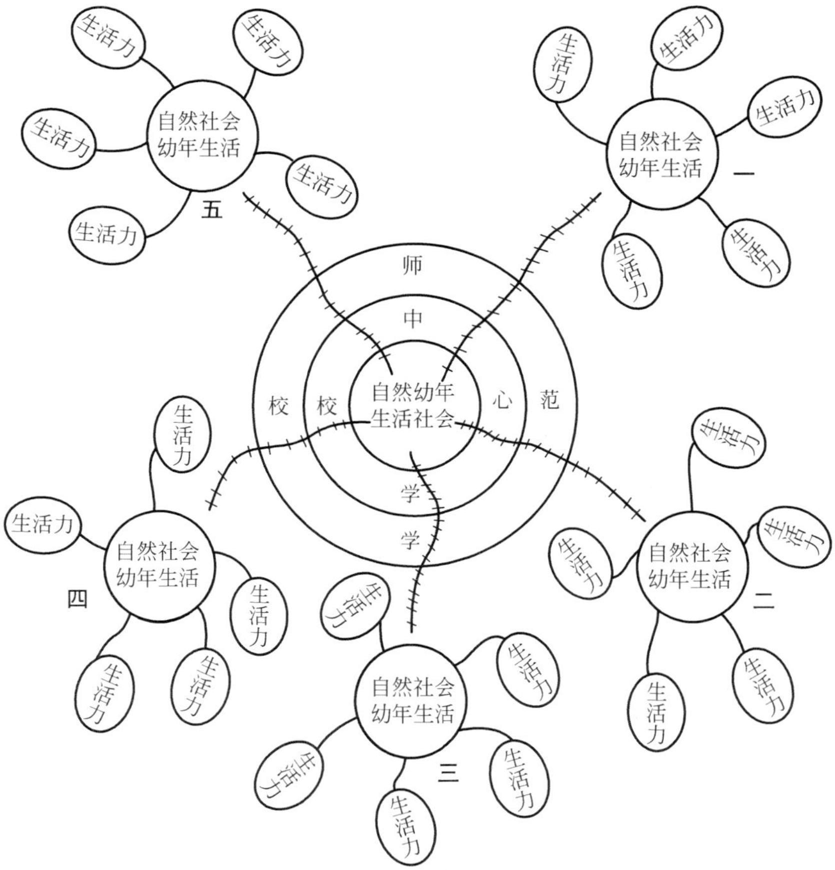

说明：

自然社会里的幼年生活是中心学校之中心。

中心学校是师范学校之中心。

一、二、三、四、五是师范毕业生办的学校。

生活力代表师范毕业生所办学校培养之学生。

训练初级师范教员之高等师范或师范大学可于师范学校外加一圈并类推。

师范学校既以中心学校为中心，那末有哪一种的中心学校就有哪一种的师范学校：有幼稚园为中心学校，就可以办幼稚师范；有小学为中心学校，就可以办初级师范；有中学或师范为中心学校，就可以办高等师范或师范大学；有各种职业机关或学校做中心学校，就可以办各种职业师范。

师范学校既以中心学校为中心就得跟着中心学校跑。凡有好的中心学校的地方都可以办个师范；凡是没有好的中心学校的地方都可以取消师范的招牌，否则就应当根本改造中心学校和各方面的关系，使它名实相符。师范学校人数也可不拘，看中心学校的容量而定。它能容几个人就是几个人，不必勉强。一个师范可以有几个中心学校；一个中心学校也可以做几等师范学校的公共中心。例如一个乡村师范可以有几个单级学校、几个复式学校、几个单式学校做它的中心学校。又例如一个好的中心小学里可以容纳初级中学、高级中学，甚至于大学程度的师范生在这里学习。初级中学程度的人在这里学习之后可以去当初小的教师，高级中学程度的人在这里学习之后可以去当高小的教师，大学程度的学生在这里学习之后可以去办初级师范或县立师范。

中心学校的成立有两种方式都可以行。一是另起炉灶来创设；二是找那虚心研究，热心任事，成绩昭著并富有普遍性之学校特约改造，立为中心学校。这两种方式可以按照情形酌量采择施行。

有了中心学校，就可以在中心学校左近建筑或租借房屋开办师范班或师范学校。收录师范生可有两种办法。一是本校招收新生始终其事，予以完全训练。这种办法规模较大，需用人才、设备、经费也较多。二是招收他校将毕业而有志充当教师之学生或有相当程度之在职之教职员加以相当时期之训练:照这种办法,师范部只须准备宿舍、图书、讨论室,指导人才及所需之其他设备,就可开办。这是比较轻而易举的。毕业后发给修业证书,俟办成有生活力之学校始发给正式毕业证书。原肄业学校如因本校没有师范训练亦得依照规定手续保送相当学生来此学习。毕业证书可由两校合发。这种种办法各级师范都可适用。

上面所说的是建设中国师范教育的根本原理与实施概要。中国师范教育前清办理失策,以致师范学校与附属学校隔阂,附属学校与实际生活隔阂。我们所以有这种隔阂,是因为我们的师范教育或是从主观的头脑里空想出来的,或是间接从外国运输进来的,不是从自己的亲切经验里长上来的。这种师范教育倘不根本改造,直接可以造成不死不活的教师,间接可以造成不死不活的国民。有生活力的国民是要靠着有生活力的教师培养的;有生活力的教师又是要靠着有生活力的师范学校训练的。中国今日教育最急切的问题是旧师范教育之如何改造,新师范教育之如何建设。国家所托命之师范教育是决不容我们轻松放过的。我们很希望全国同志会精聚神的来对付这个问题。

中华教育改进社改造全国乡村教育宣言书

本社的乡村教育政策是要乡村学校做改造乡村生活的中心；乡村教师做改造乡村生活的灵魂。我们主张由乡村实际生活产生乡村中心学校，由乡村中心学校产生乡村师范。乡村师范之主旨在造就有农夫身手、科学头脑、改造社会精神的教师。这种教师必能用最少的金钱，办最好的学校，培植最有生活力的农民。我们深信他们能够依据教学做合一的原则，领导学生去学习那征服自然改造社会的本领。但要想这种教育普遍实现，必须有试验、研究、调查、推广、指导之人才，组织、计划、经费及百折不回的精神，方能成功。本社的事业范围很宽，但今后主要使命之一即在厉行乡村教育政策为我们三万万四千万农民服务。我们已经下了决心要筹募一百万元基金，征集一百万位同志，提倡一百万所学校，改造一百万个乡村。这是一件伟大的建设事业，个个国民对它都负有绝大的责任。我们以至诚之意欢迎大家加入这个运动，赞助它发展，指导它进行，一心一德的为中国乡村开创一个新生命。

中国乡村教育之根本改造

中国乡村教育走错了路！它教人离开乡下向城里跑。它教人吃饭不种稻，穿衣不种棉，做房子不造林。它教人羡慕奢华，看不起务农。它教人分利不生利。它教农夫子弟变成书呆子。它教富的变穷，穷的变得格外穷；它教强的变弱，弱的变得格外弱。前面是万丈悬崖，同志们务须把马勒住，另找生路！

生路是什么？就是建设适合乡村实际生活的活教育！我们要从乡村实际生活产生活的中心学校；从活的中心学校产生活的乡村师范；从活的乡村师范产生活的教师；从活的教师产生活的学生，活的国民。活的乡村教育要有活的乡村教师；活的乡村教师要有农夫的身手，科学的头脑，改造社会的精神。活的乡村教育要有活的方法；活的方法就是教学做合一；教的法子根据学的法子；学的法子根据做的法子。事怎样做，就怎样学；怎样学，就怎样教。活的乡村教育要用活的环境，不用死的书本。它要运用环境里的活势力，去发展学生的活本领——征服自然改造社会的活本领。它其实要叫学生在征服自然改造社会上去运用环境的活势力，以培植它自己的活本领。活的乡村教育，要叫人生利。它要叫荒山成林，叫瘠地长五谷。它要教农民自立、自治、自卫。它要教乡村变为西天乐园，村民都变为快乐的活神仙。以后看学校的标准，不是校舍如何，设备如何，乃是学生生活力丰富不丰富。村中荒地都开垦了吗？荒山都造了林吗？村道已四通八达了吗？村中人人都能自食其力吗？村政已经成了村民自有、自治、自享的活动吗？这种活的教育，不是教育界或任何团体单独办得成功的，我们要有一个大规模联合，才能希望成功。那应当联合中之最应当联合的，就是教育与农业携手。中国乡村教育之所以没有实效，是因为教育与农业都是各干各的，不相闻问。教育没有农业，便成为空洞的教育，分利的教育，消耗的教育。农业没有教育，就失了促进的媒介。倘有好的乡村学校，深知选种调肥，预防虫害之种种科学农业，做个中心机关，农业推广就有了根据地，大本营，一切进行，必有一日千里之势。所以第一要教育与农业携手。那最应当携手的虽是教育与农业，但要求其充分有效，教育更须与别的伟大势力携手。教育与银行充分联络，就可推翻重利；教育与科学机关充分联络，就可破除迷信；教育与卫生机关充分联络，就可预防疾病；教育与道路工程机关充分联络，就可改良路政。总之乡村学校，是今日中国改造乡村生活之唯一可能的中心！它对于改造乡村生活的力量大小，要看它对于别方面势力联络的范围多少而定。乡村教育关系三万万四千万人民之幸福！办得好，能叫农民上天堂；办得不好，能叫农民下地狱。我们教育同志，应当有一个总反省，总忏悔，总自新。我们的新使命，是要征集一百万个同志，创设一百万所学校，改造一百万个乡村。我们以至诚之意，欢迎全国同胞一齐出来，加入这个运动！赞助它发展，督促它进行，一心一德的来为中国一百万个乡村创造一个新生命，叫中国一个个的乡村都有充分的新生命，合起来造成中华民国的伟大的新生命。

试验乡村师范学校答客问

乡村师范学校是什么?

乡村师范学校是依据乡村实际生活,造就乡村学校教师、校长、辅导员的地方。

为什么要加上试验两个字?

中国乡村教育走错了路,现在已经到了山穷水尽,不得不另找生路。试验就是用科学的方法去采新的生路。我们在前面已经看着一线光明,不能说是十分有把握,但深愿“试它一试”。

这个学校是谁办的?

这个学校是中华教育改进社结合少数乡村教育同志办的。

中华教育改进社为什么要发这种宏愿?

中华教育改进社三年以来对于乡村教育素所注意,近来更觉得这件事是立国的根本大计。估计起来,中国有一百万个乡村,就须有一百万所学校,最少就须有一百万位教师。个个乡村里都应当有学校,更应当有好学校。要有好的学校先要有好的教师;好的教师有生成的,有学成的。生成的好教师如同凤毛麟角,不可多得,恐怕一百万位乡村教师当中,九十九万九千九百位是要用特殊的训练把他们培养成功的。这是一件伟大的事业,要全国同志运用心力财力才能办到。本社不忍放弃国家一分子的责任,所以很情愿在万难中设立这个小小的试验乡村师范,为的是要造就好的乡村教师去办理好的乡村学校。

乡村教师要怎样才算好？

好的乡村教师第一有农夫的身手，第二有科学的头脑，第三有改造社会的精神。他足迹所到的地方，一年能使学校气象生动，二年能使社会信仰教育，三年能使科学农业著效，四年能使村自治告成，五年能使活的教育普及，十年能使荒山成林，废人生利。这种教师就是改造乡村生活的灵魂。

乡村学校要怎样才算好？

有了这样好教师，就算是好的乡村学校；好的乡村学校，就是改造乡村生活的中心。

现在中国有没有这种学校？

现在中国有少数乡村学校确是朝着这条路走。他们的精神确系要令人起敬。如同燕子矶小学、尧化门小学、开原小学都是著有成绩的乡村学校。最近改造的江宁县立师范学校、明陵小学、笆斗山小学，成绩也有可观。别的地方一定也有这种学校，因为不晓得清楚，不能列举。这几个学校假使再给他们五年或十年的时间，当能使这些乡村得到一种新生命，开创一个新纪元。

这些学校为什么办得这样好？

因为它们的教职员有办理乡村教育的天才，并且有虚心研究学问的精神。

这些学校与试验乡村师范要发生什么关系？

因为地点接近燕子矶小学和尧化门小学，已经特约为试验乡村师范学校的中心小学，其他学校，就辅助分工研究关于乡村小学的种种问题。

何谓中心小学？

中心小学以乡村实际生活为中心,同时又为试验乡村师范的中心。平常师范学校的小学叫做附属小学,我们要打破附属品的观念,所以称它为中心小学。中心小学是师范学校的主脑,不是师范学校的附属品。中心小学是师范学校的母亲,不是师范学校的儿子。中心小学是太阳,师范学校是行星。师范学校的使命是要传布中心小学校的精神、方法,和因地制宜的本领。

试验乡村师范学校依据中心小学办理,已经听得明白,但究竟采用什么方法使它实现呢?

我们的一条鞭的方法就是教学做合一。

什么是教学做合一?

教学做合一是:教的法子根据学的法子;学的法子根据做的法子。事怎样做就怎样学,怎样学就怎样教。比如种田这件事要在田里做,就要在田里学,也就要在田里教。教学做有一个共同的中心,这个中心就是“事”,就是实际生活;教学做都要在“必有事焉”上用功。

试验乡村师范的课程与平常学校有什么不同的地方?

试验乡村师范的全部课程就是全部生活,我们没有课外的生活也没有生活外的课。约略分起来,共有五门:一、中心小学生活教学做。二、中心小学行政教学做。三、师范学校第一院院务教学做。四、征服天然环境教学做。五、改造社会环境教学做。

什么是第一院?

我们的师范学校将来要分两院,第一院是招收他校末一年半学生及相等程度之在职人员,加以一年半的训练;第二院是完全师范制,一切训练都由本校始终其事。因为第一种办法较为轻而易举,所以先办第一院。

什么是院务教学做？

我们第一院里面种种事务都是要学生分任去做的；什么文牍、会计、庶务、烧饭、种菜都是要学生轮流学习的。全校只用一个校工担任挑水一类的事，其余一切操作，都列为正课，由学生躬亲从事。

师范生要学习烧饭种菜，这什么道理？

乡村里当教师，不会烹饪，就要吃苦。我们晓得师范生初到乡间去充当教师，有的时候，不免饿得肚皮叫，就是因为他们不会炊事。从前科举时代，文人因过考需要，大多数都会烹饪。现在讲究洋八股反把这些实用的本领挥之门外，简直比科举还坏。所以我们这里的口号是："不会种菜，不算学生"，"不会烧饭，不得毕业"。

教师处于什么地位？

本校各科教师都称为指导员，不称为教员。他们指导学生教学做，他们与学生共教，共学，共做，共生活。不但如此，高级程度学生对于低级程度学生也要负指导之责。

什么资格的学生可以进来呢？

初级中等学校、高级中等学校、专门大学校末了一年半的学生和在职教职员有相等程度的都可以投考。但是他们必须有农事或土木工经验方才有考取的把握；这是顶重要的资格；这两个条件完全没有的人，不必来考。凡是小名士、书呆子、文凭迷的都最好不来。如果有人想办乡村小学，为预储师资起见，保送合格学生来学，学成就去办学，这是我们最欢迎的。

考些什么功课？

我们所要考的有五样东西：一、农事或土木工操作一时；二、智慧测验；三、常识测验；四、作国文一篇；五、三分钟演说。

收录多少学生呢?

我们现在暂定为二十名。倘使我们在这两个月当中经费可以多筹些,如果合格学生很多,我们也可以多取几名。倘使合格学生很少,我们就少取几名;只要有一个合格学生,我们都是要开办的。我们教一个学生和教一千个学生一样的起劲,因为如果这个学生是个人才,他对于乡村教育必有相当的贡献。一个人是千万人的出发点。倘使我们这次招生只能得到一个真学生,我们也就心满意足了。

毕业年限怎样?

我们的修业年限暂订为一年半,但不是一定不移的,可以按照实在情形酌量伸缩。不过修业后必须服务半年,经本校派员考查,确有精神表现,才发给各种毕业证书。

费用要多少呢?

本校学费一概不收,膳费每月暂以五元为最高额,由师生共同经管。杂费依最节省限度另订。学生种田,照佃户租田公允办法,每年赚钱多少,看自己运用心力的勤惰功拙。统归本人所有,账目完全公开。

试验乡村师范学校设在何处?

这个学校设在南京神策门外迈高桥,离燕子矶、尧化门都很近。我们准备了田园二百亩,供师生耕种;荒山数座,供师生造林;最少数经费,供师生自造茅草屋居住。

茅草屋怎样布置?

每个茅草屋住十一个人:十位学生,一位指导员。里面有阅书室,会客室,饭厅和盥洗室,厕所。屋外后面附一个小厨房;厨房之后,有一小菜园。

茅草屋没有造成住在何处？

住在帐篷里；谁的茅草屋没有造好，谁就要住在帐篷里。十一个人都要受茅草屋指导员的指导，按照图样建造一个优美的、卫生的、坚固的、合用的、省钱的茅草屋。个个人都要参加，都要动手。教师不但是教书，学生不但是读书，他们是到这里来共同创造一个学校。从院长起以及到学生，谁不造成茅草屋，谁就永久住在帐篷里。

宿舍之外还有什么？

本校一切建筑都是茅草屋。除宿舍外，我们要有图书馆、科学馆、教室、娱乐室、操室、温室、陈列所、医院、动物园。指导员家属住宅都要逐渐使它们成立，但总依据茅草屋的形式建筑。

简括些说起来，试验乡村师范的精神究竟何在？

本校的精神可以拿本校校旗之意义来代表。旗之中心有一个小圆圈，里面有个“活”字代表所要培养之生活力。圈外有个等边三角，代表学教做三者合一。三角上面有一个“心”放在当中，表示关心农民甘苦之意。左边有一支笔，右边有一把锄头。三角之外有一大圆圈放射光芒好比是太阳光。四面是一百个金色星布满全旗，代表一百万个学校，改造一百万个乡村，使个个乡村都得到光，合起来造成中华民国的伟大的光。

民国十五年十二月二十八日黎明

幼稚园之新大陆

——工厂与农村

最需要幼稚园的地方是什么？最欢迎幼稚园的地方是什么？幼稚园应当到而没有到的是什么地方？幼稚园还有什么新大陆可以发现？

（一）女工区域是需要幼稚园的。妇女上工厂做工，小孩子留在家里，无人照应，最感痛苦。若带在身边，那末，工厂里的特殊紧张之环境，便要阻碍儿童的发育。倘使工厂附近有相当之幼稚园，必能增进儿童之幸福而减少为母者精神上之痛苦。同时女工既不必心挂两头，手边又无拖累，则做工效率，自然也要增加好多。所以为儿童教育计，为女工精神计，为工业出产效率计，这种工厂附近必须开办幼稚园。这是幼稚园的第一个新大陆；我希望幼稚园同志快来探获。

（二）农村也是需要幼稚园的。农忙的时候，田家妇女们忙个不了，小孩子跟前跟后，真是麻烦。哥哥姊姊也要帮忙操作，无暇陪伴弟妹玩耍，所以农忙一到，乡村小孩子就要缺乏照料。倘使农村里有了幼稚园，就能给这些小孩子一种相当的教育，并能给农民一种最切要的帮助。幼稚园的同志们！诸君可曾想到这个新大陆？我深信如果诸君愿意下乡，采桑娘子必定是诚心诚意的欢迎诸君的。

幼稚园的下乡运动和进厂运动必须开始，实无疑义。但现在的幼稚园必须经过一番根本变化，方能到乡村和工厂里去。它第一要打破外国的面具，第二要把贵族的架子放开，第三要省钱，不当用的不必用。这里要整天整年的幼稚园。半天的幼稚园只能解决一半的困难。幼稚园放假也只能跟着女工农妇空闲的时候为转移。现在幼稚园还有一件事没有注意到，这事就是儿童的康健。儿童的康健比什么事还要紧。幼稚园教师倘没有受过严谨的卫生训练，则幼稚园恐怕要变成传染疾病的中心。我有一个朋友全家害过猩红热，又一个朋友的小孩儿都染着百日咳，还有好几家朋友的小孩子染着沙眼病和天花，都是因为幼稚园里不注意卫生所致。我希望大家把儿童康健当作幼稚园里面第一重要的事情。幼稚园教师应当做康健之神。工厂和农村是幼稚园可以发现的新大陆。它们只欢迎爱护康健的幼稚园，不欢迎传染疾病之幼稚园。

从野人生活出发

无锡开原小学校长潘一尘先生来帮助我们创办第三中心小学,和我们同住了六天,临去那一晚,我问他对于试验乡村师范的生活有什么感想。他说:“你们这里简直是原始生活,不是农民生活。”我说:“原始生活虽说不到,但是一部分确是野人生活,我们这里的教育是从野人生活出发,向极乐世界探寻。”这段谈话,虽是寥寥数语,却能表示晓庄教育之真相。封建制度下之农民生活是最不进步的。他们一天一天的过去,好像人生毫无问题。乡村教育虽是为农民谋幸福,但从农民生活出发,能否达到目的是很可怀疑的。所以我们鼓起勇气把乡村教育的摆子使劲摆到野人生活上去。野人生活是最富于问题的。生活上的实际问题一个一个的来到我们面前,命令我们思想,要求我们解决。这些问题来势急于星火,不容我们苟且偷安。倘使我们不振作精神,当机立断,必定有不堪言状的痛苦,甚而至于只有死路一条。山上出狼,我们必得学习打猎。地上有蛇,我们必得学习治毒。聚蚊成雷,我们必得学习根本铲除蚊子的方法。衣、食、住、行各种问题,我们在尝试野人生活的时候得到了极亲切的了解。没有到晓庄以前,没有住在晓庄以前,我们对于这些生活需要简直是一知半解,嘴里虽能说得头头是道,其实心中那里觉得到啊。我们从野人生活里面感到人的身体是不足以应付环境的。我们觉得人类要想征服天然势力,必须发明，制造，运用身体以外的工具。我们自从尝了野人生活，对于工具觉得万分重要，没有生活工具，简直不必空谈生活教育。可是朋友们不要误会。我们不是要做羲皇上人，我们的黄金时代是在未来。我们从野人生活出发，不是没有出息，开倒车，要想长长久久的做野人。出发的号令已下，我们要向极乐世界去探寻了。

生活工具主义之教育

“教育以生活为中心”，这句话已经成为今日学校里的口头禅，但是细考实际，教育自教育，生活自生活，依然渺不相关，这是因为什么缘故？我们先前以“老八股”不适用，所以废科举，兴学堂；但是新学办了三十年，依然换汤不换药，卖尽气力，不过把“老八股”变成“洋八股”罢了。“老八股”与民众生活无关，“洋八股”依然与民众生活无关。但是新学校何以变成“洋八股”，何以与民众生活无关？这其中必有道理。

人的生活，必须有相当工具，才能表现出来。工具充分，才有充分的表现；工具优美，才有优美的表现；工具伟大，才有伟大的表现。“老八股”与“洋八股”虽有新旧之不同，但都是靠着片面的工具来表现的。这片面的工具就是文字与书本。文字与书本只是人生工具之一种，“老八股”与“洋八股”教育拿它当作人生的唯一工具看待，把整个的生活都从这个小孔里表现出去，岂不要把生活剥削得黄皮骨瘦吗？文字书本，倘能用得得当，还不失为人生工具之一；但是“老八股”与“洋八股”的学生们却不用它们来学“生”，偏偏要用它们来学“死”。中国教育所以弄到山穷水尽，没得路走，是因为大家专靠文字书本做唯一无二的工具，并且把文字书本这个工具用错了。我们要想纠正中国教育，使它适应于中国国民全部生活之需要，第一就须承认文字书本只是人生工具之一种，此外还有许多工具要运用来透达人生之欲望;第二就须承认我们从前运用文字书本的方法是错的,以后要把它们用的更加得当些。

现在有一班人,开口就说:西方的物质文明比东方好,东方的精神文明比西方高。这句话初听似乎有理,我实在是百索不得其解。精神与物质接触必定要靠着工具。工具愈巧则精神愈能向着物质发挥。工具能达到什么地方即精神能达到什么地方。动物以四肢百体为工具,所以它的精神活动亦以四肢百体的力量所能达到的地方为限。人的特别本领就是不专靠自己的身体为工具。人能发明非身体的工具,制造非身体的工具,应用非身体的工具。文明人与野蛮人的最大分别就是文明人能把这些非身体的工具发明得格外多,制造得格外精巧,运用得格外普遍。有了望远镜,人的精神就能到火星里去游览;有了显微镜,人的精神就能认识那叫人生痨病的不是痨病鬼乃是痨病虫。今年五月七日第一次飞渡大西洋的飞行家林白从德国柏林通电话到美国和他的老母谈话,是精神交通破天荒的成功,也是物质文明破天荒的成功。精神文明与物质文明是合而为一的。这合而为一的媒介就是工具。教育是什么?教育是教人发明工具,制造工具,运用工具。生活教育教人发明生活工具,制造生活工具,运用生活工具。空谈生活教育是没有用的。真正的生活教育必以生活工具为出发点。没有工具则精神不能发挥,生活无由表现。观察一个国家或一个学校的教育是否合乎实际生活,只须看它有无生活工具;倘使有了,再进一步看它是否充分运用所有的生活工具。教育有无创造力,也只须看它能否发明人生新工具或新人生工具。中国教育已到绝境,千万不要空谈教育,千万不要空谈生活;只有发明工具,制造工具,运用工具是真教育,是真生活。

如何教农民出头？*

上次我和杨先生讨论到怎样把国家建设在农业上，如何教农业文明渡到工业文明，如何使农民得执工商业之牛耳等等问题。现在把我个人近来关于这些问题的心得，约略说一下：

如何教农民出头？我们可举种棉花来做个比方。农民辛辛苦苦，把棉花收获下来之后，对于棉花就不能自主了。棉花要出头到纱厂里去，纱厂里要他的出头费。纱厂以逸待劳价格随意而定，农民为经济所迫，不得不低价出售。再进而至于由纺纱厂到织布厂，由织布厂到市场，没有一个关口，不是有人要收很重的出头费，到布出卖的时候，农民买进来穿是很贵的棉布衣。棉花出售时是何等的便宜，穿布时却是大大的昂贵起来了。我们现在要想个法子，把纺纱厂、织布厂以及市场打成一贯，则棉花可以出头，种棉花的人也跟着棉花出头了。依我想来，这是可以做得到的。比方：以江苏省来说，江苏一省有二千五百万的农民，以五个农民为一家来计算，统共有五百万个农家。如果每家出一元，可以得到五百万元之数。有这五百万元，便可以兴办农民纺纱厂，农民自己做股东，把农民自己所产的棉花，送到农民自办的工厂里去。照样，农民可以自办织布厂和商店。如此，二千五百万的农民，不但可以省去出头

* 戴邦杰笔记。

费,也还可以赚得盈利不少。

从农业国进到工业文明的过程中,必然有多数人要受淘汰而失业;因为机器发达,人工省去,这种现象,是确然不可免的。我们现在既然要把农业、工业打成一片,就农业上因机器而遭失业的人,就可以调进纺纱厂、织布厂、商店去做工度日。这个农民失业的危险,如果是农民执工商业的牛耳,就可以避去一大部分。

孙中山先生的实业大计划,也包括上述底事业。他主张利用国家资本与外资来发展国内实业。如果他的计划实行,要想教农民执工业上之牛耳,就得教农民实行把民权操在手中,运用国家权力来出头。国家资本,倘使分别缓急,必定要用来先筑十万里的铁路;因为这是农民出头必由之路。如果工厂里产的货物运不出去,则生产过剩,价格低落,实业必归失败,所以筑路是发展实业的第一步。假如国家资本只能先顾筑路,创办纱厂一时不能并举,那末,我们运用农民自己底资本与劳力,慢慢儿来开办起来,也是必要的政策。因为政府与农民共同努力,出头当然可以快些。

但如何可以从农民的荷包里掏出一元钱来做股东,以及如何可以使农民执有民权?这两件事须靠我们从事乡村教育诸同志的努力。农民对于这种大规模举动的不明了,与不知民权为何物,固然要靠舆论来鼓吹与启迪,但最要紧的还是重在培植小农民的乡村教师。假如每村有农户百家,五百万家就有五万个农村。假使这五万个乡村教师都受有特殊训练,那末,五万个教师联合起来,不啻就是五万个村庄联合起来,也就是农民资本聚集的媒介。这样集少成多,就可以开办纺纱厂织布厂等等。如此棉花可以出头无阻,农民也就可以出头无阻了。至于如何训练农民执民权,如何教他们运用选举权、罢官权、创制权、复决权,也要靠乡村教师为之教导。这是我一月来对于这些问题考虑的一斑。上月我曾种山芋一次,知道山芋必定要底下可以安根,上面可以出头,才可以活;我们要想中国活起来,就得要在农业上安根,在工商业上出头。这个问题很大,希望诸位注意这问题细细加以研究。

平等与自由*

中山先生解释平等的意义，有很大的贡献。他说：世界上有真平等，假平等，不平等。什么是不平等？帝、王、公、侯、伯、子、男、民的地位是一步一步的高上去。我的脚站在你的头上；你的脚又站在他的头上。这是叫做不平等。现在要打倒这种不平等，那是应当的。但是打不平等的人，往往要把大家的头一齐压得一样平，变成平头的平等，殊不知头上虽平，立足点却是不能平了。好像拿可以长得五尺高的树，和可以长得一丈高的树一齐压得一样平，岂不是大错吗？这种叫做假平等。真平等是要大家的立脚点平等，你的脚站在什么地方，我的脚亦站在什么地方。大家在政治上要站得一样平，经济上也要站得一样平。这是大家的立脚点平等。这才是真平等。

中山先生之解自由，没有他解释平等那样清楚。但他有一点，说得很好，他说："中国人不是不知道自由；中国人的自由，实在是太过了。"所以他不用自由做口号，而用民族、民权、民生做标帜，与梁任公先生的维新，以自由为口号，是完全不相同的。外国人说："中国人不知自由。"然而外国人哪里知道他们的自由，远不如中国呢！

---

* 戴邦杰、陈昌嵩笔记。

按中山先生的意思，说到自由是要求国家之自由。国民革命成功之后，团体能自由，个人不能自由。中国之所以弄到这地步，就是因为大家私人的自由太过，不注重国家之自由。私人的自由，既然太过，则各人有各人的主张。所以中国人大多数是无政府党。我们中国人骨髓里，都含有无政府主义。这种无政府主义的倾向，往往在不知不觉中流露出来，我们想到国家危险时，固然是要自抑私人之自由；但在不知不觉中，难免不爱享过分之自由。我们于不知不觉中，都有无政府主义的倾向。现在我们要救中国，极当抑制个人之自由，切不能火上加油的提倡一盘散沙的自由了。这是革命未成时所不得不采之政策。

但是革命成功以后，个人可以不要自由，这句话，我很怀疑。因此我常想着什么地方要自由，什么地方不要自由。我又想到种山芋时所得的感想。我问邵德馨先生山芋如何种法。他告诉我说："底下可以安根，上面可以出头，山芋乃可活。"因此我忽然悟到人生"出头处要自由"。如树木有长五尺长的，一丈长的，十丈长的；树的出头处，是要自由的。如果我们现在只许树长五尺，不许它长一丈与十丈，那世界上不是无成材了吗？因此我们要使它们尽量自由长上去。我们人类的智愚贤不肖，也如树木有能长到十丈长的，也有只能长到五尺长的，这是天生成的。如果你嫌五尺太矮，要把它拔到一丈，它因为力量的不足，是要死的；如果你嫌一丈太高，要把它压到五尺，它因为受了过分的压制，也是要死的。倘若不死，必是它的内力胜过压力，那压力必定是要被它撞穿的了。

个人如此，团体国家之自由解释，也是如此。如果国家的力量能够进步到什么程度，就尽它的力量进步到什么程度，谁也不能压迫的。如今列强对中国施行压迫，不许我们尽量出头；我们不愿被压力压死,就得使劲把压力撞破。个人能否得到出头的自由,是在乎个人之反抗与努力;国家能否得到出头的自由,那就非靠民众之努力与奋斗不可了!

近来我替友人书了一联:“在立脚点谋平等”,“于出头处求自由”。上联是本着中山先生之学说,下联就是本着我的自由解释。在沪时我把这意思与胡适之先生也谈论过的。他说:“思想事业,要受困难与不自由,才能发奋振作。”颇与我们的标语“教师应当运用困难以发展思想及奋斗精神”相同。他说:“烧肉要把锅盖盖得紧,才能熟,你要出头自由,我要出头不自由。”当时我反驳他说:“(一)锅里的肉,是死的,出头不出头没有多大关系。(二)我们愿肉受压力是为肉的幸福呢?还是为我们口腹之欲呢?”凭藉困难,培养人才,当然是最好的教育法。但是困难是否要在出头处压下去,是一问题。现在我仍旧坚信出头处要自由,但为使诸位同学明了各方面意见,并将胡适之先生的意思举出来,希望大家加以研究。

教学做合一

教学做合一是本校的校训，我们学校的基础就是立在这五个字上，再也没有一件事比明了这五个字还重要了。说来倒很奇怪，我在本校从来没有演讲过这个题目，同志们也从没有一个人对这五个字发生过疑问。大家都好像觉得这是我们晓庄的家常便饭，用不着多嘴饶舌了。可是我近来遇了两件事，使我觉得同志中实在还有不明了校训的意义的，一是看见一位指导员的教学做草案里面把活动分成三方面。叫做教的方面，学的方面，做的方面。这是教学做分家，不是教学做合一。二是看见一位同学在《乡教丛讯》上发表的一篇关于晓庄小学的文章。在这篇文章里，他说："晓庄小学学生的课外作业就是农事教学做。"在教学做合一的学校的辞典里并没有"课外作业"。课外作业是生活与课程离婚的宣言，也就是教学做离婚之宣言。今年春天洪深先生创办电影演员养成所，招生广告上有采用"教""学""做"办法字样，当时我一见这张广告，就觉得洪先生没有十分了解教学做合一。倘使他真正了解，他必定要写"教学做"办法，决不会写作"教""学""做"办法。他的误解和我上述的两个误解是相类的。我接连受了这两次刺激，觉得非彻底的、源源本本的和大家讨论明白，怕要闹出绝大的误解。思想上发生误解则实行上必定要引起矛盾。所以把这个题目来演讲一次是万不可少的。我自回国之后，看见国内学校里先生只管教，学生只管受教的情形，就认定有改革之必要。这种情形以大学为最坏。导师叫做教授，大家以被称教授为荣。他的方法叫做教授法。他好像是拿智识来赈济人的。我当时主张以教学法来代替教授法，在南京高等师范学校校务会议席上辩论二小时，不能通过，我也因此不接受教育专修科主任名义。八年应《时报教育新思潮》主干蒋梦麟先生之征，撰《教学合一》一文，主张教的方法要根据学的方法。此时苏州师范学校首先赞成采用教学法。继而"五四"事起，南京高等师范同事无暇坚持，我就把全部课程中之教授法一律改为教学法。这是实现教学合一的起源。后来新学制颁布，我进一步主张：事怎样做就怎样学，怎样学就怎样教；教的法子要根据学的法子，学的法子要根据做的法子。这是民国十一年的事，教学做合一的理论已经成立了。但是教学做合一之名尚未出现。前年在南开大学演讲时，我仍用教学合一之题，张伯苓先生拟改为学做合一，我于是豁然贯通，直称为教学做合一。去年撰《中国师范教育建设论》时，即将教学做合一之原理作有系统之叙述。我现在要把最近的思想组织起来作进一步的叙述。教学做是一件事，不是三件事。我们要在做上教，在做上学。在做上教的是先生；在做上学的是学生。从先生对学生的关系说：做便是教；从学生对先生的关系说：做便是学。先生拿做来教乃是真教；学生拿做来学，方是实学。不在做上用工夫，教固不成为教，学也不成为学。从广义的教学观看，先生与学生并没有严格的区别。实际上，如果破除成见，六十岁的老翁可以跟六岁的儿童学好些事情。会的教人，不会的跟人学，是我们不知不觉中天天有的现象。因此教学做是合一的。因为一个活动对事说是做；对自己说是学，对人说是教。比如种田这件事是要在田里做的，便需在田里学，在田里教。

游水也是如此。游水是在水里做的事,便须在水里学,在水里教。再进一步说,关于种稻的讲解不是为讲解而讲解,乃是为种稻而讲解;关于种稻的看书,不是为看书而看书,乃是为种稻而看书。想把种稻教得好,要讲什么话就讲什么话,要看什么书就看什么书。我们不能说种稻是做,看书是学,讲解是教。为种稻而讲解,讲解也是做;为种稻而看书,看书也是做。这是种稻的教学做合一。一切生活的教学做都要如此方为一贯。否则教自教,学自学,连做也不是真做了。所以做是学的中心,也就是教的中心。"做"既占如此重要的位置,宝山县立师范学校竟把教学做合一改为做学教合一。这是格外有意思的。

十一月二日

在劳力上劳心

昨天我讲"教学做合一"的时候,曾经提及"做"是学之中心,可见做之重要。那末,我们必须明白"做"是什么,才能明白教学做合一。盲行盲动是做吗?不是。胡思乱想是做吗?不是。只有手到心到才是真正的做。世界上有四种人:一种是劳心的人;一种是劳力的人;一种是劳心兼劳力的人;一种是在劳力上劳心的人。二元论的哲学把劳心的和劳力的人分成两个阶级。劳心的专门在心上做工夫;劳力的专门在苦力上讨生活。劳力的人只管闷起头来干;劳心的人只管闭起眼睛来想。劳力的人,便成了无所用心,受人制裁;劳心的便成了高等游民,愚弄无知,以致弄成"劳心者治人,劳力者治于人"的现象。不但如此,劳力而不劳心,则一切动作都是囿于故常,不能开创新的途径;劳心而不劳力则一切思想难免玄之又玄,不能印证于经验。劳力与劳心分家,则一切进步发明都是不可能的了。所以单单劳力,单单劳心都不能算是真正的做。真正之做须是在劳力上劳心。在劳力上劳心是真的一元论。在这里我们应当连带讨论那似是而非的伪一元论。一次我和一位朋友讨论本校主张在劳力上劳心,我的朋友说:你们是劳力与劳心并重吗?我说:我们是主张在劳力上劳心,不是主张劳力与劳心并重。劳心与劳力并重虽似一元论,实在是以一人之身分为两段:一段是劳心生活,一段是劳力生活。这种人的心与力都是劳而没有意识的。这种人的劳心或劳力都不能算是真正之做。真正之做只是在劳力上劳心，用心以制力。这样做的人要用心思去指挥力量，使能轻重得宜，以明对象变化的道理。这种人能以人力胜天工。世界上一切发明都是从他那里来的。他能改造世界，叫世界变色。我们中国所讲的科学原理，古时有“致知在格物”一语。朱子用“在即物而穷其理”来解释，似乎是没有毛病的了。但是王阳明跟着朱子的话进行便走入歧路。他叫钱友同格竹，格了三天，病了。他老先生便自告奋勇，亲自出马去格竹——即竹而穷竹理——格了七天，格不出什么道理来，也就病了。他不怪他自己格得不对，反而说天下之物本无可格，所能格的，只有自己的身心。他于是从格物跳到格心，中国的科学兴趣的嫩芽便因此枯萎了。假使他老先生起初不是迷信朱子的呆板的即物穷理而是运用心思指挥力量以求物之变化，那便不至于堕入迷途。在劳力上劳心，是一切发明之母。事事在劳力上劳心便可得事物之真理。人人在劳力上劳心便可无废人，便可无阶级。征服天然势力，创造大同社会是立在同一的哲学基础上的。这个哲学的基础便是“在劳力上劳心”。我们必须把人间的劳心者、劳力者、劳心兼劳力者一齐化为在劳力上劳心的人，然后万物之真理都可一一探获，人间之阶级都可一一化除，而我们理想之极乐世界乃有实现之可能。这个担子是要教师挑的。唯独贯彻在劳力上劳心的教育才能造就在劳力上劳心的人类，也唯独在劳力上劳心的人类才能征服自然势力，创造大同社会。最后，我想打一个预防针以免误解。一次有一位朋友告诉我说：“你们在劳心上劳力的主张，我极端的赞成。”我说：“如果是在劳心上劳力，我便极端不赞成了。我们的主张是‘在劳力上劳心’，不是‘在劳心上劳力’。”

十一月三日

以教人者教己

“以教人者教己”是本校根本方法之一，我们也必须说得明白，方知它效用之大。昨天邵先生教纳税计算法，就是“以教人者教己”的例证。邵先生因为要教大家计算纳税，所以就去搜集种种材料，并把这些材料融会贯通起来，然后和盘托出，教大家计算。他因为要教大家，所以先教自己。他是用教大家的材料教自己。他年年纳税，但是总没有明白其中的内幕，今年为什么就弄得这样彻底明白呢？因为要教你们，所以他自己便不得不格外明白了。他从教纳税上学得的益处怕比学生要多得多哩。近来韩先生教武术，不是要一位同学发口令吗？这便是以教人者教己。这位同学发口令时便是以同学教同学。因为要他发口令，所以他对于这套武术的步骤就格外明了。他在发口令上学，便是以教人者教己。第三中心小学潘先生是素来没有学过园艺的。但是第三中心小学有园艺一门功课，他必得教。既然要教园艺，他对于园艺便要格外学得清楚些。他拿园艺教小学生的时候便是拿园艺来教他自己。我们从昨天起开始交际教学做。第一次轮流到的便是孙从真女士。今天有客来，便须由她招待。来宾到校必定要问许多问题，孙女士必须一一答复。但她是一位新学生，对于学校的经过历史，现在状况，及未来计划都是没有充分明了。因为要答复来宾的问题、她必须预先把这些事情弄得十分明白，才不致给来宾问倒。她答复来宾的问题时,从广义的教育看来,她便是在那儿教,来宾便是在那儿学。为了要答复来宾的问题,她自己就不得不先去弄得十分明白,这便是以教人者教己。我们平常看报,多半是随随便便的。假使我们要教小学生回家报告国家大事,那末,我们看报的时候,便不得不聚精会神了。我们这样看报,比起寻常的效率不知道要大得几多倍哩。这便是藉着教小孩讲国家大事来教自己明了国家大事。这便是以教人者教己。又比如锄头舞的歌词是我做的,对于这套歌词,诸位总以为我做了之后便是十分明了了。其实不然。我拿这歌教燕子矶小学生时,方把它弄得十分明白。以前我可以说只有七八分明白,没有十分明白。自己做的歌词还要等到教人之后才能十分明白,由此可见"以教人者教己"的效力之宏。从这些例证上,我们可以归纳出一条最重要的学理。这学理就是"为学而学,不如为教而学之亲切。为教而学必须设身处地,努力使人明白;既要努力使人明白,自己便自然而然的格外明白了"。

十一月十五日

答操震球之问

操震球问:“小孩子在‘做’上,我只见他学,却不见他教,此处怕只有学做合一,没有教学做合一,对不对?”

我说:“这孩子如果是鲁宾逊·枯路梭,那便只有学做合一,没有教学做合一。实际上却没有这样的孩子。他是个孩中孩,他的一举一动都免不了要影响别的小孩子。关心儿童教育的父母往往对子女说:‘你不要和那个孩子玩,别给他带坏了。’这就是小孩教小孩。小孩是怎样教别的小孩呢?他在做上教。他一面做,一面学,一面教。他的教育力量有时比教师大得多。所以好父母、好教师都要为儿童择友,运用小孩教小孩。不但如此,小孩也能教成人。小孩的一举一动也影响到成人。成人无论‘石化’到如何程度,除非是进了棺材都是免不了要受儿童的影响的。最能感受儿童影响的是老年人。老年人常与小孩接近,便要成为‘老有童心’。六十岁的小孩,便是这样造成的。小孩不但教小孩,并且可以教成人。不愿拜小孩子做先生的人,不配做小孩子的先生。所以小孩子也是教学做合一。教学做合一是全人类教育历程之真相,无论男女老幼,丝毫没有例外。只有漂流荒岛的鲁宾逊可以跳出教学做合一的法掌。”

如何使幼稚教育普及?

教人要从小教起。幼儿比如幼苗,必须培养得宜,方能发荣滋长。否则幼年受了损伤,即不夭折,也难成材。所以小学教育是建国之根本;幼稚教育尤为根本之根本。小学教育应当普及,幼稚教育也应当普及。如何使幼稚教育普及是我们最关心的一个问题。依我看来,进行幼稚教育之普及要有三个步骤。

(一)改变我们的态度 一般人的态度总以小孩子的教育不关重要;早学一两年,或迟学一两年,没有多大关系。我们很漠视小孩子的需要、能力、兴味、情感。因此,便不知不觉的漠视了他们的教育,把他们付托给老妈子,付托给街上的伙伴。在这种心理之下,幼稚园是不会发达的。我们要想提倡幼稚园必须根本化除这种漠视小孩子的态度。我们必须唤醒国人明白幼年的生活是最重要的生活,幼年的教育是最重要的教育。

关心幼儿的父母,明白幼稚教育之重要,并且愿意送子女进幼稚园。但是他们有一种牢不可破的成见也是要不得的。这成见就是不愿他们的子女与贫苦人家的子女为伍。他们以为自己的子女是好的,贫苦人家的子女是不好的。他们以为贫苦人家的子女进了幼稚园便要把他们的子女带坏了。因此,幼稚园便成了富贵人家和伪智识阶级的专利品。我们应当知道民国只有人中人,没有人上人,也就没有人下人。人中人是要从孩中孩造就出来的。教育者的使命是要运用好孩子化坏孩子，不应当把好孩子和坏孩子分开，更不应当以为富贵人家的孩子是好孩子，贫苦人家的孩子是坏孩子；尤其不可迁就富贵人家的意见排斥贫苦人家的儿女。富贵人家及伪智识阶级的父母倘不愿把新生子女做新中国被打倒之候补者，就应当把自己的子女和不幸的人家的子女放在一个幼稚园里去受陶冶。办理幼稚园的先生倘若不愿把幼稚园当作富贵太太们打麻将时用之临时托儿所，便应当把整个的幼稚园献给全社会的儿童。可是这样一来，幼稚园教师便须明白他们的使命，不是随随便便的放任，乃是要运用好孩子化坏孩子，运用坏孩子的好处化好孩子的坏处。

承认幼年生活教育之重要，是普及幼稚园之出发点；承认幼稚园为全社会幼儿的教育场所，是普及正当幼稚园的出发点。我们必须得到这两种态度，幼稚园才有普及的希望。

（二）改变幼稚园的办法　幼稚园的办法是费钱的，不想法节省，必不容易普及。最需要幼稚园的地方是乡村与女工区。女工区的幼稚园，还可由工厂担负经费，纵使用费太多，尚易筹措。乡间是民穷财尽，费钱较少之小学尚且不易普及，何况费钱加倍的幼稚园呢？所以在乡间推行幼稚园好比是牵只骆驼穿针眼。我们必须向着省钱的方针去谋根本改造，幼稚园才有下乡的希望，才有普及的希望。

（三）改变训练教师的制度　普及教育的最大难关是教师的训练。我们要想普及幼稚教育至少需要教师150万人。这是一个最难的问题；因为不但是经费浩大，并且训练不得其法，受了办理幼稚园的训练，不一定去办幼稚园，或者是去办出一个不合国情的幼稚园，那就糟了。幼稚师范是要办的，但幼稚师范必须根本改造才能培养新幼稚园之师资。纵然如此,我们也不能专靠正式幼稚师范去培养全部的师资。我们现在探得一条新途径,很能使我们乐观。试验乡村师范学校的幼稚师范院在燕子矶设了一所乡村幼稚园,叫做第二中心幼稚园,开办之初便收了三位徒弟,跟着幼稚教师徐先生学办幼稚园,张宗麟先生任指导。前天他和我谈起,幼稚园的徒弟制似可推行到小学里去,并且可以解除乡村小学教员的一个大问题——生活寂寞。我说:"这是的的确确的。徒弟制不但能解除生活寂寞,并且能促进普及教育之进行。"普及小学教育及幼稚教育非行徒弟制不可。倘以优良幼稚园为中心,每所每年训练两三位徒弟,那末,多办一所幼稚园,即是多加一所训练师资的地方,这是再好没有的办法。我看三百六十行,行行有徒弟,行行都普及。木匠到处都有,他是怎样办到这个地步的?徒弟制。裁缝匠、泥水匠、石匠、铁匠,和三万万四千万种田匠,哪一行不是这样普及的呢?老实说,教学做合一主义便是沥清过的徒弟制。徒弟制的流弊是:劳力而不劳心,师傅不肯完全传授,对于徒弟之虐待。假使我们能采徒弟制之精华而除去它的流弊,必定是很有成效的。若把这种办法应用到幼稚园里来,我是深信它能帮助幼稚教育普及的。我和陈鹤琴先生近来有一次很畅快的谈话。他主张拿鼓楼幼稚园来试一试。鼓楼幼稚园是最富研究性的,现在发了宏愿要招收徒弟来做推广幼稚师资之试验,是再好没有的了。

以上所说的普及幼稚教育的三个步骤,不过是我个人所见到的,一定有许多遗漏的地方。关心幼儿幸福的同志,倘以别的好方法见教,那就感激不尽了。

“伪智识”阶级

自从俄国革命以来,“智识阶级”(Intelligentsia)这个名词忽然引起了世人之注意。在打倒智识阶级呼声之下,我们不得不问一问:什么是智识阶级?智识阶级是怎样造成的?应当不应当把它打倒?这些问题曾经盘旋于我们心中,继续不断的要求我们解答。近来的方向又转过来了,打倒智识阶级的呼声一变而为拥护智识阶级的呼声。我们又不得不问一问:什么是智识阶级?智识阶级是怎样造成的?应当不应当将它拥护?在这两种相反的呼声里面,我都曾平心静气的把这些问题研究了一番,我所得的答案是一致的。我现在要把我一年来对于这些问题考虑的结果写出来与有同样兴趣的朋友们交换意见。

我们要想把智识阶级研究得明白,首先便须分别“智识”与“智慧”。智慧是生成的;智识是学来的。孟子说:“由射于百步之外也;其至尔力也;其中非尔力也。”会射箭的人能百步穿杨,射到一百步的力量是生成的限度,到了一百步还能穿过杨树的一片叶子,那便是学来的技巧了。这就是智慧与智识的分别。又比如言语:说话的能力是生成的,属于智慧;说中国话、日本话、柏林话、拉萨话,便是学成的,属于智识。人的禀赋各不相同,生成的智慧至为不齐。有的是最聪明的,有的是最愚笨的。但从最愚笨的人到最聪明的人,种种差别都是渐渐的推上去的。假使我们把一千个人按着聪明的大小排列成行,我们就晓得最聪明的是少数,最愚笨的也是少数,而各人和靠近的人比起来都差不了几多。我们只觉得各个不同并找不出聪明人和愚笨人中间有什么鸿沟。我们可以用一个最浅近的比方把这个道理说出来。人的长矮也是生成的。我可以把一千个人依着他们的长矮顺序排列:从长子看到矮子,只见各人渐渐的一个比一个矮;从矮子看到长子,只见各人也是渐渐的一个比一个长。在寻常状态之下,我们找不出一大群的长子,叫做长子阶级,也找不出一大群的矮子,叫矮子阶级。我们在上海的大马路上或是在燕子矶关帝庙会里仔细一望,就可以明白这个道理。从人之长矮推论到人之智愚,我们更可明白生成之智慧只有渐渐的差别,没有对垒的阶级。智慧既无阶级,自然谈不到打倒拥护的问题。

其次我们要考察智识的本身。智识有真有伪。思想与行为结合而产生的智识是真智识。真智识的根是安在经验里的。从经验里发芽抽条开花结果的是真知灼见。真知灼见是跟着智慧走的。同处一个环境,同等的智慧可得同等的真知灼见。智慧是渐渐的相差,所以真知灼见也是渐渐相差。智慧既无阶级,真智识也就没有阶级。俗语说:“三百六十行,行行出状元。”真智识只有直行的类别,没有横截的阶级。各行的人有绝顶聪明的人,也有绝不中用的人;但在他们中间的人,智力上的差别和运用智力取得之真智识的差别都是渐渐的,都是没有阶级可言。倘使要把三百六十行的上智联合起来,称为智识阶级,再把三百六十行的下愚联合起来,称为无智识阶级,那就是一件很勉强很不自然的事了。

照这样说来,世界上不是没有智识阶级了吗?不,伪智识能成阶级!什么是伪智识?不是从经验里发生出来的智识便是伪智识。比如知道冰是冷的，火是热的是智识。小孩儿用手摸着冰便觉得冷，从摸着冰而得到“冰是冷的”的智识是真智识。小孩儿单用耳听见妈妈说冰是冷的而得到“冰是冷的”的智识是伪智识。小孩儿用身靠近火而得到“火是热的”的智识是真智识。小孩儿单用耳听妈妈说火是热的而得到“火是热的”的智识是伪智识。有人在这里便起了疑问：“如果样样智识都要从自己经验里得来，岂不是麻烦得很？人生经验有限，若以经验范围智识，那末，所谓智识岂不是也很有限了吗？没有到过热带的人，就不能了解热带是热的吗？没有到过北冰洋的人，就不能了解北冰洋是冷的吗？”这些疑问是很重要的，我们必须把它们解答清楚，方能明了真智识与伪智识的分别。我只说真智识的根是要安在经验里，没有说样样智识都要从自己的经验上得来。假使我们抹煞别人经验里所发生的智识而不去运用，那真可算是世界上第一个大呆子。我们的问题是要如何运用别人经验里所发生的智识使它成为我们的真智识，而不要成为我们的伪智识。比如接树：一种树枝可以接到别一种树枝上去使它格外发荣滋长，开更美丽之花，结更好吃之果。如果把别人从经验发生之智识接到我们从自己经验发生之智识上去，那末，我们的智识必可格外扩充，生活必可格外丰富。我们要有自己的经验做根，以这经验所发生的智识做枝，然后别人的智识方才可以接得上去，别人的智识方才成为我们智识的一个有机体部分。这样一来，别人的智识在我们的经验里活着，我们的经验也就生长到别人智识里去开花结果。至此别人的智识便成了我们的真智识；其实，它已经不是别人的智识而是自己的智识了。倘若对于某种智识，自己的经验上无根可找，那末，无论如何勉强，也是接不活的。比如在厨房里烧过火的人，或是在火炉边烤过火的人，或是把手给火烫过的人,便可以懂得热带是热的;在冰房里去过的人,或是在冰窖里去过的人,或是做过雪罗汉的人,便可以懂得北冰洋是冷的。对于这些人,“热带是热的,北冰洋是冷的”,虽从书本上看来,或别人演讲时听来,也是真智识。倘自己对于冷热的经验丝毫没有,那末,这些智识,虽是学而时习之,背得熟透了,也是于他无关的伪智识。

智识的一部分是藏在文字里。我们的问题又成为:“什么文字是真智识?什么文字是伪智识?”经验比如准备金;文字比如钞票。钞票是准备金的代表,好一比文字是经验的代表。银行要想正经生意必须根据准备金去发行钞票。钞票是不可滥发的。学者不愿自欺欺人,必得根据经验去发表文字。文字是不可滥写的。滥发钞票,钞票便不值钱。滥写文字,文字也不值钱。欧战后,德国马克一落千丈,当时有句笑话,说是:“请得一席客,汽车载马克。”这句话的意思是马克纸币价格跌的太低,寻常请一席酒要用汽车装马克去付帐。这是德国不根据准备金而滥发纸币之过。滥发钞票,则虽名为钞票,实是假钞票。吾国文人写出了汗牛充栋的文字,青年学子把他们在脑袋里都装满了,拿出来,换不得一肚饱。这些文字和德国纸马克是一样的不值钱,因为他们是在经验以外滥发的文字,是不值钱的伪智识。

我国先秦诸子如老子、孔子、孟子、庄子、墨子、杨子、荀子等都能凭着自己的经验发表文字,故有独到的议论。他们好比是根据自己的准备金发可靠的钞票。孔子很谦虚,只说“述而不作,信而好古”。自居为根据古人的准备金为古人清理钞票,他只承认删诗书,定礼乐,为取缔滥发钞票的工作。孟子虽是孔家的忠实行员,但心眼稍窄,只许孔家一家银行存在,拼命的要打倒杨家墨家的钞票。汉朝以后，学者多数拿着孔子的信用，继续不断的滥发钞票，甚至于又以所滥发的钞票做准备库，滥上加滥的发个不已，以至于汗牛充栋。韩文公的脾气有些像孟子。他眼看佛家银行渐渐的兴旺，气愤不过，恨不得要拼命将它封闭，把佛家银行的行员杀得干干净净。他至今享了“文起八代之衰”的盛名。但据我看来，所谓“文起八代之衰”只是把孔家银行历代经理所滥发的钞票换些新票而已，他又乘换印新票的时候顺带滥发了些新钞票。程朱陆王纵有许多贡献及不同的地方，但是他们四个人大部分的工作还是根据孔孟合办银行的招牌，和从前滥发的钞票去滥发钞票。他们此时正与佛家银行做点汇兑，所以又根据佛家银行的钞票，去滥发了些钞票。颜习齐看不过眼，谨谨的守着孔家银行的准备库，一方面大声疾呼的要严格按着准备金额发行钞票，一方面要感化佛家银行行员使它无形解体。他是孔家银行里一位最忠实的行员；可是他所谨守的金库里面有许多金子已经上锈了。等到八股发达到极点，朱熹的《四书》被拥护上天的时候，全国的人乃是以朱子所发的钞票当为准备金而大滥特滥的去发钞票了。至此中国的智识真正濒于破产了。吴稚晖先生劝胡适之先生不要迷信整理国故，自有道理。但我觉得整理国故如同清理银行帐目一样，是有它的位置的。我们希望整理国故的先生们经过很缜密的工作之后，能够给我们一本报告，使我们知道国故银行究有几多准备金，究能发行多少钞票，哪些钞票是滥发的。不过他们要谨慎些，千万不可一踏进银行门，也去滥发钞票。如果这样，那这笔帐更要糊涂了。总括一句：只有从经验里发生出来的文字才是真的文字智识，凡不是从经验里发生出来的文字都是伪的文字智识。伪的文字智识比没有准备金的钞票还要害人，还要不值钱。

伪的智识，伪的文字智识既是害人又不值钱，那末，它如何能够存在呢？产生伪智识的人，应当连饭都弄不到吃，他们又如何能成阶级呢？伪智识和伪钞票一样必须得到特殊势力之保障拥护才能存在。“伪智识”阶级是特殊势力造成的。这特殊势力在中国便是皇帝。

创业的皇帝大都是天才。天才忌天才是很自然的一件事。天下最厉害的无过于天才得了真智识。如果政治的天才从经验上得了关于政治的真知灼见，谁的江山也坐不稳。做皇帝的人，特别是创业之主，是十分明了此中关系的，并且是一百分的不愿意把江山给人夺去。他要把江山当作子孙万世之业，必得要收拾这些天才。收拾时的法子是使天才离开真智识去取伪智识。天才如何就他的范围，进他的圈套呢？说来倒很简单。皇帝引诱天才进伪智识的圈套有几个法子。一、照他的意旨在伪智识上用功，便有吃好饭的希望。俗语说：“只有穷秀才，没有穷举人。”伪智识的工夫做得愈高愈深，便愈能解决吃饭问题。二、照他的意旨在伪智识上用功便有做大官的希望。世上之安富尊荣，尽他享受，中了状元还可以做驸马爷，取皇帝的女儿为妻。穿破布烂棉花去赴朝考的人个个都有衣锦回乡的可能。三、照他的意旨在伪智识上用功便有荣宗耀祖的希望。这样一来，全家全族的人都在那儿拿着鞭子代皇帝使劲赶他进圈套了。倘使他没有旅费，亲族必定要为他凑个会，或是借钱给他去应试。倘使他不去，又必定要用“不长进”一类的话来羞辱他，使他觉得不去应试是可耻的。全家全族的力量都做皇帝的后盾，把天才的儿孙像赶驴子样一个个的赶进皇帝的圈套，天下的天才乃没有能幸免的了。

“伪智识”阶级不是少数人可以组织成功的。有了皇帝做大批的收买,全社会做这大批生意的买办,个人为名利权位所诱而不能抵抗出卖,“伪智识”阶级乃完全告成。依皇帝的目光看来,这便是“天下英雄,入我彀中”。雄才大略的帝王个个有此野心,不过唐太宗口快,无意中把它说破罢了。最可叹的是皇帝手段太辣。一方面是积极的推重伪智识,所谓“满朝朱紫贵,尽是读书人”一类的话,连小孩子都背熟了。一方面是消极的贱视伪智识以外的人,所谓“万般皆下品,惟有读书高”,又是从娘胎里就受迷的。所以不但政治天才入了彀,七十二行,行行的天才都入了他的圈套了。天才是遗传的,有其父必有其子。老子进了圈套,儿子孙子都不得不进圈套,只要“书香之家”四个大字便可把全家世世代代的天才圈入“伪智识”阶级。等到八股取士的制度开始,“伪智识”阶级的形成乃更进一步。以前帝王所收买的智识还夹了几分真,等到八股发明以后,全国士人三更灯火五更鸡去钻取的智识乃是彻底不值钱的伪智识了。这种智识除了帝王别有用意之外,再也没有一人肯用钱买的了;就是帝王买去也是丝毫无用,也是一堆一堆的烧去不要的。帝王是醉翁之意不在酒,他哪里是收买伪智识;他只是用名利权位的手段引诱全国天才进入“伪智识”的圈套,成为废人,不能与他的儿孙争雄罢了。

这些废人只是为“惜字炉”继续不断的制造燃料,他们对于智识的全体是毫无贡献的。从大的方面看,他们是居于必败之地。但从他们个人方面看,却也有幸而成的与不幸而败的之分别。他们成则为达官贵人,败则为土豪、劣绅、讼棍、刀笔吏、教书先生。最可痛心的,就是这些废人应考不中,只有做土豪、劣绅、讼棍、刀笔吏、教书先生的几条出路。他们没有真本领赚饭吃,只得拿假智识去抢饭吃骗饭吃。土豪、劣绅、讼棍、刀笔吏之害人,我们是容易知道的;教书先生之害人更广,更深,更切,我们是不知道的。教书先生直接为父兄教子弟,间接就是代帝王训练“伪智识”阶级。他们的智识,出卖给别人吧,嫌它太假;出卖给皇帝吧,又嫌它假得不彻底;不得已只好拿来哄骗小孩子。这样一来,非同小可,大书呆子教小书呆子,几几乎把全国中才以上的人都变成书呆子了,都勾引进伪智识阶级了。伪智识阶级的势力于是乎雄厚,于是乎牢不可破,于是乎继长增高,层出无穷。

皇帝与民争,用伪智识来消磨民间的天才,确是一个很妙的计策。等到民间的天才消磨已尽,忽然发生了国与国争,以伪智识的国与真智识的国抗衡,好一比是拿鸡蛋碰石头,哪有不破碎的道理,鸦片之战,英、法联军之战,甲午之战,没有一次幸免,皇帝及大臣才明白伪智识靠不住,于是废八股,兴学堂。这未始不是一个转机。但是政权都操在“伪智识”阶级手中,他们哪会培养真智识?他们走不得几步路,就把狐狸尾巴拖出来了。他们自作聪明的把外国的教育制度整个的抄了一个来。他们曾用眼睛耳朵笔从外国贩来了些与国情接不上的伪智识。他们把书院变为学堂,把山长改为堂长。四书用不着了,一律换为各种科学的教科书。标本仪器很好看,姑且拣那最好看的买它一套,在玻璃柜里陈列着,可以给客人参观参观。射箭很不时髦,要讲尚武精神,自须学习兵操。好,他们很信他们的木头枪真能捍国卫民咧!这就算是变法!这就算是维新!这就算是自强!一般社会对于这些换汤不换药的学堂都是大惊小怪,称它们为洋学堂,又称学堂里的学生为洋学生。办学的苦于得不到学生,于是除供饭食发零用外,还是依旧的按着学堂等级给功名:小学堂毕业给秀才,中学堂毕业给贡生,高等学堂毕业给举人,大学堂学生给进士,外国留学回来的赴朝考及第给翰林点状元。社会就称他们为洋秀才、洋贡生、洋举人、洋进士、洋翰林、洋状元。后来废除功名，改称学士、硕士、博士等名目，社会莫明其妙了。得到这些头衔的人还是仍旧用旧功名翻译新功名，说是学士等于秀才，硕士等于举人，博士等于翰林，第一名的博士便是从前的状元。说的人自以为得意，听的人由羡慕而称道不止，其实这还不是穿洋装的老八股吗？穿洋装的老八股就是洋八股。老八股好比是根据本国钞票发行的钞票；洋八股好比是根据外国钞票去发行的钞票。它们都是没有准备金的假钞票。洋八股和老八股虽有新旧之不同，但同不是从经验里发生的真智识，同不是值钱的伪智识。从中国现在的情形看来，科学与玄学之争，只可说是洋八股与老八股之争。书本的科学，陈列的实验，岂能当科学实验之名。它和老八股是同样无用的东西，请看三十年来的科学，发明在哪里？制造在哪里？科学客到遇见不少，真正的科学家在哪里？青年的学子！书本的科学是洋版的八股，在讲堂上高谈阔论的科学客，与蒙童馆里的冬烘先生是同胞兄弟，别给他们骗走了啊！

所以中国是有“伪智识”阶级。构成中国之伪智识阶级有两种成分：一是老八股派；二是洋八股派。这个阶级既靠伪智识骗饭吃，不靠真本领赚饭吃，便没有存在的理由。

这个阶级在中国现状之下已经是山穷水尽了。收买伪智识的帝王已经消灭，再也找不出第二个特殊势力能养这许多无聊的人。但因为惰性关系，青年们还是整千整万的向着这条死路出发，他们的亲友仍旧是拿着鞭儿在后面使劲的赶。可怜得很，这些青年个个弄得焦头烂额，等到觉悟回来，不能抢饭的便须讨饭。伪智识阶级的末路已经是很明显了，还用得着打倒吗？又值得拥护吗？

但是一班狡猾的“伪智识”者找着一个护身符，这护身符便是

“读书”两个字。他们向我们反驳说：“书也不应当读了吗？”社会不明白他们葫芦里卖的是什么药，也就随声附和的说：“是啊！书何能不读呢！”于是“读书不忘救国；救国不忘读书”，便成了保障伪智识阶级的盾牌。所以不把读书这两个字说破，伪智识阶级的微生物便能在里面苟延残喘。我们应当明白，书只是一种工具，和锯子、锄头是一样的性质，都是给人用的。我们与其说“读书”，不如说“用书”。书里有真智识和伪智识，读它一辈子，不能辨别它的真伪；可是用它一下，书的本来面目便显了出来，真的便用得出去，伪得便用不出去，也如同真的锯子才能锯木头，真的锄头才能锄泥土，假的锯子、锄头一用到木头泥土上去就知道它不行了。所以提到书便应说“用书”，不应说“读书”，那“伪智识”阶级便没得地方躲了。与“读书”联成一气的有“读书人”一个名词。这个名词，更要不得。假使书是应当读的，便应使人人有书读；决不能单使一部分的人有书读，叫做读书人；又一部分的人无书读，叫做不读书人。比如饭是应当吃的便应使人人有饭吃；决不能使一部分的人有饭吃，叫做吃饭的人，又一部分的人无饭吃，叫做不吃饭的人。从另一方面看，只知道吃饭，不成为饭桶了吗？只知道读书，不成为有脚可以走路的活书架了吗？我们为避免堕入伪智识阶级的诡计起见，主张用书不主张读书。农人要用书，工人要用书，商人要用书，兵士要用书，医生要用书，律师要用书，画家要用书，教师要用书，音乐家要用书，戏剧家要用书，三百六十行，行行都要用书。行行都成了用书的人，真智识才愈益普及，愈能发现了。书是三百六十行的公物，不是读书人所能据为私有的。等到三百六十行都是用书人，读书的专利营业便完全打破，读书人除非改行，便不能混饭吃了。这个日子已经来到，大家还不觉悟，只有死路一条。凡受过中国新旧教育的人，都免不了有些“伪智识”的成分和倾向。为今之计，我们应当痛下四个决心：

一、从今以后，我们应当放弃一切固有的伪智识；

二、从今以后，我们应当拒绝承受一切新来的伪智识；

三、从今以后，我们应当制止自己不要再把伪智识传与后辈；

四、从今以后，我们应当陪着后起的青年共同努力去探真智识的泉源。

最后，我要郑重的说：二十世纪以后的世界属于努力探获真智识的民族。凡是崇拜伪智识的民族都要渐就衰弱以至于灭亡。三百六十行中决没有教书匠、读书人的地位；东西两半球上面也没有中华书呆国的立足点。我们个人与民族的生存都要以真智识为基础。伪智识是流沙，千万不可在它上面流连忘返。早一点觉悟，便是早一点离开死路。也就是早一点走向生路。这种生死关头，十分显明，绝无徘徊迟疑之余地。起个取真去伪的念头是走向生路的第一步。明白伪智识的买主已经死了永不复生并且绝了种，是走向生路的第二步。以做“读书”人或“教书”先生为最可耻，是走向生路的第三步。凡事手到心到——在劳力上劳心——便是骑着千里驹在生路上飞跑了。

艺友制师范教育答客问

——关于南京六校招收艺友之解释

艺友制是什么？艺是艺术，也可作手艺解。友就是朋友。凡用朋友之道教人学做艺术或手艺便是艺友制。

艺友制如何可以应用到师范教育上来？师范教育的功用是培养教师。教师的生活是艺术生活。教师的职务也是一种手艺，应当亲自动手去干的。那些高谈阔论，妄自尊大，不屑与三百六十行为伍的都不是真教师。学做教师有两种途径：一是从师；二是访友。跟朋友操练比从师来得格外自然，格外有效力。所以要想做好教师，最好是和好教师做朋友。凡用朋友之道教人学做教师，便是艺友制师范教育。

艺友制是如何发现的？发现艺友制之起因有二：一是由于感觉现行师范教育之缺憾；二是由于感觉各种行业施行艺徒制之实效。现行师范教育将学理与实习分为二事，简直是以大书呆子教小书呆子，所出的人才和普通中学不相上下。国内少数优良小学全凭天才做台柱，至于师范教育的贡献还是微乎其微。大多数受过师范训练的人，至今办不出一个可以令人佩服的学校，岂不是大可叹息的事吗？我们再看看木匠徒弟所做的桌椅，裁缝徒弟所做的衣服，漆匠徒弟所做的牌匾，不由人要觉得十分惭愧的。艺友制便是这种叹息惭愧的土壤里面发生出来的一根嫩苗。现在中国职业界有一个不好的趋势，这趋势便是以仿效学校为荣。所以有汽车学校、理发学校、洗衣学校、这种学校、那种学校，不一而足，谁知道一染了学校气，便是失败之母。我可以断定黎锦晖、黎明晖办的中华歌舞团，比他们办的中华歌舞学校效力要大得多。三百六十行虽然不可跟学堂学，但是学堂实在应当跟着三百六十行学才好。我们这艺友制，便是要跟三百六十行学点乖，好去培植些真人才。

那末，艺友制是否要起而代替师范学校？不是的。师范学校应当根本改造，不应当废除。现在各省归并师范的潮流，是欠深谋远虑的。不过我们主张的艺友制是要和师范学校相辅而行的，不是拿来替代师范学校的。

徒弟制既行之有效，何不爽爽快快的就称它为艺徒制的师范教育？艺徒制虽然有效力，但也有缺点。徒是步行的意思，倘若师傅引着徒弟一同步行，当然是很好的；但是有些师傅坐着汽车要徒弟跟着跑，那就不好了。平常工匠待艺徒如奴仆，秘诀心得又不肯轻传，以致事业不能进步，光阴多耗于没有教育价值之工作；所以艺徒的名词，最好不再沿用。换一个友字，则艺徒的好处一概吸收，坏处一概避免了。

艺友制究竟是使用什么方法？艺友制的根本方法是教学做合一。事怎样做便怎样学；怎样学便怎样教。教的法子是根据学的法子；学的法子根据做的法子。先行先知的在做上教，后行后知的在做上学。大家共教共学共做才是真正的艺友制；唯独艺友制才是彻底的教学做合一。

什么地方能行艺友制？凡学校有一艺之长的教师便可招收艺友。从幼稚园以及到研究所，只要这个条件符合，都可试行艺友制。假使中国现有之二十万学校个个有把握，便个个可收艺友，个个可做训练教师之中心,每年训练一位,只要五年便可解决普及四年小学教育所要之师资问题,但是一百个学校当中至少有九十个是没有把握的,我们的责任是要使没有把握的学校变为有把握的学校,使有把握的学校个个都变做训练教师的一个小小的中心。

艺友制的理论,看来似乎是站得住,但是有没有地方实行过,结果好不好?我们考察乡村学校后觉得燕子矶小学、尧化门小学、开原小学的办法很可为他校取法,便于前年与这几个学校约设铺位,使远道来校参观的人可以留校作较长时期之研究。这便是艺友制之发端。后来江问渔先生要在板浦创办小学,便派了他的侄儿江君希彭到燕子矶小学过了三个月的生活,很得实益,这是第一个具体的例子。去年秋季燕子矶幼稚园成立,丁夫人和两位女毕业生随着张、徐二指导学办乡村幼稚园,进步也很快。至此我们对于这种办法发生了极大的希望。我们深信这种办法不但是最有效力之教师培植法,并且是解除乡村教师寂寞和推广普及教育师资之重要途径。这时我们还找不到一个更适当的名词,只好迁就称它为徒弟制;但是总觉得徒弟制这个名词不能完全表出我们的真意,所以迟迟的不愿发表。今年一月五日早晨忽然想出艺友制三字来代表这种办法,大家都欢喜得很。现在南京六校已经联合开始招收艺友,市教育局陈鹤琴课长并拟在市立实验小学及幼稚园中试行。就已往结果观察,我们以为只要有人负责指导,艺友制是值得一试的。

十七年一月八日

下　篇

相关文章补编

共和精义*

共和譬之金，国家譬之金矿。专制横威，民气雌伏。共和之道不昌明，犹金在矿，瓦石蔽之，榛莽障之。天府虽富，不可得而见也。及民智日开，意志无由宣泄，则必思所以解脱其捆缚，犹之财用不足，则思辟地利以足生计也。故当民穷力敝之秋，有人告以某处有金矿，则闻之者莫不争先恐后以趋之。亦犹苦于虐政之民，一闻共和之三大信条，即视为全智全能之神，狂冲纷驰，不惜杀身流血以殉之。然而金矿深埋，或丈而见焉，或十丈而见焉，或百丈而见焉。即得金矣，或参以土，或参以石。为矿工者，或死于毒气，或死于塌泻，或死于过劳。恒人见丈而金未见也；见金未得而损失已大也，则莫不嗒然丧胆，悼然懊悔。昔日之讴歌金矿者，今日乃反唇相讥矣。共和为进化之结果，有必经之阶级，必施之培植，必运之心力。时机未到，共和不得成熟也。吾国民主告成，以迄于今，生民之涂炭，产业之凋敝，干戈之连结，经济之衰颓，外患之频临，不特无术防御，抑且视昔加甚。共和既不能作人民水深火热之救主，则其转讴歌而为吐弃，易希望而为失望者，亦物极必反之恒情耳！然金固犹是金也，共和固犹是共和也。金未获而捐弃者，非金

---

* 本文系陶行知1914年在金陵大学的毕业论文，署名陶文濬。原载《金陵光》第6卷第5、6期，1914年10、11月。——编者注

之咎，而矿工之愚昧惰怯耳！共和未建而灰心者，非共和之罪，而人民之愚昧惰怯耳！民为邦本，本固邦宁。国本易以固？曰：惟共则固，共而能和则固。故共和也者，国民全体同心同德，戮力以襄国事，以固国本，以宁国情，使进化于无穷之主义也。国本不固，国情不宁，有退化而无进化，患在共猜、共忌、共争而不能共和耳！共和岂有弊哉？今执途之人而问曰："子愿夫妻子女之与共乎？"吾知非抱极端来世主义者，必皆愿。又问之曰："子愿夫妻子女之能和乎？"吾知人非至丧心病狂，必皆愿。家如是，国何独不然？世安有对于恃以治内防外之国，而不愿其共且和乎？吾于以知今之厌恶共和，吐弃共和者，必非对于国体之本心，不过如受创之矿工，征于一时之劫难，遂并其理想之财源而亦弃之耳！吾恐其中道灰心，徒碍进步，故本革丁、百吞二氏之旨，揭示共和之真相，以与国人共商榷也。

共和之三大信条

自由、平等、民胞，共和之三大信条也。共和之精神在是，共和之根本在是。谬解自由、平等、民胞三大信条，即为谬解共和之真相。不徒精神射入歧途，抑且动摇共和所与立之根本。危乎险哉！非正名何以挽狂澜于既倒？

（一）自由　法律之内有自由，道德之内有自由。逾越法律，侵犯道德，此自由之贼，而罗兰夫人所以有"自由，自由，古今几多罪恶假汝之名以行"之言也。自由有正负，曰：不自由毋宁死；曰：不有代议士，不出租税；曰：非依法律，不得侵及人民之生命财产，此负面之自由也。此种自由,人民久已不惜蹈汤赴火以争之,其成绩已大有可观。然人民脱离强暴之羁绊,未必即能自由也。盖天下之至不可超脱者,有自奴焉!故真自由贵自克。天下之至不可侵越者,有他人焉!故真自由贵自制。天下之至不可忽略者,有公福焉!故真自由贵个人鞠躬尽瘁,以谋社会之进化。

(二)平等 天之生人,智愚、贤不肖不齐,实为无可韪之事实。平等主义亦不截长补短,以强其齐。在政治上、生计上、教育上,立平等之机会,俾各人得以自然发展其能力而为群用,平等主义所主张者此耳。况人虽万有不齐,然亦有其同焉!试问谁不欲衣食住之满意乎?谁不欲父母夫妻子女之安适乎?谁不欲发展其机能乎?谁在患难不欲人之拯救乎?谁逢恐悸而不欲人之解脱之乎?平等主义欲人一举一止,当思他人思安之心,固不减于我也。自由平等不过达目的之手续,非可以目的视之也。人民争自由平等,冀得各尽其能以为社会耳!为自由平等而争自由平等,则大谬也。自由平等所在即责任所在,天下无无责任之自由平等也。人欲求自由平等之乐,而不肯受责任之苦,多见其愈求愈远耳。

(三)民胞 胡越相处,尔猜我虞,行动能自由而机会能平等乎?故平等自由虽美名,必畛域铲除,博爱心生,国人以兄弟相视,始能得其实际。故自由平等,虽为共和三大信条之二,然共和之大本则在民胞焉!民胞之义昌,而后有共同目的、共同责任、共同义务;而后贵贱可除,平等可现;而后苛暴可蠲,自由可出。苟无民胞主义以植共和之基,则希望共和,犹之水中捞月耳!

共和主义对于个人之观念

（一）共和主义重视个人之价值　众人意志结合，以成社会邦国。共和主义曰个人者，社会邦国之主人翁也。主人翁可不自重乎？阳明子人皆可以为圣贤之义，实隐符近世共和对于个人之希望。夫人皆可以为圣贤，则人安可不勉为圣贤乎？天生蒸民，有智愚强弱之不同；其见诸事也，复有成败利钝之不同：共和主义亦不能否认之。然分金，金也；两金，金也；即至亿金、万金，亦金也。轻重不同，其为金则一。人虽贵贱贫富不同，其柔能强、愚能明之价值则一。共和主义则重视个人此种可能之主义也。西谚曰："蹄钉失，马鞋废；骅骝蹶，骑将亡。"夫蹄钉与骑将，其贵贱何啻霄壤别？然以失钉故，将亦不能保其首领。则以各自有其价值，而不可相蒙也。贾子曰："一夫不耕，或受其饥；一女不织，或受其寒。"此个人在经济界各具之价值，共和主义则充其类耳！

（二）共和主义唤醒个人之责任　顾子曰："天下兴亡，匹夫有责。"共和主义即以此责任付之各分子。盖个人之有价值，以其对于社会有天职之当尽耳。其在帝制之下，仅君主与诸臣负之。共和主义则责之全体国民，群策群力，群运群智，群负群责，以求群之进化福利，此共和之目的也。且各人因担负此责之故，渐知成德以福人群，奉天命为归宿，而不敢止于独善。况工欲善其事，必先利其器。人民身负重担，自不得不修德养力以为之备。故共和主义之大利，即藉责任以养成完善之国民。

（三）共和主义予个人以平等之机会　共和主义既承认个人有

尽天职之价值，复责个人担负进化之大任矣。然或阂于阶级，或压于强暴，不克尽其天职，负其责任。共和主义于此则削其阶级，铲其强暴，无贫富贵贱，俱予以自由发展智仁勇之机会，俾得各尽其能，为全群谋福利进化；机会愈平衡，能力愈发展，斯进化愈沛然莫之能御。拿破仑尝以“登庸众才”自诩，此英主之言，实惟共和能实行之也。

共和主义对于社会之观念

共和主义，视人民为社会之主权。群之良窳，惟民是视。民苟愚劣，社会绝对不能兴盛。社会欲求兴盛，必负改良个人之责。故在共和主义之下，社会之大任即为济弱扶倾，而教其愚不肖，社会一而已矣。强忽弱，则强者亦弱；强扶弱，则强者愈强。因社会集众人而成，多一分病子，即病一分。其健者苟不思所以治之，则蔓延之祸，可立而待，强者亦不能高枕卧矣！故共和主义以博爱为社会组织之大本，而以兄弟视其分子。既昆弟矣，斯平等。富贵者不特不许以财势骄人，且当用以扶其贫贱之兄弟。故灾害相恤，疾病相扶持，爱敬相交待，以日趋于进化，系社会唯一之天职，绝不容稍有放弃。个人为社会而生，社会为个人而立，实共和主义之两元也。

共和主义对于政治之观念

政府者，人民之政府。人民自治以谋人民之福利，此林肯氏之概念，实共和政治之圭臬焉。

（一）共和政治图谋国民全体之福利　共和政治，观察施行舆论之政治也。舆论代表各界意志需求。共和政治予人民以言论、著述、集会之自由，俾各界意志需求，得以发为舆论，民隐得以上达，政府乃从而折衷之，开导之，择良而要者施行之。于是各界意志需求，多得圆满之效果。即各界对于政治俱有迫切之希望，浓厚之趣味。欲人民之不爱国，不可得已。

（二）共和政治重视共和目的、共同责任　有理想而无实习理想之机会，则理想不得达。一国之中不乏法家拂士，然在专制政体之下，贤智者对于社会改良，虽有伟谋硕画，苦不得施之矣；而负责人少，鲜能达其目的。然在共和国，苟有良策，人民共持其目的，共负其责任。朝发理想，夕生事实，阻碍既少，功效自富，稗政易除，善政易兴。国人见其然也，则其伟谋硕望之心亦愈切。故共和政治不特有透达既往目的之能力，且有发生将来目的为进步之母。故苟采取共和政治，则进化无穷期。

（三）共和政治能得最良之领袖　治国不能无首领，治共和国更不能无首领。共和主义承认人民为主权，非主张无首领，乃主张良首领也。君主嗣统，只问血胤，鲜问才德。共和首领由民举，必其人能亲民，新民，恤民，然后民乃推戴之。即有大奸巨猾，以媚民手段，占窃神器，然朝违民意夕可弹劾也。

共和之险象

（一）国民程度不足　共和国政府既由人民治理，则人民能力之厚薄，其政府之良窳，即于焉定之。然国民程度之高下，不徒在识字读书已也。有读万卷书，卒业大学校，而不能为一圆满之国民者。故有政治智识、社会阅历，足当国民之名而无愧者，其为数盖少。况此少数良国民，或阻于人事之纷扰，或夺于来生之修证，或视官司为藏污之所而引身自洁；或惮案牍为劳神之魔而躲闲避事。有此诸因，于是良国民愈如凤毛麟角而不可多见。噫！贤能不出，则共同责任何人担负，共同目的何人筹画乎？

（二）伪领袖　法家拂士不出，国事竟无人问乎？动物不能无脑腑，即人群不能无领袖。君子不出，小人斯出矣！人民之性，能异于正，亦能导于邪。尧舜率天下以仁，而民从之；桀纣率天下以暴，而民从之。欲小人之不暴其民，舍“乱亦进治亦进”之君子出，其道末由。诗曰：“彼其之子，不称其服。”君子不出，则非其人而有居其位者矣。诗曰：“彼君子兮，不素食兮。”君子不出，则有居其位而不忠其职者矣。诗曰：“受爵不让，至于已斯亡。”君子不出，则有贪禄不止者矣。诗曰：“谁秉国成，不自为政，卒劳百姓。”君子不出，则有惮责重而不肯负荷者矣。诗曰：“彼月而微，此日而微，今此下民，亦孔之哀。”君子不出，则有居高明之位而有以流俗自况者矣。为政重领袖，为共和政尤重领袖。故谓共和政治为愚民政治者，大谬也。人民不以其愚治国，而以其所付托之领袖治国。领袖愚劣，斯政治愚劣；领袖仁智，斯政治仁智。此革丁氏所以谓共和国之成败利钝，在于领袖之智愚仁暴也。共和政治之伪领袖有二：一为媚民政客。此辈不问国情，不顾进化，只施其和顺温柔之手段，取媚选举机关，以窃权势。二为选举理事。此辈乘国民无暇问政之隙，运其机械，约束选举，与媚民政客暗结，左右政局，以图安富。共和国有此二种伪领袖，则稗政难除，善政难兴；公共福利不能谋，公共进化不可期。虽然，此亦程度不足，贤能独善，阶之厉也。

（三）党祸　国民对于政治有自觉心，则必发生政治问题。而各人对于此种问题之决判，有主急进者，有主保守者，议论纷纷，其同者必各合于一。故政党之为物，实共和国必然之现象。且国大民众，共同之意志易于发表而力于施行，欲维持公安，必恃此强有力之政党。故在共和政体之下，政党实为必要之团体。然弊缘利生，政党之为祸于共和政体，盖亦未可忽也。

（甲）政党仅国家之一部分，而非其全体。党人往往以一党自画，而忘全体之福利。

（乙）缘此党见，实生偏忠。忠于一党，遂谓忠于全国，愈忠愈不忠。然急烈派热忱，本无限制，安能望其明此。

（丙）既具党见，复尽偏忠，则妒嫉倾轧之事，必然发现。一党当权，则反对党必尽其能以障碍其政策之施行，使失民心，而为将来夺权之地步。

（丁）党之意志，视同神圣，党人有违无赦，斯个人失自主之精神。

（四）多数之横暴　自服从多数之说行，而少数人失良心志愿之自由。多数之横暴，有视君主为加甚；多数之主张，可以定个人之命运。然多数人之主张，非可以尽合天理也。文底裴利比曰："国家对于强且众之部分，而不能护翼其至寡且弱之部分，是不啻为大盗之群。"盖人数之多寡，不能定理由之曲直，多数既占优胜，其大责任即为谋全体之福利。少数为全体之一部分，多数人苟不能均润其福利于少数，则多数政治已耳。共和云乎哉？多数横暴之最凶险者，是为乌合之众。伪领袖攘臂一呼，和者万人，其结合以脑感而不本于公理。征之历史，则法国恐怖时代，杀人如麻，流血成川，其彰明较著者也。

共和与教育

吾于共和之险象，既已详言之矣。然戒险防险，思所以避之，则可；因畏险而灰心，则大不可也。避之之道唯何？曰：人民贫，非教育莫与富之；人民愚，非教育莫与智之；党见，非教育不除；精忠，非教育不出。教育良，则伪领袖不期消而消，真领袖不期出而出。而多数之横暴，亦消于无形。况自由平等，恃民胞而立，恃正名而明。同心同德，必养成于教育；真义微言，必昌大于教育。爱尔吴曰："共和之要素有二：一曰教育；二曰生计。"然教育苟良，则人民生计必能渐臻满意。可见教育实建设共和最要之手续，舍教育则共和之险不可避，共和之国不可建，即建亦必终归于劣败。罗比尔曰："吾英人第一责任，即教育为国家主人翁之众庶是已。"故今日当局者第一要务，即视众庶程度，实有不足。但其为可教，施以相当之教育，而养成其为国家主人翁之资格焉。

共和与交通

吾国国大民众，种庞族杂，方言不一，习惯不齐，情势暌隔，博爱难生。欲沟通声气，养成共和大本，非便利交通，则肤功不克奏也。

共和与人文之进化

共和者，人文进化必然之产物也。使宇宙万物无进化，则共和可以无现；使进化论放诸邦国社会而不准，则共和犹可以无现，无如进化非人力所能御也。进化非人力所能御，即共和非人力所能避。

（一）民智日进，自觉心生。于是觉苦思甘，觉劳思逸，觉捆缚思解脱。人不能甘之，逸之，解脱之，则亦惟思所以自助自为而已。不自由毋宁死，实感情必至之现象。人而至于不惜杀身以赴其目的，则何事不可成？况此种现象最易瘳染，一夫作难，和者万人。不徒理想，诚事实也。强有力者，亦未尝不欲施愚民政策，以塞人之自觉、自治之源。无如万国交通，必群策群力，群运群智，然后方可以制胜。若恃一二人之智力，则鲜不受天然之淘汰。故不教育其群者，必受外侮，而臻于亡。况世多慈善之家，苟有不教育人民之国，则又安能阻受教人民之发生自觉心也？自觉心不可逃避，即共和不可逃避。

（二）人民相处日久，互爱心生。他人痛痒，视同切肤。民胞主义，渐以昌明。宗教家、伦理家复从而提倡之，躬行之，以为民表。耶教"天父以下皆兄弟"，孔教"四海之内皆兄弟"之义，不独深印人心，凡奉其教义者，抑且不惜披发缨冠，以趋人之急难也。故民胞主义愈膨胀，则专制荼毒愈衰微，共和主义益不能不应时而遍布于全球矣。此共和为人文进化不可逃避之结果者二。知共和之不可避，则吾人亦无容施其抵抗共和之拙计，以生建设共和之阻力，而耗国家之元气也。

共和与秩序

专制人民，不能一跃而至共和。其间有一定之顺序，不可强求，不可速长。否则，妄解自由，谬倡平等，秩序紊，伦常乱，公理昧，权利争，祸患所中，烈于洪水猛兽。吾国共和初建，人民莫不以为成功之速，超越全球。不及三载，福利未享，而纲纪瓦裂殆尽，民生日趋艰窘。非共和之不足救国，发动太过之咎耳！此太过之发动力，至今已成陈迹，而无讨论之价值。然因发动太过，故有今日之反动力。此反动力虽为必然之现象，然不谨之又谨，亦易太过，而起反动之反动。故吾国当发动太过之后，不能不利用开明专制，只可当作航海之舵。易言之，则开明专制，为当今护持纲纪之要具。然只可当作透达共和之一种手续，断不可视为政体之目的。盖恐其过度而邀成反动之反动也。痴虬氏曰："为政不难，为政于共和之时难。"为政于共和之时，而不得不厉行专制为尤难。厉行专制，而实欲养成共和，则难之尤难。民知其难，而遵循法纪，乃可以为民；官知其难，而视民如伤，乃可以为官。能如是，则秩序能维，进化可期。非然者，民思革官命，官思革民命，官民多一度消长，则国步多一度艰难，即民主多一度憔悴，其结果不过产出一个贫与弱。多见其共争而沦胥以亡也。共和云乎哉？国人其审诸！

中国在转变中*

新的中国是东西方两种文明的产物。这两种力量的联合赋予中国现状以色和形,并决定其未来的命运和希望。吉卜林先生不久前写道:

> 啊,东方是东方,西方是西方,非到天地立在上帝裁判席前那一刻它们不会见面。

今天,吉卜林先生会意外地得知东西方确实在中国找到了一个交会的地方。在某些活动领域,这两种文明的会合采取了火山爆发或可怕的战争的形式。其结果是一方的霸权压倒另一方或是一方代替另一方。这对胜负双方都有所拖累。在其他的领域,则采取了联合的形式。有时像是氢和氧的结合,事起突然而且令人震惊,另一些时候则可以比作怀有爱抚的求爱或是婚姻的契约。其必经的过程是仔细的挑选、适应、折衷或调和。就像酵母的作用一样,渐进而有效,其产物是甜蜜而可爱的。

---

* 原载1917年3月北美中国留学生基督教青年会出版之英文杂志*Liu Mei Tsing Nien*(留美青年)第3卷第3期。作者署名Wen Tsing Tao。英文复印件由何荣汉博士提供。吴琴南译。——编者注

从直接接触之日起，这两种文明从未停止过冲突和联合。它们相互作用并改变着对方。其结果是使生活开始具有更丰富的内容和十分宽泛的多样性。当代中国人生活的一个横断面或许显示出许多世纪主要特征的一个侧面。我们发现中国几乎所有城市都被中世纪的城墙所包围，我们在那里看到对新生活的渴望以及对约束和烦琐哲学的迂腐陈规的敌意。这是文艺复兴的中心，我们在这里看到观察、对比和批评精神信仰的强烈趋势；这是改革的灵魂，我们由此看到十八世纪工业革命潮水的涌动，我们也不能不看到民族主义和民族意识的喷发，这显示了十九世纪和二十世纪的特征。当我们看到一个内地农民坐在现代的火车车厢里，一面用火刀火石点着旱烟，一面好奇地打听着美国的女权运动或是热情谈论抵制洋货以证明其爱国心时，我们中的许多人会感到惊讶。因此，罗斯教授要我们相信的"中国是看得见的中世纪欧洲"这话是不十分真实的，毋宁说"今天的中国是中世纪欧洲的文艺复兴和改革、十七世纪、十八世纪、十九世纪、二十世纪都能看得见"。我们看到一幅诸世纪文明转变与混合的生动画面，如果乐意的话，我们可称这为文明的光谱。各大洲和各世纪的文明由此会变得清楚、鲜明并有悦人的差别。

这种现象出现在生活的各个方面——在家庭中、在学校里、在教堂、在社会和国家中，而它可能是观念改变的最好的例证。

中国人的旧生活观念本质上是罗马型的。如果我们按照罗马时期去设想中国人的旧观念就可以很好地理解它，中国人和罗马人似乎在生活观念方面分别得出了相同的结论。他们过去对生活的想法是期望有一个黄金时代，因此这种观念是保守的；期望社会如同一个遵循纪律的机关，因此这种观念是静止的；强调权威的统治，因而要求顺从。另一方面，现代文明的主流源自古希腊，它对未来怀有其乌托邦理想；具有一种社会理想的原动力并且鼓励自由和解放。作为两种文明混合的结果，在今日中国人的精神世界中，并肩存在着保守主义和急进主义，秩序与进步，还有权威与自由。

无疑有许多人在上述两种对立观念中持其一端而互相进行激烈的战斗。同样也要承认有一股巨大的力量像钟摆一样在两个极端之间来回摆动。这些情况我们视之为当然的事，在转变过程中是不可避免的。

然而，这里要提到一件非常值得庆幸的事实，即处在两个极端之间的群体人数愈来愈为众多，而且愈来愈有力量。这些人们认可新旧两种观念的价值。凡是好的必须保存和吸收，凡是不好的必须加以扬弃，不论其来源于新和旧。对他们而言，过去是现在和未来的基础，而未来则必定是过去和现在的目标；对他们而言，没有秩序就不可能进步，而秩序仅仅是作为进步的保障而存在；对他们而言，权力是自由的监护者，自由是目的，相对于自由来说，权力只是一种手段。一言以蔽之，他们认识到明显冲突着的每一种观念都有正确的地方，德国的效率有正确的地方，美国的自由也有正确的地方。这个群体有力地推翻了极端的保守也不断阻止着急进的狂暴盲动，这个群体引领新中国走出危急的转变阶段，正呵护着她迈向伟大的未来。祝愿这个忠诚、智慧而勇敢的民族经受住今天的考验。

教育者之机会与责任*

今天我的讲题是《教育者之机会与责任》，但是今天到会的，除教育者外，又有受教育的学生，提倡教育的办学者。我这题目，和上面种种人有什么关系呢？我想，学生对于教育发生的影响，自己首当其冲，自然要去看看教育者是否已经利用他的机会，尽了他的责任。办学者是督察教育者的人，更有急需了解教育者的机会与责任的必要。所以我这演讲，实在是以上三种人都应当注意的。

先从机会方面讲。教育者应当知道教育是无名无利且没有尊荣的事。教育者所得的机会，纯系服务的机会，贡献的机会，而无丝毫名利尊荣之可言。他的机会，可分四种：

（一）有可教之人；

（二）可教者而未能完全教；

（三）可教者而未能平均教；

（四）已受教而未能教好。

以上四种，都是予教育者以实施教育的机会。且先就第一种讲：

第一种是因为社会上有许多可教之人，所以教育者才能实行

---

* 本文系陶行知1921年夏在安庆暑期演讲会上的演讲记录。记录者：程褆昌，载《民国日报·觉悟》1922年7月7日。——编者注

他的教育,倘若无人可教,则教育者就失其机会而无用武之地了。孔子曰:“生而知之者,上也。”美国某哲学家,对于他这句话很有怀疑,他反驳孔子说:“生而知之者,下也。”可是他的话确乎也有根据,譬如最下等的动物——细胞,彼从母体脱离后,凡彼母亲会做的事,彼都会做。再推到小牛,彼虽然不似细胞那样快,但是不用隔多时,举凡彼母亲的事,彼也会做了。小猴子却又不同,彼有几个月要在彼母亲的怀里,因为彼又是较高于小牛的动物。人又不然了,人在小孩子的时期,最早要候二三年后,始能行动,后来又慢慢由幼稚园至于大学,去学他的技能,以做他父亲会做的事。总之,幼稚时间长,所以可教;教育者的机会,也是因为有可教的小孩子啊!

第二种是说可教的人没有完全受教。如中国有四万万之众,照现在统计表计算,只有540万个学生。换言之,只有1.5%是学生;100人之中,能受教育的只有一个半人。这98.5%的不能受教育者,都打着我们教育者的门,并且告诉我们说:“现在是你们的机会到了,有一个人不入学校,就是你们还没有实行你们的机会。”

第三种是就受教的人说的。中国现在受教育有三桩不平均的地方:(一)女子教育;(二)乡村教育;(三)老人教育。

第一桩,女子教育在中国最不注重。中国全国,有1300余县没有女子高等小学,又有500余县没有1个女学生。若照百分法计算起来,男学生占学生中95%,女子却只占5%;以家庭论,100个家庭,只有5个是男女同受教育——好家庭了。所以为家庭幸福计,男女都应受同等的教育。女子教育的重要有三:

甲、女子同为人类,自应有智识技能,去谋独立生活。譬如四万万根柱子擎着大厦,设若有二万万根是腐朽不能用的木材,则此大厦必将倾倒,这是很明显的例子。所以女子必须受教育,去共同担负社会的责任。

乙、女子富于感化性,能将坏的男子变好,并且可以溶化男子的性情与人格。诸位不信,请看看你们的亲友,定可得着个很显著的证明。所以欲使男子不致堕落,非从女子教育着手不可。

丙、女子受教育,必定十分顾及他子女的教育,不似男子的敷衍疏忽。所以普及女子教育,不但可以收到家庭教育的好果,并且可以巩固子孙的教育啦!

第二桩,不平均是城乡学校的相差,城里学校林立,乡下一个学校都没有。以赋税论,乡下人出钱,比城里人多些;他们的代价,至少也应当和城里平均,才是公允的办法。故乡村教育,应为教育者所注意。

第三桩,是小孩子可以受教育,而老年人则无受教育之机会。一班教育者,也只顾及小孩子的教育,对于老年人很少加以注意,这也是件不平均的事。中国现在内外交梦,社会多故,如若候着那班小孩子去改造,非待二三十年后不能奏效。所以欲免除目前的危险,必须兼顾着老幼的教育。

许多女子、乡村人、老年人都打着我们教育者的门,如求雨一般的哀求我们放他们进来。这也是我们的机会到了!

第四种机会,是因为小孩子虽然受教,但是没有教好。如已教好,我们教育者又无机会了。没有教好者,可分四层讲:

甲、人为物质环境中的人,好教育必定可以给学生以能力,使他为物质环境中的主宰,去号召环境。如玻璃窗就是我们对于物质环境发展的使命之一。我们要想拒绝风,欢迎日光,所以就造一个玻璃窗子去施行我们拒风迎光的使命,教讨厌的风出去,可爱的日光进来。又如我们喜欢日光和风，但是想拒绝蚊蝇，所以又造了一种纱窗去行我们的使命。这种使命，并非空谈，因为我们有能力，确可使这些自然的环境听我们调度。故学校应给学生使命环境的能力，去作环境的主宰。以上不过是表明人对付环境的两个例子。

水也是自然环境之一，但是人不能对付彼，常常为彼所戕杀。如去年门罗博士到苏州参观教育，同行有四位女学士。过桥的时候，女学士的车子忽然翻落桥底；当时船家和兵士都束手无策，等到想法捞起，已经死了一个。我们从这件事，得着一个教训，就是"学生、船夫、兵士都不会下水"，以致人为自然环境的"水"所杀。

人在青年时发育最快，身体的发育犹如商人获利一样，可是商人获利是最危险的事，偶一不慎，当悖出如其所入。我们青年生长时，亦有危险，学校讲求体育，应问此种体育是否增加学生的体健，使他们不致有种种不测之事发生？

这种学生的父兄，也带了他瘦且弱的子弟，打我们教育者的门，厉声问我们教的是什么教育？

乙、人不但是物质环境中之一人，也是人中之一人。人有团体，有个人，在这团体和个人中，便发生相对的关系。此种关系，应互相联络，以发展人性之美感。在此阶级制度破产时，我们绝不承认社会上还有什么"人上人"，"人下人"，但是"人中人"我们是逃不掉的。我们既然都是人中之一人，那末，人与人自然会有相互的关系了。这种关系能否高尚优美，尚属疑问。且就现在的选举说吧，被选人手里执着些洋钱，选举人手里执着一张票，他们所发生的关系，是洋钱的关系，选举的关系罢了！这种关系能合乎高尚的条件吗？

再看留学生的选举如何？记得从前中央学会选举时，自称为博士、硕士的留学生，不也是一样的舞弊吗？其他如大学毕业生、中学毕业生以及未毕业的中学生，他们又是怎样？他们为什么拿着清高的人格去结交金钱？去结交政客？作金钱的奴隶？作政客的走狗？这样的学生对得起国家社会吗？对得起父母吗？对得起自己的人格吗？

国家、社会、父母，都带着他的子孙，打我们教育者的门，骂我们为何太不认真以致教出这种子弟！

丙、好教育应当给学生一种技能，使他可以贡献社会。换言之，好教育是养成学生技能的教育，使学生可以独立生活。譬如社会上的农夫、裁缝、商人、工人、教员……他们都有贡献社会的技能，他们各人贡献他们所做的事，可以使社会得着许多便利。倘若有一个人没有能力，则此人必分大家的利，而造成社会的恐慌了！所以教育的成绩，就是"技能"；教育就是"技能教育"。且拿现在的师范生做个譬喻，现在师范毕业学生只有十分之八可以服务，十分之一可以升学，其余的十分之一，却做了高等游民了。再看中学毕业生，也只有三分之一可以服务，三分之一可以升学，其余三分之一，也就做了游民了！但是他们虽然不能服务，倒不惯受着清闲的日子，反做出许多不正当的事业，实在危险啊！

这种游民式学生的父兄，也打着我们教育者的门，问我们何以教出这种不会做正当事的子弟？并且教我们重新改过课程，使毕业的学生皆可独立。

丁、人不能没有休息，但休息是人最险之时。人无论怎样忙，都没有损害，倘若休息，则魔鬼立至。我们可以看出社会上许多恶事，都是在休息时候做的。所以学校里有音乐，便是给学生以正当的娱乐,使学生不致在休息时间做出恶事。可是学生回到家里,既无教员同学和他盘桓,又没有经济设置音乐去助他的娱乐,难免不发生其他的事来。所以学校应当使学生在休息时有正当的愉快。

这又是我们教育者的机会了!

总之,以上皆是我们教育者的机会。平常人对于机会怎样对待呢?大约可以看出四种情形来:

(A) 候机会　有一班教育者天天骂机会不来,好像穷妇人想发财一样,但是机会不是观望的,所以等着机会是极愚拙的事,可以料定永远不会收着成效的。

(B) 失机会　又有一班教育者,他明明看见机会来了,等到用手去捉彼,彼又跑掉了。如此一次,二次,三次,……仍旧不能得着机会。因为机会生在转得极快的圆盘子上,倘如没有极敏捷的手去捉彼,总会失败的。

(C) 看不见机会　机会是极微细的东西,有时且要用显微镜和望远镜去找彼。一班近视眼的教育者,若不利用那两种镜子,是很难看见机会的。

(D) 空想机会　还有些教育者,机会没有来,到处自炫,就像得着机会一样。犹如两个近视眼比看匾,在匾没挂起来的时候,都去用手摸了匾。后来共请一位公证人去批评,他们各人述了自己的心得,公证人忍不住笑了,因为这匾还没有挂上,他们都是“未见空言”咧!

这类“未见空言”的教育者,他们一味的空想,结果总没有机会去枉顾他一次。

现在再谈谈好的教育者。我以为好教育者,应当具有灵敏的手去抓机会,并且要带千里镜去找机会,机会找着了,就用手去抓住彼，不断地抓住彼，还要尽力地发展彼。

再说一说教育者的责任。简单一句话，教育者的责任就是“不辜负机会；利用机会；能用千里镜去找机会；会拿灵敏的手去抓机会”。

办学者和学生都应当看看教育者是否利用他的机会；如果没有利用他的机会，便是他没有尽责。尽责的教育者，可以使学生发生“快乐”与“不快乐”两种感想；但是不尽责的教育者，也可以得着这两种情形，这是什么缘故？

因为教育者尽责，可以使学生在物质环境中做好人，教他学习一种技能去主宰环境。这种教育者，学生对于他有合意的，有不合意的。合意者不生问题，不合意的学生只请他认定教育者是否教我们做一个好人。如是，那我们就应当忍耐着成全这教育者的机会。设若教育者不负责，辜负了机会，不使学生求学，我们这时候，应当知道学生有好有坏，教育者也有尽责与不尽责，不尽责的教育者常为坏学生所欢迎，同时也被好学生唾弃。做好学生、好教育者，更应当对于坏教育者、坏学生，加以严厉的驱逐，使这学校成为好的学校。

这桩事，无论是教育者、学生、办学者，皆当注意。我们不能辜负这机会与责任，自然要奋斗。攻击坏教育者、坏学生，是我们不可不奋斗的事，尤其是安徽不可不奋斗的事！

教育与科学方法*

今天所要讲的不是教育研究法，是“教育与科学方法”，就是科学方法在教育上的应用。人生到处都遇见困难，到处都充满了问题。有的是天然界给我们出题目，有的是社会上给我们出题目，有的是空气、光线、花草给我们出题目。既然题目有这么多，我们应付这些问题的方法也分好几种。有的人见古人怎样解决，我们也怎样解决。这种解决是不对的，是没进步的。因为古时现象不是与今日现象一样，所以以古就今的办法往往是错的。有的人依外国的方法来解决问题：日本怎样办教育，我们也怎样办教育；德国怎样办，我们也怎样办；美国怎样办，我们也怎样办。这种解决也是不对。因为人家发明之后，未必公开，或不愿公开。从不愿公开到公开，已经若干时间，再从公开到中国，我们刚以为新，不知人家早已为旧了。还有的人是闭门空想，自以为得意的了不得，其实仅自空想也是没用的。因四面八方的问题，不给他磨练也是不行。此外还有一种人，也不依古，也不依外，是以不了了之。像以上种种方法，都不能解决我们的问题。能解决我们的问题的，唯有科学的方法。

---

* 本文系陶行知在北京大学教育研究会上的演讲。记录者：黄继文。原载《民国日报·觉悟》1923 年 1 月 15 日。——编者注

什么是科学方法呢？科学方法是有步骤的，是有线索的。第一步要觉得有困难。如牛顿看见苹果落地，别人不知看了几千百次，都没觉得有困难，唯有牛顿觉着有困难，所以他发现地球的吸力。教育方面也是如此。有的人上课看不出有什么问题，学风之坏也不注意，所以就不会有问题。第二步得要晓得困难的所在，就是要找出困难之点来。如一个人坐在那里发脾汗是觉着有困难了。用什么方法来解决这个困难，这就跳到第三步，从此想出种种方法来解决。有的画符放在辫子里，有的请巫婆，有的到庙里烧香祷告，有的请医生，有的吃金鸡纳霜。有了这些法子然后再去选择，这就到了第四步。如：以为老太婆的法子好，就去试一试；不能解决之后，再用其他法子，最后惟有吃金鸡纳霜渐渐的好了。但此刻还不能骤下"金鸡纳霜能治脾汗"的断语，因为焉知不是吃饭时吃了别的东西吃好的呢？所以必须实验一番，这就到第五步了。如在同一情形之下，无论中外、男女、老幼吃了都是灵的，那末，金鸡纳霜能治脾汗就不会错的。

经过这五步工夫，然后才可解决一个问题。这五步方法是科学的方法。无论是化学，是物理，是生物学，都用这个方法以解决困难。但科学方法也有几个要素：

（一）客观的　凡事应用客观的考查，有诸内必形诸外。在教育上的观察，就是看你的学说于学生的反应怎样？教员与学生的关系怎样？要考查一校的行政，应看它的建筑、设备怎样，如以秤称桌子，我虽不知此桌的重量，但我晓得所放的秤码是多少。

（二）数目的观念　凡有性质的东西都有些数量。如光（light）有性质，一般人都如此说，物理学家也说可以量的。又如灵魂是有质量的，将来也须用数量去量。如果不能，则灵魂是没有的。数量中又有两个观念：(a)量的观念。有数量就可去量，如布、米、油等。(b)要量的正确。量不正确，也是无用。就是反对量的，他也在那里量，但他们用的法子很粗浅，专用一己的主观。如中国教员看卷子，有时喜怒哀乐都影响到他们定的分数。高下在心，毫不正确，这是中国人的毛病。我想，不但学理化的人对于数目要正确，就是学教育的人也要正确。“差不多”三字是我国人的大毛病。与人约定时间总是迟到(但上火车总是早到)。所以孟禄调查教育时说：“中国人对于数目不正确。如要改良中国的教育，非从数目入手不可。”

以上说的是科学步骤与观念，要用这步骤、观念，应用到教育上去。

现在教育问题很多。从前人对于教育问题都是囫囵吞枣，犯了一种浮泛的毛病。各个人都会办教育，各个人都可作教育总长，都是教育专家。究竟教育问题是不是如此简单？还是无人不会呢？我们要知道教育在先进国里是一种专门科学，非专门人才不能去办。中国就不是如此。不过这几年还算进的快就是了。五年前南高师教育和心理都是一人担任。自我到了之后，才将教育与心理分开。一年之后，授教育学者是一人，教育行政者又是一人。这是近五六年来教育的趋势。如各人担任一个活的问题，或一人一个，或数人一个，延长研究下去，这问题总有解决的时候。若真多少年下去还不能解决，那恐非人力所能解决的了。

现时要研究的问题，有教育行政、儿童、工具、课程种种。又如，把科学应用到教育行政上去，课堂上教授是不是好的办法？教员、学生都太劳苦是不是有益的事情？

现在教育有两种：(一)如一个新学生坐在洋车上，叫车夫拉着拼命的跑几十里，结果自然是学生逸，车夫苦。但让学生自己再回来恐怕还是不能。（二）如一去不坐车，不识路就问警察，自然是辛苦一点，但走到回来时，包管还能回来的。兹将教育重要部分略说一说。

（一）组织 此时课堂组织最好的有道尔顿实验室的方法（Dalton Laboratory Plan）。室中有种种杂志、图画，还有导师，任学生自由翻阅，与导师共同讨论，还要每礼拜聚会一次。这种法子到底好不好，可去试验试验。把各个学生试验了，测量了，假设其情形相同，是不是可得同一的结果，然后就知究为班级制好呢，还是达尔顿的方法好？又如，研究习惯究为遗传的力量大呢，还是社会环境的力量大？把一对双生的儿童授以同样教育，看他们的差别究竟是哪个大。同时以同胞生的儿童授以不同的教育，再看他们的差异怎样。

（二）教材 以上法子也可应用教材上去。如我们所教的字是不是学生需要的，究竟何者为最需要？何者为次要？何者为不需要？我们应来解决。现在有些需要的未有放到教科书里，有些不需要的反倒放入了。我们可以拿几百万字的书来测验看哪一个字发现次数最多？其最多者为需要，其次多数发现者乃是次要。将发现多的给学生，而次多的暂不授予。还有一点要注意的，就是学生有一年、二年离校的，我们就得将最需要的教他。可是其中有个困难，或者最需要的字比较着难读难写些，但我们可以想法给他避免。有人说中国字难认，所以不识字的人很多，外国人也说将来怕不能与各国的文化竞争。其实不然，试看长沙青年会所编的《千字课》教授男女学生就知道了。他那里边有男生 1200 人，女生 600 人，四个月将 1000 字授毕，每日仅费一点半钟。学生多半是商家学徒,而学生年龄以十二、三、四、五、六岁的居多。我觉着这一种办法,给我们一个好大的希望,今天拿来不过举个例罢了。

(三)工具　无斧不能砍木,无剪不能裁衣,无刀不能作厨子,无工具不能作教育的事业。教育工具可以从外国运的,可以从中国找的。从外国运来的第一是统计法。有了统计法我们可以比较,可以把偶然的找出个根本原理来,如同望远镜可帮助我们眼睛看的清楚,在材料中可找出一定的线索。所以统计是不可看轻的。第二就是测验。近来教育改进社要作 24 种测验,因为此种工具是不能从外国运的(就是运来也不适用)。测验是看学生先天的聪明智慧怎样,使学校有个好的标准,由此可晓得某级学生有什么成绩,如治病的听肺器一样,可以看出病来。欲知病之所在,非测量不可。测验也是如此,得要细细的看结果怎样。如办学的成绩都可测验的。但没有统计,也测不出来;没有测验,也统计不出来;二者是互相为用。如甲校一个学生花 49 元,乙校学生仅花 4 元半,我们就可测量他谁是谁不是。如测验得花 4 元半的能达到平常的标准,那花 49 元就太费了。反转过来,如花 49 元的刚好,那花 4 元半的未免太省了。这就是统计与测量互相为用的地方。总之,每人都存用科学方法去办教育的决心,每人都去研究或解决一个小的问题,我敢说,不出 30 年中国教育准有好的成效。

我之学校观*

学校的势力不小。它能叫坏的变好，也能叫好的变坏。它能叫人做龙，也能叫人做蛇。他能叫人多活几岁，也能叫人早死几年。

学校以生活为中心。一天之内，从早到晚莫非生活，即莫非教育之所在。一人之身，从心到手莫非生活，即莫非教育之所在。一校之内，从厨房到厕所莫非生活，即莫非教育之所在。学校有死的有活的，那以学生全人、全校，全天的生活为中心的，才算是活学校。死学校只专在书本上做工夫。间于二者之间的，可算是不死不活的学校。

学校是师生共同生活的处所。他们必须共甘苦。甘苦共尝才能得到精神的沟通，感情的融洽。国家大事，世界大势，亦必须师生共同关心。学校里师生应当相依为命，不能生隔阂，更不能分阶级。人格要互相感化，习惯要互相锻炼。人只晓得先生感化学生，锻炼学生，而不知学生彼此感化锻炼和感化锻炼先生力量之大。先生与青年相处，不知不觉的，精神要年轻几岁，这是先生受学生的感化。学生质疑问难，先生学业片刻不能懈怠，是先生受学生的锻炼。这是不可避免的，也是好现象。总之，师生共同生活到什么程度，学校生气也发扬到什么地步，这是丝毫不可以假借的。李白

* 原载《徽音》月刊第29、30期合刊，1926年11月5日。——编者注

诗说："黄河之水天上来，奔流到海不复回。"这好比是学生的精神。办学如治水，我们必须以导河的办法把学生的精神宣导出去，使他们能在有益人生的事上去活动。倘不能因势利导，反而强事压制，那末，决堤泛滥之祸不能幸免了。

康健是生活的出发点，亦就是学校教育的出发点。学问、道德应当有一个活泼稳固的基础，这基础就是康健。俗话说"百病从口入"，同志们务必注意，办学校是要从厨房、饭厅办起的。

生活之发荣滋长须有吸收滋养料的容量。学校教职员必须虚心，学而不厌。我以为不但教师要学而不厌，就是职员也要学而不厌，因为既以生活为学校的中心，那末，各种事务都要含有教育的意义。从校长起一直到厨司、校工，各有各的职务，即各有各的学问要增进。增进之法有二：一是各有应读之书必须读；二是各有应联之专家同志必须联。一个学校要想有美满的生活，必须和智识的泉源通根水管，使得新智识可以源源而来。

学校生活只是社会生活一部分。学校不是道士观、和尚庙，必须与社会生活息息相通。要有化社会的能力，先要情愿社会化。

学校生活是社会生活的起点。远处着眼，近处着手，改造社会环境要从改造学校环境做起。全校师生应当以美术的精神共同改造学校环境。凡应当改造的，一丝一毫都不肯轻松放过，才能表现真精神。师生不能共同改造学校环境而侈谈社会改造，未免自欺欺人。

高尚的生活精神不用钱买，不靠钱振作，也不能以没有钱推诿。用钱可以买来的东西，没有钱自然买不来；用钱买不来的东西，没有钱也是可以得到的。高尚的精神如同山间明月、江上清风一样，是取之无尽，用之无穷的。没有钱是一事，没有精神又是一事。有钱而无精神和无钱而有精神的学校，我都见识过。精神是不靠钱买的。精神是在我们身上，我们肯放几分精神，就有几分精神。不关有没有钱，只问我肯不肯把精神放出来。

我们要学校生活长得敏捷圆满，就得要把它放在光天化日之下。太阳光底下可以滋长，黑暗里面免不掉微生物。所以我主张学校要给人看。做父母的、管学务的，以及纳教育税的人，都要看学校。要学校改良，做校长的、做教员的，都要欢迎人参观批评，以补自己之不足。学校放在太阳光里必能生长，必能继续不断的生长。

我对于学校悬格并不要高，只希望大家把学校办到一个地步——情愿送亲子弟入校求学，就算好了。前清往往有办学的人不令子弟入学，时论以为不恕。现今主持省县教育者，亦颇有以子弟无好学校进为虑，甚至送入外人设立学校肄业，真正令人不解。我要有一句话奉劝办学同志，这句话就是："待学生如亲子弟。"

十五年九月二十日

行是知之始*

阳明先生说："知是行之始，行是知之成。"我以为不对：行是知之始，知是行之成。我们先从小孩子说起，他起初必定是烫了手才知道火是热的；冰了手才知道雪是冷的；吃过糖才知道糖是甜的；碰过石头才知道石头是硬的。太阳地里晒过几回，厨房里烧饭时去过几回，夏天的生活尝过几回，才知道抽象的热。雪菩萨做过几次，霜风吹过几次，冰淇淋吃过几杯，才知道抽象的冷。白糖、红糖、芝麻糖、甘蔗、甘草吃过几回，才知道抽象的甜。碰着铁，碰着铜，碰着木头，经过好几回，才知道抽象的硬。才烫了手又冰了脸，那末，冷与热更能知道明白了。尝过甘草接着吃了黄连，那末，甜与苦更能知道明白了。碰着石头之后就去拍棉花球，那末，硬与软更能知道明白了。凡此种种，我们都看得清楚行是知之始，知是行之成。富兰克林放了风筝，才知道电气可以由一根线从天空引到地下。瓦特烧水，看见蒸汽推动壶盖，便知道蒸汽也能推动机器。伽利略在比萨斜塔上将轻重不同的球落下，便知道不同轻重之球是同时落地的。在这些科学发明上，我们又可以看得出"行是知之始，知是行之成"。

---

* 本文系陶行知1927年6月3日在晓庄师范学校的演讲。原载《乡教丛讯》第3卷第12期，1927年7月30日。——编者注

《墨辩》提出三种智识:一是亲知;二是闻知;三是说知。亲知是亲身得来的,就是从"行"中得来的。闻知是从旁人那儿得来的,或由师友口传,或由书本传达,都可以归为这一类。说知是推想出来的智识。现在一般学校里所注重的智识,只是闻知,几乎以闻知概括一切智识,亲知是几乎完全被挥于门外。说知也被忽略,最多也不过是些从闻知里推想出来的罢了。我们拿"行是知之始"来说明智识之来源,并不是否认闻知和说知,乃是承认亲知为一切智识之根本。闻知与说知必须安根于亲知里面方能发生效力。

试取演讲《三八主义》来做个例子。我们对一群毫无机器工厂劳动经验的青年演讲八小时工作的道理,无异耳边风,没有亲知做基础,闻知实在接不上去。假使内中有一位青年曾在上海纱厂做过几天工作或一整天工作,他对于这八小时工作的运动的意义,必有亲切的了解。有人说:"为了要明白八小时工作就是这样费力的去求经验,未免小题大做,太不经济。"我以为天下最经济的事无过这种亲知之取得。近代的政治经济问题便是集中在这种生活上。从过这种生活上得来的亲知,无异于取得近代政治经济问题的钥匙。

亲知为了解闻知之必要条件已如上述,现再举一例证明说知,也是要安根在亲知里面的。

白鼻福尔摩斯里面有一个奇怪的案子。一位放高利的被人打死后,他的房里白墙上有一个血手印,大得奇怪,从手腕到中指尖有二尺八寸长。白鼻福尔摩斯一看这个奇怪手印,便断定凶手是没有手掌的,并且与手套铺是有关系的。他依据这个推想,果然找出住在一个手套铺楼上的科尔斯人就是这案的凶手,所用的凶器便是挂在门口做招牌的大铁手。他的推想力不能算小,但是假使他没有铁手招牌的亲知,又如何推想得出来呢?

这可见闻知、说知都是安根在亲知里面,便可见“行是知之始,知是行之成”。

生活即教育[*]

今天我要讲的是“生活即教育”。中国从前有一个很流行的口号，我们也用得很多而且很熟的，就是“教育即生活”。教育即生活这句话，是从杜威先生那里来的，我们过去是常常用它，但是，从来没有问过这里面有什么用意。现在，我把它翻了半个筋斗，改为“生活即教育”。在这里我们就要问：“什么是生活？”有生命的东西，在一个环境里生生不已的就是生活。譬如一粒种籽一样，它能在不见不闻的地方发芽、抽条、开花，从动的方面看起来，好像晓庄剧社在舞台演戏一样。“生活即教育”这个演讲，从前已经讲了两套，现在重提我们的老套。

第一套就是：

是生活就是教育；

是好生活就是好教育，是坏生活就是坏教育；

是认真的生活就是认真的教育，是马虎的生活就是马虎的教育；

---

* 1929 年冬，晓庄师范学校举行乡村教师讨论会，本文是作者在会上的讲话记录。原载《乡村教师》第 9 期，1930 年 3 月 29 日。后来作者将这篇文章编入《教学做合一之系统研究》时做了修改。——编者注

是合理的生活，就是合理的教育，是不合理的生活，就是不合理的教育；

不是生活就不是教育；

所谓之生活未必是生活，就未必是教育。

第二套是第二次讲的时候包括进去的，是按着我们此地的五个目标加进去的：

康健的生活就是康健的教育；非康健的生活，就是非康健的教育；

劳动的生活，就是劳动的教育；非劳动的生活，就是非劳动的教育；

科学的生活就是科学的教育；非科学的生活，就是非科学的教育；

艺术的生活，就是艺术的教育；非艺术的生活，就是非艺术的教育；

改造社会的生活，就是改造社会的教育；非改造社会的生活，就是非改造社会的教育。

近来，我们有一个主张，是每一个机关、每一个人在十九年度里都要有一个计划，这样，在十九年度我们所过的生活，就是有计划的生活，也就是有计划的教育。于是，又加了这么一套：

有计划的生活便是有计划的教育；没有计划的生活，就是没有计划的教育。

我今天所要说的，就是：我们此地的教育，是生活教育，是供给人生需要的教育，不是作假的教育。人生需要什么，我们就教什么。人生需要面包，我们就得过面包生活，受面包的教育；人生需要恋爱，我们就得过恋爱生活，也受恋爱的教育。照此类推，照加上去，是那样的生活就是那样的教育。

与“生活即教育”有联带关系的就是“社会即学校”。“学校即社会”也就是跟着“教育即生活”而来的，现在我也把它翻了半个筋斗，变成“社会即学校”。整个社会的活动，就是我们的教育的范围，不消谈什么联络而它的血脉是自然流通的。不要说“学校社会化”。譬如说现在某人革命化，就是某人本来不革命的。假使某人本来是革命的，还要“化”什么呢？讲“学校社会化”，也是犯同样的毛病。“社会即学校”，我们的社会就是学校，还要什么社会化呢？现在我有一个比方，学校即社会，就好像把一只活泼泼的小鸟从天空里捉来关在笼里一样。它要以一个小的学校去把社会所有的一切东西都吸收进来，所以容易弄假。社会即学校则不然，它是要把笼中的小鸟放到天空中使它能任意翱翔，是要把学校的一切伸张到大自然里去。要先能做到“社会即学校”，然后才能讲“学校即社会”；要先能做到“生活即教育”，然后才能讲到“教育即生活”。要这样的学校才是学校，要这样的教育才是教育。

杜威先生在美国为什么要主张教育即生活呢？我最近看到他的著作，他从俄国回来，他的主张又变了，已经不是教育即生活了。美国是一个资本主义的国家，他们是零零碎碎的实验，有好多的教育家想达到的目的不能达到，想实现的不能实现。然而在俄国已经有的达到了，实现了。假使杜威先生在晓庄，我想他也必主张“生活即教育”。

杜威先生是没有到过晓庄来的，克伯屈先生是到过晓庄来的。克伯屈先生离了俄国而来中国，他说：离开莫斯科不远的地方，有一个人名叫夏佛斯基的，他在那里办了一所学校，主张有许多与晓庄相同的地方。我看了杜威先生的书，他说现在俄国的教育，很受这个地方的影响，很注意这个地方，他们的办法与我们的生活即教育，社会即学校的主张不谋而合。克伯屈先生问我们在文字上通过消息没有？我说没有。我又问他：夏佛斯基这个人是不是共产党？他说不是。我又问他："他不是共产党，又怎么能在共产党政府下办教育呢？"他说："因为他是要实验一种新教育，所以俄政府许可他实验。"我又对他说："这一点倒又和我相合，我在国民党政府之下办教育，而我也不是一个国民党党员。"这是克伯屈先生参观晓庄后与我谈的话。

现在我们这里的主张，已经到了实验的时期了，问题是在怎样的实现？从历史看来，可以分作三个时期：

第一个时期，生活是生活，教育是教育，两者是分离而没有关系的。

第二个时期，是教育即生活，两者沟通了，而学校社会化的议论也产生了。

第三个时期，是生活即教育，就是社会即学校了。这时期也可以说是开倒车，而且一直开到太古时代去，因为太古的时代，社会就是学校。这一期，也就是教育进步到最高度的时期。

其次，要讲生活即教育与社会即学校，有几方面是要开仗的，而且是不痛快的，是很烦恼的，而与我们有极大的冲突的。

第一，在这个时期，是各种思潮在中国谋实现的时期。中国几千年来传统教育所支配的许多传统思想都要在此时期谋取它的地位。第二是外来的各种文化,如德国的以文化为中心的教育,英国的绅士的教育,美国的拜金教育。第三是外国文化都在中国倾销,从各国回来的留学生便是推销外国文化的买办。

现在先说中国遗留下来的旧文化与我们的生活即教育,社会即学校的主张是冲突的。中国从前的旧文化,是上了脚镣手铐的。分析起来,就是天理与人欲,以天理压迫人欲,做的事无论怎样,总要以天理为第一条件。

它是以天理为一件事,人欲为一件事。人欲是不对的,没有地位的。在生活即教育的原则之下,人欲是有地位的,我们不主张以天理来压迫人欲的。这里,我们还得与戴东原先生的主张打一打通,他说理不是欲外之理,不是高高的挂在天空的,欲并不是很坏的东西,而是要有条有理的。我们这里主张生活即教育,就是要用教育的力量,来达民之情,遂民之欲,把天理与人欲打成一片。

与此有联带关系的就是"礼教"。现在有许多人唱"礼教吃人"的论调,的确,礼教吃的人,骨可以堆成一个泰山,血可以合成一个鄱阳湖。我们晓得,礼是什么?以前有人说:礼是养生的,那是与生活即教育相通的。这种礼,我们不惟不打倒,并且表示欢迎。假若是害人之礼,那就是要把人加上脚镣手铐,那是与我们有冲突的,我们非打倒不可。因为生活即教育是要解放人类的。

再次,中国从前有一个很不好的观点,就是看不起小孩子。把小孩子看成小大人,以为大人能做的事小孩也能做,所以五六岁的小孩,就教他读《大学》、《中庸》。换句话说:就是小孩子没地位。我们主张生活即教育,要是儿童的生活才是儿童的教育,要从成人的残酷里把儿童解放出来。

还有一点要补充进去的,就是书本教育。从前的书本教育,就是以书本为教育，学生只是读书，教师只是教书。在生活即教育的原则之下，书是有地位的，过什么生活就用什么书，书不过是一种工具罢了。书是不可以死读的，但是不能不活用。从前有许多像这样的东西，非推翻不可的，否则不能实现生活即教育。

现在外国传进来的思潮，也有许多与我们是相冲突的。以文化做一个例吧！以文化做中心的教育，它的结果是造成洋八股。文化是人类创造出来的，固然是非常的宝贵，但它也不过是一种工具而已，不能当做我们教育的中心。人为什么要用文化？是要满足我们人生的欲望，满足我们生活的需要。电灯是文化，我们用了它，可以把一切看得更明白。无线电是文化，我们用了它，可以更便利。千里镜是文化，我们用了它，可以钻进土星、木星里去。……所以文化是生活的工具，它是有它的地位的。我们不惟不反对，而且表示欢迎。欢迎它来做什么呢？就是满足我们生活的需要。有些人把它弄错了，认它做一种送人的礼物，这是不对的。文化要以参加做基础，有了这参加的最低限度的基础，才能了解，才能加上去。生活即教育，与以文化为中心的教育不同，就是如此。

还有训育与生活即教育的理论怎么样？生活即教育与训育把训与教分家的关系怎么样？生活即教育与社会即学校如何实现？小学里如何把它实现出来？假使诸位以为是行得通的，最好是每一个人拟好一个方案来交我，哪一部分可以实现，我们就拿那个地方当一个社会实现出来。

现在我举一个例说：去年天干，和平学园因为急于要水吃，就开了一个井。井是学校开的，但是献给全村公用，不久就发现了两大问题：

（一）每天出水二百担，不敷全村之用，于是大家都起早取水，后到的取不到水，明天又比别人早，甚至于一夜到天亮，都有取夜水的，到天亮时，井里的水已将干了。群众在井边候水，一杓一杓的取，费尽了力气才打出一桶水。

（二）大家围着取水，争先恐后，有时甚至用武力解决。这种现象，假使是学校即社会，就可以用学校的权力来解决，由学校出个命令，叫大家照着执行。社会即学校的办法就不然，它觉得这是与全村人的生活有关系的，要全村的人来解决。于是就开了一个村民大会，一共到了六七十个人，共同来做一个吃水问题的教学做。到会的人，有老太婆，也有十二三岁的小孩子，公推了一位十几岁的小学生做主席。我和许多师范生，就组织了一个顾问团，插在群众当中，指导我们的主人开会。老太婆说的话顶多，而且最扼要。他们在开会时学开会。结果，共同议决了几件事：

（1）井水每天休息10小时，下午七时至上午五时不许取水，违者罚洋一元，充修井之用。

（2）每次取水，先到先取，后到后取，违者罚小洋六角，充修井之用。

（3）公推刘君世厚为监察员，负责执行处罚。

（4）公推雷老先生为开井委员长，筹款加开一井，茶馆、豆腐店应多出款，富户劝其多出。于最短期内，由村民团结的力量，将井开成。

这几个议案是由村民大会通过的。这就是社会即学校的办法。由此，我有几个感触：

（一）民众运动，要以对于民众有切身关系的问题为中心。

（二）社会运动，非以社会即学校，则不能彻底实行，而社会即学校，是有实现的可能的。

（三）不要以为老太婆、小孩不可培养，只要有法子，只要能从他们迫切的问题着手。

（四）公众的力量比学校大，假使由学校发布命令解决，社会上了解的人少，而且感情将由此分离。

（五）民众没有指导是不行的，和平门吃水问题，倘无相当指导，可以再过四五千年还没有解决。

（六）进行民众运动是要陪着民众干，不是替民众干，要想培养中华国民，非此不可。

这就是以小学所在地做一个学校的例，其余的例子很多，不必多举。社会即学校要如何的实现，请大家一样一样的做个方案，二次开会的时候再谈。

这是证明“生活即教育”与“社会即学校”是相联的。

关于“生活即教育”，我现在可再补充一套。我们是现代的人，要过现代的生活，就是要受现代的教育。不要过从前的生活，也不要过未来的生活。若是过从前的生活，就是落伍，若要过未来的生活，就是要与人群隔离。以前有一部书叫《明日之学校》，大家以为很时髦，讲的很熟的。我希望乡村教师，要办今日之学校，不要办明日之学校。办今日之学校，使小学生过今日之生活，受今日之教育。

我们主张“社会即学校”，是因为在“学校即社会”的主张下，学校里的东西太少，不如反过来主张“社会即学校”，教育的材料、教育的方法、教育的工具、教育的环境，都可以大大的增加。学生、先生也可以多起来，因为在这样办法下，不论校内校外，都可以做师生的。“学校即社会”一切都减少，校外有经验的农夫，就没有人愿意去领教；校内有价值的活动，外人也不能受益。

如上所言，坏的社会也可以做学校吗？

坏的社会，我们也要认识，也要有所准备，才能生出抵抗力，否则一入社会，便显出手忙足乱的情状来。

总之：没有生活做中心的教育是死教育。没有生活做中心的学校是死学校。没有生活做中心的书本是死书本。在死教育、死学校、死书本里鬼混的人是死人——先生是先死，学生是学死！先死与学死所造成的国是死国，死国所造成的世界是死世界。

教学做合一下之教科书*

教学做合一是生活教育之方法之理论。这理论同时叙述生活教育之现象与过程。所以要想讨论这个理论对于教科书之要求，先须说明什么是生活教育，什么是教学做合一。

什么是生活教育　生活教育是以生活为中心之教育。它不是要求教育与生活联络。一提到联络，便含有彼此相外的意思。倘使我们主张教育与生活联络，便不啻承认教育与生活是两个个体，好像一个是张三，一个是李四，平日不相识，现在要互递名片结为朋友。联络的本意原想使教育与生活发生更密切的关系，不知道一把它们看作两个个体，便使它们格外疏远了。生活与教育是一个东西，不是两个东西。在生活教育的观点看来，它们是一个现象的两个名称，好比一个人的小名与学名。先生用学名喊他，妈妈用小名喊他，毕竟他是他，不是她。生活即教育。是生活便是教育，不是生活便不是教育。分开来说，过什么生活便是受什么教育：过康健的生活便是受康健的教育；过科学的生活便是受科学的教育；过劳动的生活便是受劳动的教育；过艺术的生活便是受艺术的教育；过社会革命的生活便是受社会革命的教育。从此类推，我们可以说：好生活是好教育；坏生活是坏教育；高尚的生活是高尚的教

---

* 原载《中华教育界》第19卷第4卷，1931年8月。——编者注

育;下流的生活是下流的教育;合理的生活是合理的教育;不合理的生活是不合理的教育;有目的的生活是有目的的教育;无目的的生活是无目的的教育。反过来说,平日过的是少爷小姐的生活,便念尽了汗牛充栋的劳动书,也不算是劳动教育;平日过的是奴隶牛马的生活,便把《民权初步》念得透熟,熟得倒过来背,也算不了民权教育。没有生活做中心的教育是死教育。没有生活做中心的学校是死学校。没有生活做中心的书本是死书本。在死教育、死学校、死书本里鬼混的人是死人——先生是先死,学生是学死!先死与学死所造成的国是死国,所造成的世界是死世界。

什么是教学做合一 教学做合一是生活现象之说明,即是教育现象之说明。在生活里,对事说是做,对己之长进说是学,对人之影响说是教。教学做只是一种生活之三方面,而不是三个各不相谋的过程。同时,教学做合一是生活法,也就是教育法。它的涵义是:教的方法根据学的方法;学的方法根据做的方法。事怎样做便怎样学,怎样学便怎样教。教与学都以做为中心。在做上教的是先生,在做上学的是学生。在这个定义下,先生与学生失去了通常的严格的区别,在做上相教相学倒成了人生普遍的现象。做既成了教学之中心,便有特殊说明之必要。我们怕人用“做”当招牌而安于盲行盲动,所以下了一个定义:“做”是在劳力上劳心。因此,“做”含有下列三种特征:

(一)行动;

(二)思想;

(三)新价值之产生。

一面行,一面想,必然产生新价值。鲁滨孙在失望之岛上缺少一个放水的小缸。一天烧饭,他看见一块泥土被火烧得像石头样的硬。他想，一块碎土既有如此变化，那末，用这土造成一个东西，或者也能如此变化。他要试试看。他动手用土造成三个小缸的样子，架起火来把它们烧得通红，渐渐的冷下去，便成了三只坚固而不漏水的小缸。这里有行动，有思想，有新价值之产生——泥土变成水缸。这是做。这是教学做合一之做。

做是发明，是创造，是实验，是建设，是生产，是破坏，是奋斗，是探寻出路。

是活人必定做。活一天，做一天；活到老，做到老。如果我们承认小孩子也是活人，便须让他们做。小孩子的做是小发明、小创造、小实验、小建设、小生产、小破坏、小奋斗，探寻小出路。小孩子的做是小做，不是假做。“假做”不是生活教育所能允许的。

我也不是主张狭义的“做”，抹煞一切文艺。迎春姊妹和宝玉在荇叶渚上了船，跟着贾母的撑向花溆去玩。宝玉说：“这些破荷叶可恨！怎么还不叫人来拔去？……”黛玉说：“我最不喜欢李义山的诗，只喜欢他这一句：‘留得残荷听雨声。’偏你们又不留着残荷了。”宝玉说：“果然好句！以后咱们别叫拔去了。”这里也有行动，有思想，有新价值之产生——破荷叶变成天然的乐器！领悟得这一点，才不至于误会教学做合一之根本意义。既是这样，那末，我们可以说：不做无学；不做无教；不能引导人做之教育，是假教育；不能引导人做之学校，是假学校；不能引导人做之书本，是假书本。在假教育、假学校、假书本里自骗骗人的人，是假人——先生是假先生，学生是假学生。假先生和假学生所造成的国是假国，所造成的世界是假世界。

生活教育与教学做合一对于书之根本态度　生活教育指示我们说：过什么生活用什么书。教学做合一指示我们说：做什么事用什么书。这两句话只是一句话的两样说法。我们对于书的根本态度是：书是一种工具，一种生活的工具，一种“做”的工具。工具是给人用的；书也是给人用的。我们对一本书的见面问是：您有什么用处（当然是广义的用处）？为读书而读书，为讲书而讲书，为听书而听书，为看书而看书，再不应该夺取我们宝贵的光阴。用书必有目的，遇到一本书，我们必须问：您能帮助我把这件事做得好些吗？您能帮助我过一过更丰富的生活吗？我们用书，有时要读，有时要讲，有时要听，有时要看，但是读、讲、听、看都有一贯的目的，这目的便是它们对于“用”的贡献。在《诗的学校》里有一首诗，描写我们对于书的总态度①：

用书如用刀，
不快便须磨。
呆磨不切菜，
何以见婆婆？

中国教科书之总批评　我们试把光绪年间出版的教科书和现在出版的教科书比较一下，可以看出一件惊人的事实，这事实便是30年来，中国的教科书在枝节上虽有好些进步，但是在根本上是一点儿变化也没有。30年前中国的教科书是以文字做中心，到现在中国的教科书还是以文字做中心。进步的地方：从前是一个一个字的认，现在是一句一句的认；从前是用文言文，现在是小学用白话文，中学参用白话文与文言文；从前所写的文字是依着忠君、尊

① 见小朋友书店出版之《师范生》第2期。

孔、尚公、尚武、尚实的宗旨，现在所写的文字是依着三民主义的宗旨。但是教科书的根本意义毫未改变。现在和从前一样，教科书是认字的书，读文的书罢了。从农业文明渡到工业文明最重要的智识技能，无过于自然科学。没有真正可以驾驭自然势力的科学，则农业文明必然破产，工业文明建不起来，那是多么危险的事啊！但是把通行的小学常识与初中自然教科书拿来审查一番，您立刻发现它们只是科学的识字书，只是科学的论文书。这些书使您觉得读到胡子白也不能叫您得着丝毫驾驭自然的力量。这些教科书不教您在利用自然上认识自然。它们不教您试验，不教您创造，它们只能把您造成一个自然科学的书呆子。国民党以党义治国。党义，从国民党的观点看来，又是何等重大的一门功课呀！固然，党军既到南京之后，没有一家书店不赶着编辑党义教科书，党政府看了这些教科书也以为教育从此可以党化，小孩子个个都可以成为“三民主义”的信徒了。但是把这些书仔细看一看，不由您又要惊讶了，您立刻发现它们只是党义识字书，只是党义论文书。它们教您识民权的字，不教您拿民权，教您读民主的书，不教您干民主的事。在这些书里，您又可以看出编揖人引您开倒车，开到义和团时代以前。他们不教小朋友在家里、校里、村里、市里去干一点小建设、小生产以立建国之基础，却教小孩子去治国平天下，这不是像从前蒙童馆里的冬烘先生拿《大学》、《中庸》把小朋友当小鸭子硬填吗？照这样干法，我可以断定，小孩子决不会成为三民主义有力量的信徒。至多，他们可以成为三民主义的书呆子。

中国的教科书虽然以文字做中心，但是所用的文字不是第一流的文字。山德孙先生在昂多学校里就不用教科书。他批评英国的教科书为最坏的书。中国初中以下的教科书不比英国的好。我读了中国出版的教科书之后,我的感想和山德孙先生差不多。我不能恭维中国初中以下的教科书是小孩子值得读的书。在我的《中国自然科学教科书之解剖》①一篇论文中,我将毫不避讳的罗列各家教科书之病菌,放在显微镜下,请大家自己去看。我现在只想举一个普通的例子来做个证明。诸位读了下面三节教科书,作何感想?

甲家书馆:大狗叫,小狗跳。叫一叫,跳两跳。
乙家书馆:小小猫,快快跑。小小猫,快快跑。
丙家书馆:小小猫,小小猫。快快跑,快快跑。

若不是因为每个小学生必得有一本教科书,每本教科书必得有书馆编好由教育部审定,谁愿意买这种有字有音而没有意义的东西呀?请诸位再看刘姥姥赴贾母宴会在席上低着头引得大家哄堂大笑的几句话:

老刘,老刘,
食量大如牛,
吃个老母猪,
不抬头。

这样现成的好文学在以文字为中心的教科书中竟找不着一个地位,而"大狗叫,小狗跳"的无意义的文字,居然几百万部的推销

① 不久在《师范生》发表。

出去。所以中国教科书虽以文字为中心,却没有把最好的文字收进去。这是编书人之过,不是文字中心之过。

中国的教科书,不但用不好的文字做中心,并且用零碎的文字做中心,每课教几个字,传授一点零碎的智识。学生读了一课,便以为完了,再也没有进一步追求之引导。我们读《水浒》、《红楼梦》、《鲁滨孙飘流记》一类小说的时候,读了第一节便想读第二节,甚至于从早晨读到夜晚,从夜晚读到天亮,要把它一口气读完了才觉得痛快。中国的教科书是以零碎文字做中心,没有这种力量。有人说,中国文人是蛀书虫。可是教科书连培养蛀书虫的力量也没有。蛀书虫为什么蛀书?因为书中有好吃的东西,使它吃了又要吃。吃教科书如同吃蜡,吃了一回,再不想吃第二回,连蛀书虫也养不成!可是,这也是编书人不会运用文字之过,不是文字中心之过。

文字中心之过在以文字当教育,以为文字之外别无教育。以文字做中心之教科书,实便于先生讲解,学生静听。于是讲书、听书、读书便等于正式教育而占领了几乎全部之时间。它使人坐而言,不使人起而行。教育好比是菜蔬,文字好比是纤维,生活好比是各种维他命(Vitamin)。以文字为中心而忽略生活的教科书,好比是有纤维而无维他命之菜蔬,吃了不能滋养体力。中国的教科书,是没有维他命的书。它是上海上等白米,吃了叫人害脚气病,寸步难行。它是中国小孩子的手铐,害得他们双手无能。它是死的、假的、静止的。它没有生命的力量。它是创造、建设、生产的最大的障碍物。它叫中国站在那儿望着农业文明破产而跳不到工业文明的对岸去。请看中国火车行了几十年而第一个火车头今年才造起来,这是中国科学八股无能之铁证!而这位制造中国第一个火车头之工程师，十分之九没有吃过上海白米式的科学教科书。或者也吃过，后来又吃了些糠秕，才把脚气病医好，造了这部特别难产的火车头。以文字做中心的教科书，在20世纪里是产生不出力量。最多，如果用好的文字好好的编，也不过能够产生一些小小书呆子，小小蛀书虫。

假使再来一个秦始皇，把一切的教科书烧掉，世界上会失去什么？

大书呆子没有书教，小书呆子没有书读，书呆头儿出个条子："本校找不到教科书，暂时停课。"

于是，有的出去飘洋游历，也许会成达尔文；有的在火车上去卖报，做化学实验，也许会成爱迪生；有的带着小朋友们上山游玩，也许会成柯斯忒；有的回去放牛、砍柴、捞鱼、种田、缫丝，多赚几口饭吃。少几个吃饭不做事的书呆子，多几个生产者、建设者，创造者、发明者，大概是这位秦始皇第二的贡献吧。

生活教育与教学做合一之总要求 我们要活的书，不要死的书；要真的书，不要假的书；要动的书，不要死的书；要用的书，不要读的书。总起来说，我们要以生活为中心的教学做指导，不要以文字为中心的教科书。我要声明在先，我并不拘泥于文字之改变。倘使真的拿生活为中心使文字退到工具的地位，从死的、假的、静的、读的，一变而为活的、真的、动的、用的，那末，就称它为教科书，我也不反对；倘使名字改为生活用书或教学做指导，还是以文字为中心，便利先生讲解，学生静听，而不引人去做，我也不能赞成。但是，如果能够做到名实相符，那就格外的好了。

生活用书或教学做指导，是怎样编法呢？最先须将一个现代社会的生活或该有的力量，一样一样的列举，归类组成一个整个的生活系统，即组成一个用书系统。例如：

要培养的生活力	要用的书
（一）防备霍乱	（一）防备霍乱指导
（二）防备伤寒	（二）防备伤寒指导
（三）防备天花	（三）防备天花指导
（四）防备感冒	（四）防备感冒指导
（五）防备肺痨	（五）防备肺痨指导
（六）防备梅毒	（六）防备梅毒指导
（七）打篮球	（七）打篮球指导
（八）踢球	（八）踢球指导
（九）选择食物	（九）选择食物指导
（一〇）选择衣料	（一〇）选择衣料指导
（一一）种菜	（一一）种菜指导
（一二）种麦	（一二）种麦指导
（一三）种树	（一三）种树指导
（一四）养蚕	（一四）养蚕指导
（一五）养鸡	（一五）养鸡指导
（一六）养鱼	（一六）养鱼指导
（一七）养鸟	（一七）养鸟指导
（一八）纺纱	（一八）纺纱指导
（一九）织布	（一九）织布指导
（二〇）扫地	（二〇）扫地指导
（二一）调换新鲜空气	（二一）调换新鲜空气指导
（二二）用风车水	（二二）用风车水指导

（二三）制造抽气唧筒　（二三）制造抽气唧筒指导
（二四）制造气压表　（二四）制造气压表指导
（二五）用空气压力钻钢　（二五）用空气压力钻钢指导
（二六）用氮气做肥料　（二六）用氮气做肥料指导
（二七）用太阳光烧饭　（二七）用太阳光烧饭指导
（二八）用太阳光杀菌　（二八）用太阳光杀菌指导
（二九）用太阳光照相　（二九）用太阳光照相指导
（三〇）用水推磨　（三〇）用水推磨指导
（三一）用水发电　（三一）用水发电指导
（三二）用水化铁　（三二）用水化铁指导
（三三）用磁石发电　（三三）用磁石发电指导
（三四）造罗盘　（三四）造罗盘指导
（三五）用电磁举铜铁　（三五）用电磁举铜铁指导
（三六）用煤黑油取颜料　（三六）用煤黑油取颜料指导
（三七）造汽车　（三七）造汽车指导
（三八）造蒸汽机　（三八）造蒸汽机指导
（三九）用电发光　（三九）用电发光指导
（四〇）用电推车　（四〇）用电推车指导
（四一）用电谈话　（四一）用电谈话指导
（四二）用电相见　（四二）用电相见指导
（四三）用泥造瓷器　（四三）用泥造瓷器指导
（四四）造屋　（四四）造屋指导
（四五）造桥　（四五）造桥指导
（四六）造船　（四六）造船指导
（四七）造纸　（四七）造纸指导

（四八）造飞机	（四八）造飞机指导
（四九）用显微镜看细菌	（四九）用显微镜看细菌指导
（五〇）用望远镜看天象	（五〇）用望远镜看天象指导
（五一）编剧	（五一）编剧指导
（五二）演戏	（五二）演戏指导
（五三）布景	（五三）布景指导
（五四）唱歌	（五四）唱歌指导
（五五）画水彩画	（五五）画水彩画指导
（五六）画油画	（五六）画油画指导
（五七）写诗文	（五七）写诗文指导
（五八）雕刻	（五八）雕刻指导
（五九）弹琴	（五九）弹琴指导
（六〇）说话	（六〇）说话指导
（六一）恋爱	（六一）恋爱指导
（六二）治家	（六二）治家指导
（六三）生育	（六三）生育指导
（六四）限制教育	（六四）限制教育指导
（六五）团体自治	（六五）团体自治指导
（六六）掌民权	（六六）掌民权指导
（六七）师生创校	（六七）师生创校指导
（六八）创造富的社会	（六八）创造富的社会指导
（六九）人类互助	（六九）人类互助指导
（七〇）创造五生世界①	（七〇）创造五生世界指导

① 五生世界即少生、好生、贵生、厚生、共生之世界。我有专篇叙述建立五生世界之理论，不久在《师范生》上发表。

以上七十种生活力和教学做指导，不过是我个人随手所举的例子。把它们归起类来，（一）至（一〇）属于康健生活；（一一）至（二〇）属于劳动生活；（二一）至（五〇）属于科学生活；（五一）至（六〇）属于艺术生活；（六一）至（七〇）属于社会改造生活。我想这些例子不过是全部生活力之少数，内中之概括的还应该细分。如养鱼，便可分为养金鱼、养青鱼、制造相生水族池等等。统统算起来，重要的总在三千种以上。我们姑且可以普通的说，我们有三千种生活力要培养，即有三千种教学做指导要编辑。这些生活力，有些是很小的小孩子便应当有，有些是很成熟的人才可以得；有些是学了就可以变换，有些是要继续不断的干；有些是一人能做，有些非多人合作不办；有些是现代人共同所需，有些是各有所好，听人选择。专家依性质、学力把它们一一编起来，并编一些建在具体经验上面融合贯通的理论，便造成整个的用书的系统，帮助着实现那丰富的现代生活。我们还要随着学术进步，继续修改扩充，使用书继长增高的进步，帮助着生活继长增高的向前向上进。

照这样看来，教学做合一的理论不是不要书；它要用的书的数目之大，比现在的教科书要多得多。它只是不要纯粹以文字做中心的教科书，因为这些书是木头刀，切不下菜来。过什么生活用什么书。做什么事用什么书。不用书，即用书而用得不够，用得不当，都非教学做合一的理论所允许的。

教学做指导编得对不对，好不好，可以下列三种标准判断它。

（一）看它有没有引导人动作的力量，看它有没有引导人干了一个动作又要干一个动作的力量。中国人的手中了旧文化的毒是已经瘫了，看它能否给他打一针，使一双废手变成一双开天辟地的手。我们要看它能否把双料少爷的长指甲剪掉，能否把双料小姐的手镯、戒指脱掉，能否把活活泼泼的小孩们的传统的几十斤重的手铐卸掉，使八万万只无能的手都变成万能的手。

（二）看它有没有引导人思想的力量，看它有没有引导人想了又想的力量。中国文人的头脑做了几千年的字纸篓；中国农人女人的头脑做了几千年的真空管。我们现在要请大家的头脑出来做双手的司令官。我们要头脑出来监工。我们不但是要做，并且要做得好。如何可以做得好，做得比昨天好，这是头脑的天职。我们遇了一本书，便要问它是否给人的头脑全权，指导一切要做的事。

（三）看它有没有引导人产生新价值的力量，看它有没有引导人产生新益求新的新价值的力量。我在《乡村教师》上曾经写过十几首诗，描写一位乡村教师的生活，内中有一首是：

人生两个宝，
双手与大脑。
宁做鲁滨孙，
单刀辟荒岛。

中国教育之通病是教用脑的人不用手，不教用手的人用脑，所以一无所能。中国教育革命的对策是使手脑联盟，结果是手与脑的力量都可以大到不可思议。手脑联盟，则污秽的垃圾可以用来点灯烧饭，窒人的氮气可以用做养人的肥田粉，煤黑油里可以取出几千种的颜料，一粒种子可以长成几百粒谷，无饭大家饿的穷国可以变成有饭大家吃的富社会。只要头脑子命令双手拿起锄头、锯子、玻璃管、电动机去生产、建设、试验、创造，自然是别有天地了。

生活用书的体裁内容也不可一律，大致说起来，我有下列的

建议:

（一）做的目标。

（二）做的材料。

（三）做的方法。

（四）做的工具。

（五）做的理论。

（六）从做这事引导人想到做那事。

（七）如做的事与时令有关便要有做的时令。

（八）如做的事与经济有关便要有做的预算。

（九）如做的事须有途径之指示便要有做的图。

（十）如做的事须多人合作便要有做的人的组织。

（十一）如做的事须多方参考便要有做的参考书籍。

（十二）如做的事与别的事有多方的关系便要有做的种种关系上的说明。

（十三）在做上学的人可引导他记载做的过程、做的结果、做上发生的问题与心得。

（十四）在做上教的人可引导他指示进行考核成绩。

这十四条不是像从前五段教授样要人家刻印板的遵守的。如果您能把它们一齐打破,天衣无缝的写成一本可用的书也未为不可,或者竟是更为可贵。《鲁滨孙飘流记》是一部小说,也是一部探险与开创的教学做指导。歌德失恋,写《少年维特之烦恼》,创造一个维特去替死,那末,歌德的恋爱史与《少年维特之烦恼》,当作一部恋爱指导用也很合宜。同样,《水浒》是一部打抱不平之指导。自然科学教学做指导,能写到法布尔的几部顶好著那样好,减少一些闲话,增加一点小孩子自己做的机会也就很好了。最要紧的是著书人独出心裁，若求一律，反而呆板了。

初进学校的学生，要他自用教学做指导，当然是不可能。但是他虽然认不得字，话语听得懂，先生不能教他吗？年长的同学不能助他吗？初年级的学生，多数的生活力不能从文字上去取得，若受文字的限制，生活便枯燥无味。故初年级的教学做指导，除说话（即国语）一门外，都可编为先生用书，先生在做上教时所用的书。那末，这个困难便没有了。即就说话一门说，也不必太拘于生字之多少。只要是小孩子爱说的话，便多几个字也不要紧。若是头一课只限于四五个字，编不成好听的话，那末，比十几个字还难认。认字与写字也不必同时兼顾。若认的字一定要写，那末，又只好限于几个字，而流于枯燥了。

我想要使这个用书的计划实现，必须有下列六种条件：

（一）各门专家中须有几位去接近小孩子，或竟毅然去当几年中小学教员，一面实验，一面编辑几部教学做指导。

（二）现在接近小孩子的中小学教师，须有许多位。各人开始研究一门科学，待研究有得，可以编辑几部教学做指导。

（三）现在教科书的编辑者有志编辑生活用书，如缺少某种准备、专科学术或儿童经验，亦宜设法补足，然后动手编辑。

（四）现在商务印书馆、中华书局、世界书局每年大部分收入是从小朋友那里来的，应该多下点本钱，搜罗各国儿童、成人用书（不是教科书）和工具，聘请上列三种人才，为小朋友多编几部可用的好书。

（五）教育行政当局，从中央以下直到校长，该给教员们以试验或选择书本之自由。现在行政方面之趋势是太一律，太呆板。若不改弦更张，实无创造之可能。

（六）全民族对于中国现代的无能的教育，该有觉悟；对于教学做合一之理论，该使之普遍实现。若再因循苟且，则可以救国之教育，将变成亡国之催命符。到了那时，虽悔也来不及了。如果大家从此下一个决心，在头脑指挥之下，把双手从长袖里伸出来，左手拿着科学，右手开着机器生产、建设、创造，必定能开辟出一个新天地来。荣枯、安危、存亡之故，只在念头之一转和双手之一动，用不着到远处去求啊！

创造的教育*

诸位同学：

我今天的讲题是“创造的教育”。

什么是创造的教育？先说明创造两个字的意义。我举两个例子来说吧。鲁滨孙漂流到荒岛上去，口渴了，白天他走到海边用手去捧水喝，到黑夜里就没有办法了。他偶尔在灶的旁边，看见经火烧过的泥土，硬得如石子一样。他想到软的土经火烧了，就成坚固且硬的东西，于是他把土做成三个瓶子，放入火中去烧，烧碎了一个，其余的两个可以满满的盛着水。于是他口渴的问题完全解决了。我们把这件事分析起来，可以发现三点：他把手捧水喝，到黑夜发生了困难，是他的行动；发现泥土经过火烧变成坚固且硬的东西，也是他的行动；把泥土塑成了瓶，希望同烧过的土一样的坚固，是他的思想。结果，他瓶子盛水的计划成功了，是新价值的产生。由行动而发生思想，由思想产生新价值，这就是创造的过程。这个例子是“物质的创造”。再如《红楼梦》上刘姥姥游大观园，贾母请客，后来唤了二只船来，贾母同媳妇等人在前船先行，宝玉同姊妹们在后船后行。河内余满着破残荷叶，宝玉的船划不快，追不上前

* 本文系陶行知在上海大夏大学的演讲记录，记录者：华炜生。原载《教育建设》第5辑，1933年3月。——编者注

船。宝玉心里非常忿怒，马上要铲光破荷叶。薛宝钗说："现在仆人们很忙碌，等他们空了，再叫他们铲除吧！"林黛玉说："我平生最不喜欢李义山的诗，只有一句还可以。"宝玉问她究竟是哪一句呢？黛玉说，"留得残荷听雨声"一句。宝玉一想，觉得破荷叶很有用处，就不再要铲荷叶了。这个例子中，船行到荷叶中去，是行动；破荷叶妨碍行船，是行动；林黛玉提出李义山的诗句，是思想；宝玉心中厌恶的破荷叶，一变而为可爱的天然乐器，是产生了新的价值。这种新观念的成立是心理的创造。

我现在再讲行动，关于教育上的行动。中国现在的教育是关门来干的，只有思想，没有行动的。教员们教死书，死教书，教书死；学生们读死书，死读书，读书死。所以那种教育是死的教育，不是行动的教育。我们知道王阳明先生是提倡"知行合一"说的，他说"知是行之始，行是知之成"。他的意思是先要脑袋里装满了学问，方才可以行动，所以大家都认为学校是求知的地方，社会是行动的地方。好像学校与社会是漠不相关的，以致造成一班只知而不行的书呆子。所以阳明先生的二句话，很可以代表中国数千年的传统教育的思想。现在我要把他的话翻半个筋斗。如果翻一个筋斗，岂非仍是还原吗？所以叫他翻半个筋斗，就是说："行是知之始，知是行之成。"例如爱迪生发明电灯，不是从前的人告诉他的，是玩把戏而偶然发现的。小孩子不敢碰洋灯泡，是他弄火烫痛的经验。至于妈妈告诉他火是烫人的，不过使小孩子格外清楚一些。所以要有智识，是要从行动中去求来，不行动而求到的智识，是靠不住的。有人告诉你这是白的，那是黑的，你不行动，就不能知道哪个是真，哪个是假。有行动的勇敢，才有真智识的收获。书本子的东西，不过告诉你别人得来的智识。有许多人著书，东抄西袭，这种抄袭成章的智识，不是自己智识的贡献。你能行动，行动才生困难，想法解决了困难，才是真智识的获得。我现在介绍杜威先生思想的反省(Reflectria of Thinking)中的五个步骤：(一) 感觉困难；(二) 审查困难所在；(三) 设法去解决；(四) 择一去尝试；(五) 屡试屡验，得到结论。我的意思，要在“感觉困难”上边添一步：“行动”。因为惟其行动，到行不通的时候，方才觉得困难，困难而求解决，于是有新价值的产生。所以我说行动是老子，思想是儿子，创造是孙子。你要有孙子，非先有老子、儿子不可，这是一贯下来的。但是我们知道，单独的行动，也是不能创造的。如中国农夫耕种的方法，几千年来，间有小小的改良外，其余的都是墨守陈规，毫无创造。还有许多书呆子，书尽管读得多，也不能创造。所以要创造，非你在用脑的时候，同时用手去实验；用手的时候，同时用脑去想不可。手和脑在一块儿干，是创造教育的开始；手脑双全，是创造教育的目的。孟子说：“劳心者治人，劳力者治于人。”这是孟子当时的教育思想。时至今日，这种传统的思想已经起了一个极大的地震，渐渐的在那里崩溃了。我最近读了世界许多有名科学家的传记，觉得有发明的人，都是以头脑指挥他的行动，以行动的经验来充实他的头脑。中国的所谓学者，他们擅长的是高谈阔论，作空文章。而做劳工的人，又不读书，不肯用脑，所以一辈子在这种传统习尚下过生活，大科学家、大发明家哪里会产生？现在我们知道了，劳工教育啦，平民教育啦，都是时见时闻的。但是情势一变，“反动”、“嫌疑”等等名目都加上来，你就陷于四面碰壁的绝境。有许多教育界很有声望的、无阻无碍的人，他们又不愿去干，以致这种教育至今还尚在萌芽时代。

行动的教育，要从小的时候就干起。要解放小孩的自由，让他做有意思的活动，开展他们的天才。至于我们一辈，从小是受传统教育的熏陶，到现在觉悟起来，成为一个半路出家的和尚。和尚是半路出家，他往往会想起他的家来。例如不吃鸦片的人，一见鸦片就生厌恶，但吃过鸦片的人，虽然戒了，至少对它有相当的感情。我们小的时候，有天赋的行动本能，不过一切工作都被仆人们代做去了，被慈善的妈妈代做去了。稍长一些，我们到小学校去读书，有阎罗王般的教师坐在上面，不许我们动一动。中学和大学的课程是呆呆的订死在那里，你要动亦不得动。到现在始费尽九牛二虎之力，挣扎着改变久受束缚的人生，还不能回复自然的行动本能。但是我们不要灰心，时机也并不算晚，佛兰克林四十几岁才发明了避电针呢！不过行动的教育，应当从小就要干起，因为小孩子还没有斫丧他行动的本能，小小的孩子，就是将来小小的科学家。假使我们给小孩子自由行动，我相信千百孩子之中，一定有一个小孩是天才，是一个创造者、发明者。爱迪生小时候，是个很喜欢行动的小孩子。当时美国的教育，也同中国一样，小学教员是禁止小孩子活动的。爱迪生违反了教师的训条，就蒙到"坏蛋"的声名，不到三个月，爱迪生被"坏蛋"的空气逼走了。爱迪生的母亲不服气，她以为她的儿子并不是"坏蛋"，"蛋"并没有"坏"，她就教他先在地窖里研究化学，后来研究物理，结果成了一个闻名的科学家。所以爱迪生的成功，幸而有他的妈妈，否则老早就把他的天才牺牲了。牛顿生下来的时候，小到像小老鼠一只，体重只有三磅。看护妇去请医生的时候，很不高兴的说："这样小老鼠一般大的东西，等到医生来，早已一命归天了。"岂料小老鼠一般的东西，就是以后闻名的科学家，还活到八十多岁呢。据说牛顿小的时候，并不聪明。可见小孩子的时代，很难看得出哪一个是天才的儿童。

四月四号是世界儿童节,中华慈幼协会请我编了四支儿童歌:

(一) 小盘古

我是小盘古,
我不怕吃苦。
我要开辟新天地,
看我手中双斧。

(二) 小孙文

我是小孙文,
我有革命精神。
我要打倒帝国主义,
像个球儿打滚。

(三) 小牛顿

我是小牛顿,
让人说我笨。
我要用我的头脸,
向大自然追问。

(四) 小工人

我是小工人,
我有双手万能。
我要造"富的社会",
不造"富的个人"。

我们要打倒传统的教育,同时要提倡创造的教育。他的办法是怎样呢?我们知道,传统的教育,他们一个教室容纳四五十人。

试问教师的力量有多么大？能够完全去推动全级学生？所以就发生了教育方法上的错误。我们现在的办法是教师教大徒弟，大徒弟再去教小徒弟，先生在上了几堂课以后，鉴别了几个较有天才、聪明的大徒弟。以后教师就专门去教大徒弟，所以他的精神容易去推动他们，学问也容易灌输到他们头脑中去。大徒弟再把他所得到的，分别的去教那些小徒弟。学生们很活动的去找寻智识，解释困难，贡献他所求得的智识，先生不过站在旁边的地位略加指点而已。我们认为这种教育，是行动的教育。有行动才能得到智识，有智识才能创造，有创造才有热烈的兴趣。所以我们主张“行动”是中国教育的开始，“创造”是中国教育的完成。我曾经参观过一个学校，这个学校是小孩子办的。我问他们说：“你们是大小孩子教小小孩子吗？”有一个小孩子回答说：“是的，不过有许多时候小小孩子也教大小孩子呢。”我说：“你的话是对的，是真理，比我的意见更进一层。”现在中国传统教育下的智识阶级，根本就看不起小孩子，看不起农人、工人。但是试问他们的力量有多么大？倭奴侵占我们的东三省，你有力量赶走他吗？不可能！我们要启发小孩子，启发农人、工人，运用大多数人的力量，才能够去创造，才能救国雪耻。我来举一个例子，证明农人的力量并不弱。从前我办一个学校，在校的旁边凿了一口井，专门供给学校用水的。有一年大旱，乡村中旁的井水都汲干了，所以乡民都集中到校旁井内来汲。后来这口井也涸竭了，于是我们校里，因为水的恐慌开了一个会。当时有人主张，把井收回自用。我不以为然。我说：“我们的学校，是以社会作学校的，不应该把社会圈出于学校之外。假如这样，我们将来推广农事和民众教育就不容易办了。用水既是大众的事，还不如请大众共同来解决。”于是请各村庄每家派一个代表，男的、女的、小孩子在十三岁以上的都可以，没有多少时候，礼堂上已挤满了代表。我们教员们，自觉居于孔明的地位，三个臭皮匠合做一个诸葛亮的地位，所以黄龙宝座的主席，推了一个十三岁的小孩子。我们略略讲了几条会场规则之后，就正式开会。那一天的会，非常有精彩，有力量，当时发言最多且最好者，要推老太婆！好！我们来听听一个老太婆的宏论。她说人是要睡觉的，井也是要睡觉呢！井不让它睡觉，一辈子就没有水吃。所以当时一致议决井要睡觉。自下午七时起至翌晨五时止，不得唤醒井，违者罚大洋一元，作修井之用。当这个老太婆发言未完，另有一个老太婆，也想立起来发言，就有第三个老太婆牵牵她的衣襟，制止她的发言，说："不是方才先生说过的吗？"你想他们非但能够自治，而且还能管理他人，所以当时会场发言的人非常多，秩序还是一丝不乱的。他们讨论了好久，还制成几条议案：第二条就是汲水的程序，先到者先汲，后到者后汲，违者罚大洋五角，作修井之用；第三条就是再开凿一井，把太平天国时留下淤塞的废井加以开凿，经费富者多捐，贫者少捐，茶店、豆腐店也多捐一些；其四，推举奉天刘君世厚为监察委员，掌理罚款，调解纠纷。结果，一个大钱都没有罚到，因为这是出于农人自动的议决，所以大家能遵守。你看农人的力量是多么大，他们的话多么的公正和有效，这种问题来的时候，岂是少数人所能干得了吗？不过他们的旁边，还是需有孔明在那里指示，否则恐怕到如今，井还没有开凿成功。所以创造的教育应该启发农人、工人、学生……使他们得真的智识，才是真的创造。

其次我要讲的：现在中国的教育组织，是不能创造的。我们可以分两种来说：第一种是，学校是学校，社会是社会。他们认为学校是求知的地方，社会是行动的地方；他们说读书不忘救国，救国不忘读书。日本人的炮弹已经飞到他们面前,还是子曰子曰读他的书,这种教育是亡了中国还不够的。第二种,他们已经觉得学校是离不开社会的,所以他们主张"学校社会化",他们想把社会的一切,都请到学校里来,所以学校里什么都有:公安局啦,卫生局啦,市政厅啦,什么都有。但是他们所做的与社会依旧是隔膜的。况且学校有多么大?能够包罗万象?他们的学校好像大的鸟笼,把鸟儿捉到笼里来养;又好像一只大缸,把鱼儿捉到缸里来养。结果鸟儿过不来鸟笼的生活,死了;鱼儿过不来鱼缸的生活,死了。所以这种似是而非的教育是不自然的、虚伪的和无力量的,也不是创造的教育。创造的教育是怎样呢?就是"以社会为学校"、"学校和社会打成一片",彼此之间,很难识别的。社会含有学校的意味,学校含有社会的意味。我们要把学校的围墙拆去,那末,才可与社会沟通。这种围墙不是真的围墙,是各人心中的心墙。各人把他的感情、态度从以前传统教育那边改变过来,解放起来。实则这种教育,只要有决心去干,是很容易办到的。例如大夏大学的附近有许多村庄,庄上的人,都是散漫的,无教育的。假使我们把学校与村庄沟通,大学生都负责去创造新村,村上的人,都接受到智识,形成活泼的有力量、有生命的村庄,再把全中国所有的村庄联合起来,构成一个有大生命的中国,民众的力量可以集中,国难也可共赴。这样做去,要普及教育,一年就可以成功。我们自近而后远,先小而后大,着手办去,把小孩子,农人、工人都培养起来,这才是创造教育的目的。中国现在的教育不是平等发展的,是畸形发展的,一方面有博士、硕士,一方面有一大群无智识的民众,迟滞的表示不出多大贡献。

现在我再要讲,创造的教育是以生活为教育,就是生活中才可求到教育。教育是从生活中得来的，虽然书也是求知之一种工具，但生活中随处是工具，都是教育。况且一个人有整个的生活，才可得整个的教育。举个例来说吧，有一个儿子，他是喜欢赌博的，他的母亲训斥他。不过他的母亲却悄悄地到邻舍去赌博了，他在窗内看见他的母亲赌博，于是也到别处去赌博了。这个孩子过的是赌博生活，受的是赌博教育，不期而然而成赌博的人生。某学校反对我"生活即教育"的主张，我去参观他们的学校，适逢吃饭的时候，他们的饭菜是有等级的，厨子巴结先生，先生的菜特别好，学生的菜，简直坏之不堪。他们请我在先生一桌吃饭，我愿意同学生一块儿吃。学生的饭菜坏到怎样呢？他们名为一碗肉，肉仅在碗面上有几小块，学生在未下箸的时候，目光炯炯地早已看准那最大的一块，一下箸，一碗饭还没有吃完，而菜已吃得精光了。这种饕餮的状态，无形中在饭堂里更造成了许多小军阀。这个学校，是不把吃饭问题归入教育范围之内的。有许多学校对于男女学生的恋爱，他们是讳莫如深，但恋爱问题，往往在学校里闹遍。现在生活的教育是怎样呢？我们知道恋爱、吃饭等问题都是非常重要的，所以，恋爱先生我怕你，请你进来；吃饭先生我怕你，请你进来，我们一块儿干吧！我们的教育非但要教，并且要学要做。教而不学，学而不做，叫做"忘三"。我们要能够做，做的最高境界就是创造。我们要能够学，学从生活中去学，只知学而不知做，就不是真的学。我们要能够教，教要教得其所，要有整个的教育，平等的行动的教育，不像现在畸形的教育。有人说我的创造教育，不成其为学校，我做了一首诗："谁说非学校？就算非学校。依样画葫芦，简直太无聊。"

杀人的会考与创造的考成*

自从会考的号令下了之后，中国传统教育界是展开了许多幕的滑稽的悲剧。

学生是学会考。教员是教人会考。学校是变了会考筹备处。会考所要的必须教。会考所不要的，不必教，甚而至于必不教。于是唱歌不教了，图画不教了，体操不教了，家事不教了，农艺不教了，工艺不教了，科学的实验不教了，所谓课内课外的活动都不教了，所要教的只是书，只是考的书，只是《会考指南》！教育等于读书；读书等于赶考。好玩吧，中国之传统教育！

拼命的赶啊！熄灯是从十时延到十一时了。你要想看压台戏当然是必须等到十一时以后。那时你可以在黄金世界里看到卓别林的化身正在排演他们的拿手好戏。茅厕里开夜车是会把你的肚子笑痛。可是会考呆子会告诉你说："不闻臭中臭，难为人上人。"

赶了一考又一考。毕业考过了接着就是会考。会考过了接着就是升学考。一连三个考赶下来，是会把肉儿赶跑了，把血色赶跑了，甚至有些是把性命赶跑了。

不但如此，在学生们赶考的时候，同时是把家里的老牛赶跑了，把所要收复的东北赶跑了，把有意义的人生赶跑了，把一千万

---

* 原载《生活教育》第1卷第8期，1934年6月1日。——编者注

民众的教育赶跑了[①]。换句话说，是把中华民族的前途赶跑了。

奇怪得很！这样大规模的消灭民族生存力的教育行政不是出于信仰而是出于敷衍，不是出于理性而是出于武断。我所接谈过的主考官没有一个相信会考。他们是不信会考而举行会考。

就表面的成绩看，广东会考是几乎全体及格，广西会考是几乎全体不及格。广东对呢？广西对呢？谁知道？浙江会考，绍兴中学第一次是背榜，到了第二次竟一跳而为第一。绍兴中学第一次的整个成绩果真坏吗？第二次的整个成绩果真好吗？真成绩之好坏是这样的容易调换吗？谁敢说？

这把会考的大刀是不可以糊里糊涂的乱舞了。考官们所自毁毁人的生活力已经是太多了。我们现在的要求是：

停止那毁灭生活力之文字的会考；

发动那培养生活力之创造的考成。

创造的考成所要考成的是生活的实质，不是纸上的空谈。在下面所举的几个例子当中，我们可以知道创造的考成是一个什么东西。

（一）校内师生及周围人民的身体强健了多少？有何证据？

（二）校内师生及周围人民对于手脑并用已经达到什么程度？有多少是获得了继续不断的求知欲？有何证据？

（三）校内师生及周围人民对于改造物质及社会环境已经达到什么程度？有何证据？

甲、荒山栽了多少树？

乙、水井开了几口？

① 中学生赶考旅费，可供普及一千万民众教育之用。

丙、公路造了几丈?

丁、种植改良了多少?

戊、副业增加了多少?

己、生活符号普及了多少?文盲扫除了多少?

庚、少爷小姐书呆子有多少是成了为大众服务的人?

辛、团结抵抗强暴的力量增加了多少?

中国普及教育方案商讨*

一、原则

（一）普及教育之要义

（甲）整个民族现代化，不仅是学龄儿童及失学成人之普遍入学。

（乙）整个生活现代化，不仅是普遍识字，或文盲之普遍的消除。

（丙）整个寿命现代化，不仅是四个月、一年、二年、四年之义务教育。教育最重要的成就在使众人养成一种继续不断的共同求进的决心。我们要使众人养成的态度是：活到老；做到老；学到老。

（二）普及什么教育　普及工以养生，学以明生，团以保生之生活教育。工是做工，学是科学，团是集团，这三种生活缺少一样，便是残废的教育。

（三）认定中国是个穷国　必得用穷的方法去普及穷人所需要的粗茶淡饭的教育，不用浪费的方法去普及穷人所不需要的少

* 原载《中华教育界》第22卷第7期，1935年1月。——编者注

爷、小姐、书呆子的教育。

（四）社会即学校　社会与学校打成一片。社会教育与学校教育打成一片。

（五）即知即传人　会的教人，不会的跟人学。不愿教人的不配受教育。

（六）小孩的力量伟大　信仰小孩子能做小先生。信仰小孩子最好的先生是前进的小孩。认定中国到了生死关头，好比黄河将要决口，小孩搬一块小石头来也是欢迎的。每一个小孩的力量都要号召来救命，每一个粗识字义或有一技之长的小孩都要号召来做小先生。小先生经过十个月的试验有如下的优点：

（甲）能解决女子初步教育问题。

（乙）成人跟着小孩追求现代智识是变成老少年。

（丙）智识不再当作商品买卖，智识为公，是成了实现天下为公之坚固基础。

（丁）小先生好比是电线，将社会与学校通起电流，又好比是血管，将学校与社会通起血脉，于是社会变成学校了。

（戊）小先生普及教育运动增加了大先生事业上不少的兴趣。

（七）大众的力量伟大　大众最好的先生是前进的大众。所谓传递先生便是大众自己队伍里跑出来的老师。

（八）来者不拒；不能来者送上门去。

（九）化无用为有用。

（十）损有余以补不足。

（十一）勉求缴纳教育税与享受教育权之接近。

（十二）城乡同进。

（十三）劝导与强迫并行。

（十四）劝人抓住饭碗求进；不逼人丢掉饭碗上学。

（十五）强迫兴学，强迫教人，强迫求知，三管齐下。

（十六）不能同者不强其同。

（十七）抓住现成的集团生活，如家庭、店铺、工厂、机关、寺庙、民团、军队及现有学校做下层之教育场所。

（十八）运用最新的交通工具输送文化，使文化落后之地带一起赶上时代前线来。

二、办法

（一）全国小学生总动员做小先生

（甲）全国公私立小学校中之小学生据教育部最近统计有1100余万人。每位小学生在校外找到两位不能上学之小孩或成人做他的学生，向小学校长登记后即可称为小先生，在校外学性之所在地，负起他的"即知即传人"之使命。假使有三分之二的小学生做了小先生，我们便可增加1500万校外学生。

（乙）依据凡有私塾统计之市县推算，全国至少有1000万私塾学生。私塾改造后，假使有二分之一的私塾学生都成了小先生，每人教导两位，便可增加1000万校外的学生。

（丙）店铺里之有智识的学徒估计至少有1500万人。假使有一半做了小先生，每人在店铺中教导两个人，便可增加1500万位店铺学生。

（丁）依据"即知即传人"之原则，小先生的学生立刻又可教导至少一人。甲乙丙三项小先生的学生总数可以达到4000万。假使这四千万之一半立刻做了小先生，每人至少教导一人，又是增加了2000万。

故全国小先生普及教育总动员令一下，便有6000万人可以向着现代化开步走。

（二）全国识字成人总动员做传递先生

（甲）全国民众学校学生总数为944289人。假使民众学校学生都成了传递先生，每人再教两位不能上学之人，便可增加200万人受教育。

（乙）家庭、店铺、工厂、工会、庙宇、教堂、公馆、公所、合作社、衙门、机关、民团、军队里的识字成人约计为8000万人。假使有半数每人教导二人，便有力量再去普及8000万人之教育。

（丙）再依据“即知即传人”之原则，甲乙丙项8200万识字成人之半数每人再去教导一人，又可增加4100万人。

故全国识字成人总动员令一下，便有12300万人可以向着现代化开步走。

（三）全国智识分子总动员，辅导普及现代生活教育之推进

（甲）研究所研究员、专门大学教授、副教授七千人，每人每年必须在假期中抽出至少十日出席全省普及教育辅导会议、全省教育行政人员讲习会及农村改造会议，并各就专长依据普及现代生活教育之需要，准备最新材料向教育局长、督学及农村改造运动人员贡献。

（乙）专门大学学生及中学教师共十万人，每人每年必须在假期中抽出至少十日出席县市普及教育辅导会议及小学教

师讲习会，并各就专长，依据普及现代生活教育之需要，准备新材料，向前进大众及教师贡献。

（丙）中学学生及小学教师共一百万人，每人每年必须在假期中抽出至少十日出席乡区普及教育辅导会议、私塾改造会及小先生联合会，并各就特殊兴趣，依据普及现代生活教育之需要，准备材料向塾师及小先生贡献。

（丁）全国不在学界服务之留学生，每人每年必须抽出五日为普及现代生活教育努力。

（四）全国学校总改造

（甲）全国学校采用工学团制。工是做工；学是科学；团是集团。工以养生；学以明生；团以保生。没有工做，没有科学，没有集团的力量以制裁个人的行动，都不能算是一个现代的学校。采取工学团制便能使全国学校现代化。

（乙）依据本地生产性质，每校负有扶助生产大众普及生产工学团之责任。

（丙）小学校改造，除采取工学团制外，全国小学至少有下列之改革。

（子）每所小学将小学生教导校外学生之工作，列入正课，作为社会服务；

（丑）小学教师在各门功课中，宜随时加入小先生应用材料，并以指导考核小先生为职务之一；

（寅）写字一课改为抄课本发给校外学生读。小学教师对于大字小字之批改，多半是敷衍了事，改为抄写普及教育所用之课本，则写者与批改者，都觉得更有意义。同时解决了缺少课本一部分之困难。

（丁）私塾改造。

（子）从前改造私塾，多半是召集塾师加以短期讲习会之训练，并加以偶然之视察。因为塾师旧习太深，很难改变，故单召塾师训练，不易见效。现在主张每塾师随带能力较高之私塾学生二人共同参加私塾改造讲习会，依据最近试验结果推测，收效谅能较大。

（丑）私塾最缺少者是公用之图书教具。若想从事改造，必须在这些事上加以补助。

（寅）私塾改造讲习会或每星期一二小时，连续数年，或在假期中集中训练，或二法并用，可看各地情形决定。

（五）文化荒岛总开辟

（甲）中学校总动员下乡。中国中等学校大多数是挤在城里凑热闹，依据我们估计，全国554所中学，1320所初级中学，至少有五分之四即大约1400所是应当移下乡去。把城里的地皮房子高价卖掉，在乡下买荒地（但不许圈农民生产之地），造房子，还有余钱干一区的普及教育运动。每中学可在乡下画100方里为普及教育区。在区内每村办民众学校、小学校各一所。各村民众学校、小学校由中学生分组负责进行。每组若干人依需要而定。民众学校以每日一小时为标准。小学校或全日，或半日，或二小时，或一小时，依据各地情形而定，不拘一法。民众学校及小学校之学生仍依"即知即传人"之原则分布出去，教导不能上学的人。

（乙）全国有师范学校846所。十分之九，即750所是应该迁移下乡。每所师范学校应划1600方里为普及教育区。这块区域是东西南北各40里。师范学校在中央。离最远之工作地不过 20 余里。依照师范生人数分成几十几百队，每队二人同到一个村庄里去创办一个民众学校和一个小学校。这叫作基本培养。另外还有集中指导，巡回指导，在培养师资一段中再详细说明。

（丙）中学师范的脚迹所很少达到的地方，如西康、青海、宁夏、新疆、内蒙古、西藏以及各省内文化落后民族所在地，都应以人民和政府之力量创办中学师范，并在每 500 人聚居地创立小学、民众学校各一所，至少能容 40 人，以工学团之组织，依“即知即传人”之原则继续推进。

（六）师资培养

（甲）每一所小学都成为小先生养成所。用传统的名词来说，每一所小学便是一所小师范。全国 25 万所小学便是 25 万所小先生养成所，共可造就 1100 万小先生。

（乙）每一所私塾必须改造，使它也成为一所小先生养成所。估计全国私塾有 50 万所，平均每所培养 20 人，共可造就 1000 万小先生。

（丙）每一所民众学校都成为传递先生养成所。全国有 53873 所民众学校，共可造就 100 万传递先生。

（丁）每村或每街或每街之一段必须设一高级民众学校，招收家中铺中已有智识之成人，每天或每星期加以一小时之培养，以广播新智识于大众。

（戊）师范学校之改造。

（子）师范学校采取培养工师之办法，包括个别、巡回、集合三种指导。比方招收艺友（即通常之师范生）200 人，首先举行一个月之集合指导，大略得了几个追求智识之钥匙以后，即立刻分散，每两人组成一队，共100队放在一百个村庄里去工作。每队工作区域为16方里即4里见方。这两人既到工作区即物色当地农人及小孩至少二人为他们的艺友，共同进行工学团之创造。这100队的工作总面积是1600方里，成了一个普及教育网，里面包括着100个工学团，每个工学团500人，共计是50000人之教育一举而普及。每队学生二人对于日常工作各任半天，余半天自修必阅书籍，由指导员巡回指导。星期日不放假，举行严格之集合指导六小时。

（丑）师范学校应加小先生指导法一门功课。

（己）召集青年识字民众或农人开办短期农村改造讲习会，教以小先生指导法、工学团原理、合作社组织法、国语、应用算术、乡村卫生、农艺新法、自然、社会等等，使其学成回乡从事发动乡村改造工作，即为普及现代生活教育之工作。现在国内乡下不安，城里先生不敢下乡，倒不如多多培养本乡青年识字农人，自己负起普及教育之使命。

（庚）每市县须举行小学教师讲习会，每年至少10日，私塾改造讲习会，每年至少40小时。

（辛）每省须举行省普及教育辅导会议、教育行政人员讲习会，均每年一次。

（壬）教育部召集全国普及教育辅导会议，每年一次。

（癸）各专门大学研究所，分工培养普及现代生活教育所需之高等技术人才。

（七）材料工具之供给

（甲）课本　课本用汉文和国语字母拼音文对照写。汉文和拼音文都以大众语为根据。但为适应各民族特殊需要及促进各民族普及教育起见，应编蒙、藏、苗、瑶等民族特用课本，这课本应以各该民族之大众语为根据。运用小学生写大字的纸和时间，抄写课本，以每生每年平均写 12 册计算，一共可写 3 部，连私塾学生在内，2100 万小学生便可写 6300 万部。小学生的学生也可以写，传递先生的学生也可以写，这样普遍的干起来，每年可得免费教科书一万万套，也不为奇。

（乙）报纸　报纸一律用大众语写，并且必须标点，违者邮局不许代寄。

（丙）电影　设立中央科学电影制造局，以巨资研究制造科学影片、发电机、放映机，免费分送全国各县乡村市镇放映。

（丁）无线电收音机　设立中央无线电收音机制造局，以巨资研究制造无线电收音机，免费分送全国各县乡村市镇教育场所使用，并在适当地点，分区建立大播音台，从事广播现代智识。

（八）现成设备之利用

（甲）祠堂、庙宇、会馆、公所、散学后之学校以及其他空闲房屋，都运用来做教育场所。

（乙）桌椅板凳亦以运用人民自己所有的为原则。

（丙）天气温和晴朗的时候，应充分施行露天指导。

（丁）充分利用日光指导，不必要时应避免运用灯光。教育普及之后，是有 8000 万家，同时追求智识。8000 万盏灯，每晚多点一小时，若用菜油，每年便要耗费 8000 万元。若用洋油每年要耗 32000 万元。可以省的时候，还是省了为是。

（九）流动式的教育

（甲）市集、茶馆、码头、车站、戏园、电影院里有流动的民众。在这些地方，每次我们都遇得着一大群的人，今天的一群不见得就是昨天的一样。也有茶迷、戏迷是天天上同一的茶馆，进同一的戏园而且还有一定的时候。我们也要抓住这些地方施以有意义的教育。车站上的展览，码头上的壁报，电影院的新智识的插片，茶馆里说书的革新，戏园里小丑说白的讽刺，市集上的公共演讲表演，都是流动教育的可以行动的例子。

（乙）流通图书馆。流通图书馆应普遍设立在学校里，供大众公用。小先生和传递先生，可以代他们的学生借书还书。这样，管理费可以减至最少，又可免除一般民众借书之害羞，而图书借还有人负责，亦不至失落。流通图书馆为大众自学之重要机关，必须努力普及。

（丙）修学旅行。旅行为增长智识，扩大眼界的教育法。但现在之团体半价票仍使有志的工人、农人、小孩子望而生畏。有意义、有组织、有计划之修学旅行，应该特别提倡，再行设法将国有车船价目减至最少，或竟酌免，以资鼓励。

（十）文化之特别快输送

（甲）输送发电机、抽水机及其他农村所需用之机器，火车章程尚有许多不必需的麻烦，应该一扫而空。

（乙）边境所需新书每每要过一年半载才能收到，要人帮忙也非数月不可。我们应该发起购制普及教育飞机数架，专为输送文化及推进普及教育运动之用。

（丙）无线电广播新智识。

（丁）邮政局对于边疆视同外国，如西藏、新疆寄费之贵，几使现代中国文化不能通过，外国反易与他们接近，是急应革除此弊，使邮费一律，以谋内地与边疆文化之沟通。

（十一）有效之补助

（甲）中央对文化落后之穷省边疆，在人才经费材料上应予以实质之补助。

（乙）各省对于文化落后之穷县，在人才经费材料上应予以实质之补助。

（丙）各县对于文化落后之穷乡穷村，在人才经费材料上应予以实质之补助。

（丁）省市县政府对于普及教育实验特别努力的机关，在人才经费材料上应予以实质之补助。

（戊）政府应拨款补助劳苦大众智力较高之子女上进。俾能学尽其才，免为贫穷所埋没。

（十二）人民自动之努力

（甲）设立中国普及教育助成会（另订简章）。

（乙）设立省市县乡边疆华侨等普及教育助成会（另订简章）。

（十三）研究实验　设立中央普及教育研究所。其宗旨在发现最经济、最迅速、最能持久、最能令人进步之方法，以谋普及大众儿童向上生活所需要之教育（另订简章）。本研究所应与卫生、农业、工业、交通、艺术、经济研究机关联合互助，探讨新知，培养最高学术人才，以统制全国智慧而为国民生计谋解决。

（十四）全国财力总动员以谋教育之普及

（甲）确定教育税务使足敷普及教育之用。在教育税未确定之前，各省财政当局不得借口取消苛捐杂税以减少教育经费而陷国民教育于停顿。否则即科以摧残教育动摇国本之罪。在教育费不敷用前，并须节省军政费以充普及教育之用。

（乙）征收遗产税以充普及教育之用。后人对于先人之遗产，除教养费外，应将遗产余利公诸社会所有。先人对于子孙也只可负担教养费，若将巨产给后人不劳而获，自必养成他吃喝嫖赌，弄得家破人亡。纵使政府不征收遗产税，有钱者为爱惜子孙起见，亦当在保留教养费条件之下，悉数捐为普及教育之用。

（丙）指拨公有荒地为普及教育之用。

（丁）指拨美、法、比、意、英各国庚款之一半为普及教育之用。其他一半为发展各研究所之用。

（戊）行政专员或县长领导教育局长或督学到各市乡劝导各公所、会馆、祠堂、寺庙，以原有财产兴学；没有公产或公产不足之处则劝导出资兴学，坐候到筹定确实办法才离开。十余年前浙江省有一县长在半年之中兴办一百余校，即是用此办法。

（已）劝导人民以婚、丧、做寿节省之款在普及教育上建立纪念。

（庚）劝导人民捐图书文具，或百份，或千份，或万份，或十万份，百万份，每份盖上捐者姓名以留纪念。

（辛）扶助各种生产工学团之普遍的设立，每个生产工学团发展到一个时期，便能以自己的力量担负一部分的普及教育费。

（壬）减少中等以上学校假期，并从分量门类上减少向上生活所不需要之功课，缩短中等以上毕业年限（医科除外），以节省之经费充普及教育及增加研究所之用。

（十五）妨害进步罪　婆婆不许媳妇读书，老板不许伙计上学，司务不许徒弟看报，工厂经理不许工人求智识，士大夫不许儿子教小孩子。这是小先生所碰到的五个大钉子，也是妨害中华民国进步的大障碍。我国必定要扫除这种障碍，才能前进。要扫除这种障碍，下列数条法律，实属必要。

（甲）凡是中华国民及其子女，每人每天至少须有一小时上，学或自修之权利。

（乙）凡以特殊地位侵犯别人上学或自修权利者，处以一年以下有期徒刑或一千元以下罚金。

（丙）凡对自愿教人的人施以阻止者，处三个月以下有期徒刑或一百元罚金。

（十六）初步文字教育之预令强迫　文字教育应预令强迫。预令强迫之作用在提醒一般不识字的民众自动的去请人教。以往的民众教育好像是求人来学。预令既下，民众对于智识的消极的拒绝，可以转变而为积极的追求。

民国二十四年一月一日下令预告全国民众限二十四年十二月三十一日前读毕教育部指定几种千字课之一种。至四月一日、七月一日、十月一日，下第二、第三、第四次预告令。第一次预告令下后，即令小学生、茶馆说书人、电影院广告与警察到处逢人宣传，劝其早些求学，不要临时抱佛脚，并说明二十五年一月一日即有识字警察，手指千字课，站在城门口、车站、码头及交通孔道，临时抽验来往行人，检查他们的头脑如同检查行李一样，不识字的要罚愚民捐铜元一枚。预令里还要说及二十五年一月一日以后，家里、店里、工场里、任何机关里，如有无故不识字的人，按人数每月每人罚银一元，由家长、店主、工厂经理、机关主持人缴纳，识字成人或学生对其负责而不识字之亲友不肯施教者，罚守知奴捐银一角并公布之。

（十七）考成

（甲）初步文字教育之考成标准为学龄以上之人民百分之九十会读千字课，百分之九十五会用汉字签自己的姓名，并会写中华民国。第二步之文字教育及普及其他教育之教成标准另订之。

（乙）每所小学私塾至少要有二分之一的小学生做小先生，超过四分之三的小学生做小先生者传令嘉奖其校长、负责之教师及最出力之小先生。不及二分之一者校长受警告，不及三分之一者校长撤职，负责之教师同。

（丙）民众学校之传递先生与学生总数比例之考成与小学同。

（丁）省教省厅长、县长、教育局长、乡长、教育委员之考成，亦以各管公私立小学校、私塾、民众学校之学生总数与小先生总数加传递先生总数之比例为根据，其算法亦与小学同。

（戊）各省、各特别市、各县、各市、各乡、各校之开始考成日期由上级主管官厅预令发布，但此项预令至迟不得延过民国二十四年六月一日。考核各省成绩之日期由教育部预令颁布，但此项预今须千民国二十四年四月一日前颁布。

（己）寻常教师所教学生，以及小先生、传递先生所教学生，均须依部颁表格登记由校长掌管，并作详明统计具报教育局，教育局转报教育厅，教育厅报告教育部，每学期一次，再由上级教育行政长官抽查以凭考核。

（十八）中央普及教育二十四年度预算

（甲）中央文化落后地带普及教育补助费　　20,000,000

（乙）中央科学电影制造局经费　　4,000,000

（丙）中央无线电收音机研究制造局经费　　10,000,000

（丁）中央普及教育研究所　　500,000

（戊）中央普及教育辅导会议　　10,000

总计　　25,510,000

民族解放大学校*

你一看见“大学校”三个字，或者要疑心我想谈一谈“中央大学”一类的学府。其实我心里所想说的并不是这样的学府，而是比这样学府要大二三十万倍的大学校。

这个大学校，自二十四年十二月九日起，已经开学，还没有取名字，我姑且送它一块校牌，叫做“民族解放大学校”。

这个大学校没有围墙，万里长城还嫌太短，勉强的说，现在中华民国的国界就算是我们这个大学校的“四至”。

它也用不着花上几百万去建造武汉大学那皇宫一般的校舍。工厂、农村、店铺、家庭、戏台、茶馆、军营、学校、庙宇、监牢，都成了这个大学校的数不清的分校，连坟墓都做了我们的课堂。谁能说庙行的无名英雄墓和古北口的“支那”勇士墓不是我们最好的课堂啊？

并且它没有校长。的确，一直到现在，我们还没有找到这样的一个校长，大概这校长怕不是一个人做得起来，照趋势看来恐怕是要由四万万人合做一个集体的校长，或是由大家的公意产生一个校长团。

它的教师多着咧！前进的大众，前进的小孩，前进的智识分

---

* 原载《生活教育》第2卷第24期，1936年2月16日。——编者注

子，都有资格做这大学校的导师。学生们学得一点真理，立刻就负了教人的义务，也立刻成了先生了。广义的说起来，是四万万人都是先生。

它的学生也是一样的多，顶少也有四万万在这所大学校里，大家共同追求真理，活到老，学到老，教到老，干到老，团到老。

我说四万万人这句话是有毛病。（一）因全中国的人是没有正确的统计。（二）因少数汉奸卖国贼必得开除出去。（三）因我们不能关起国门来办教育，这个大学校的国外学生、同学、导师，谁能数得清呢？

学校虽大，功课只有一门。这门功课叫"民族解放教学做"。简单一点，它叫做"救国教学做"。先生教什么？教救国。学生学什么？学救国。教与学都以做为中心。先生要在救国的行动上教救国，学生要在救国的行动上学救国，这样才是真正的救国教学做，这样才是真正的民族解放教学做。

这门伟大的功课当然有许多细目可以分出来。例如政治、经济、军事之演讲，作战防御技术之操练，医药救护之操练，交通工具之操练，戏剧歌唱之演习，国防科学之研究，大众教育之推进，拼音新文字之普及等等，都是这门功课里所应当包括的细目，都是以民族解放之实际行动为中心。有计划有组织的各种实际行动的过程，便是这个大学校的课程。

照上面的观点看来，救国不忘读书的口号是站不住了。救国与读书是分不开的。我们只读可以救国的书，救国的行动要求什么书我们才读什么书。最近教育部通告里说"教育之生命即民族之生命"。这句话也要颠倒过来才是真理。民族之生命即教育之生命，不救民族之生命，哪能救教育之生命。这个大学校只救民族之生命，则教育自然有生命了。

这个大学校的教育法也特别。前进的生活法便是前进之教育法。前进的生活法是什么？一是批判，二是战斗。这个大学是要根据大众的利害来批评一切歪曲的理论，要为民族解放前途向汉奸、卖国贼、封建势力、帝国主义拼命地战斗。

这个大学也要办毕业，它也有会考。等到一切失地收回，主权恢复，中华民族完全得到了自由平等，我们就算会考及格，定期举行毕业典礼。

这样的会考，当然不是写几篇文章就能及格。我们的民族解放的证书是用血写的。我们的民族解放毕业是打出来的。我们所纳的学费不是金子银子，乃是我们的生命。我们所需要得到的不是方块帽、漏斗袋，乃是万万年的整个中华民族之自由平等！

够了！你这个人是多么自私自利啊，单为你自己一个民族打算！对，你的话虽然骂得不错，但是你不要心急，民族解放大学只是一个初级大学，在它上面，还有一个更大的人类的高级大学咧！

生活教育之特质*

你如果看过狸猫换太子那出戏，一定还记得那里面有一件最有趣的事情，就是出现了两个包龙图，一个是真的，还有一个是假的。我们仔细想想，是越想越觉得有趣了。世界上无论什么事，都好像是有两个包龙图。就拿教育来说罢，你立刻可以看出两种不同的教育：一种叫做传统教育；另一种叫做生活教育。又拿生活教育来说吧，你又可以发现两种不同的说法：一种主张"教育即生活"；另一种是主张"生活即教育"。我现在想把生活教育的特质指出来，目的不但要使大家知道生活教育与传统教育之不同，并且要使大家知道把假的生活教育和真的生活教育分别出来。

（一）生活的　生活教育的第一个特点是生活的。传统的学校要收学费，要有闲工夫去学，要有名人阔佬介绍才能进去。有钱、有闲、有面子才有书念。那末无钱、无闲、无面子的人又怎么办呢？听天由命吗？等待黄金时代从天空落下吗？不！我们要从生活的斗争里钻出真理来。我们钻进去越深，越觉得生活的变化便是教育的变化。生活与生活一磨擦便立刻起教育的作用。磨擦者与被磨擦者都起了变化，便都受了教育。有人说，这是"生活"与"教育"的对立，便是"生活"与"教育"的磨擦。我以为教育只是生活

---

* 原载《生活教育》第3卷第2期，1936年3月16日。——编者注

反映出来的影子,不能有磨擦的作用。比如一块石头从山上滚下来,碰着一块石头,就立刻发出火花。倘若它只碰着一块石头的影子,那是不会发出火花的。说得正确些,是受过某种教育的生活与没有受过某种教育的生活,磨擦起来,便发出生活的火花,即教育的火花,发出生活的变化,即教育的变化。

(二)行动的　生活与生活磨擦,便包含了行动的主导地位。如果行动不在生活中取得主导的地位,那末,传统教育者就可以拿"读书的生活便是读书的教育"来做他们掩护的盾牌了。行动既是主导的生活,那末,只有"为行动而读书,在行动上读书"才可说得通。我们还得追本推源的问:书是从哪里来的?书里的真智识是从哪里来的?我们是毫不迟疑的回答说:行是知之始,即行即知,书和书中的智识都是著书人从行动中得来的。我要声明著书人和注书人、抄书人是有分别。人类和个人的智识的妈妈都是行动。行动产生理论,发展理论。行动所产生发展的理论,还是为的要指导行动引着整个生活冲入更高的境界。为了争取生活之满足与存在,这行动必须是有理论、有组织、有计划的战斗的行动。

(三)大众的　少爷小姐有的是钱,大可以为读书而读书,这叫做小众教育;大众只可以在生活里找教育,为生活而教育。当大众没有解放之前,生活斗争是大众唯一的教育。并且孤立的去干生活教育是不可能的,大众要联合起来才有生活可过,即要联合起来,才有教育可受。从真正的生活教育看来,大众都是先生,大众都是同学,大众都是学生。教学做合一,即知即传,是大众的生活法,即是大众的教育法。总说一句,生活教育是大众的教育,大众自己办的教育,大众为生活解放而办的教育。

(四)前进的　有人说,生活既是教育,那末,自古以来,便有生活即有教育,又何必要我们去办教育呢?他这句话,分析是对的,断语是错的。我们承认自古以来便有生活即有教育。但同在一个社会里,有的人是过着前进的生活,有的人是过着落后的生活。我们要用前进的生活来引导落后的生活,要大家一起来过前进的生活,受前进的教育。前进的意识要通过生活才算是教人真正的向前去。

(五)世界的　课堂里既不许生活进去,又收不下广大的大众,又不许人动一动,又只许人向后退,不许人向前进,那末,我们只好承认社会是我们唯一的学校了。马路、弄堂、乡村、工厂、店铺、监牢、战场,凡是生活的场所,都是我们教育自己的场所,那末,我们所失掉的是鸟笼,而所得的倒是伟大无比的森林了。为着要过有意义的生活,我们的生活力是必然的冲开校门,冲开村门,冲开城门,冲开国门,冲开无论什么自私自利的人所造的铁门。所以整个中华民国和整个世界,才是我们真正的学校咧。

(六)有历史联系的　这里应该从两方面来说。第一,人类从几千年生活斗争中所得到,而留下来的宝贵的历史教训,我们必须用选择的态度来接受。但是我们要留心,千万不可为读历史而读历史。我们必须把历史的教训,和个人或集团的生活联系起来。历史教训必须通过现生活,从现生活中滤下来,才有指导生活的作用。这样经生活滤过的历史教训,可以使我们的生活倍上加倍的丰富起来。倘使一个人停留在自我或少数同伴的生活上,而拒绝广大人类的历史教训,那便是懒惰不长进,跌在狭义的经验论的泥沟里,甘心情愿的做一只小泥鳅。第二,中国已经到了生死关头,争取大众解放的生活教育,自有它应负的历史的使命。为着要争取大众解放,它必须争取中华民族的解放。为着要争取中华民族的解放,它必须教育大众联合起来解决国难。因此,推进大众文化以保卫中华民国领土主权之完整,而争取中华民族之自由平等,是成了每一个生活教育同志,当前所不可推却的天职了。

评加强教育党化*

党义教育或党化教育这一名词,已经久被人们所淡忘了!最近以来,在报章杂志和一部分教育界人士的言语之间,又有人主张恢复党义教育,或在课程内加上"三民主义"一课。

这种建议,原是未可厚非的。因为三民主义是抗战建国的政治基础,要抗战必胜,建国必成,不但有需于全国人民对三民主义的深切了解,尤需于全国人士能起来实行三民主义。不过,过去十余年来,党义教育之所以失败,是很值得我们猛省的。国民党第三届中央执行委员会第一五七次常务委员会所通过的《三民主义教育实施原则》,是凡初等、中等、高等、师范、社会、蒙藏、华侨等教育如何实施三民主义教育,均详列大纲;而于课程、训育、设备等,也均有详细的厘定,不可谓不周。政府复编纂党义教科书,检定党义教师等等。可是推行十余年之结果,尽人皆知,无庸讳言,是完全失败了。其原因,不外高廷梓先生在《中央周刊》上《论过去党义教育的检讨与今后党德的实行》一文中所说:"十年来本党主义尚未能普及到全体国民的缘故,实在是党德之未充分的表现与实行。"这是很确实的,党在民众中间的行动与表现,就是一种教育,如果党员不"以身作则",不以"人民之利害为利害",不以"人民之视听

* 原载《战时教育》第4卷第2期,1939年3月10日。——编者注

为视听”，徒贪个人之私利，其所宣扬的党义教育，必适得其反。

还有一个原因，就是《中央日报》社论上所指出的“许多误解党化教育的人，以为教育权、教育机关尽握在党员的手中，就算达到党化教育的目的了！”其结果，所谓党化教育，变成争权夺利！

我们现在要将三民主义教育普及全国人民，必须痛改前非。而于实行之时，尤其注意三事：

一、推行三民主义教育，不只是设“三民主义”一课，必须也把一切教育都以促进民族独立、民权普遍、民生乐利为旨归，而把“三民主义”的革命精神，渗透到整个教育领域去。

二、三民主义教育的实施，不在死读三民主义，而在实践。是凡抗战建国的具体工作，如兵役宣传、慰劳伤兵、推行战时民教和动员民众、组织民众等工作，都是一种最好的教育。

三、推行三民主义教育，尤须努力团结全国各党各派。在国家民族危在旦夕之秋，决不能再容我们有强制式的统治与形式的统一，造成貌合神离、分崩离析的险恶现象！否则，不特在教育的意义上，其结果适得其反，而且会加深国家民族的危机。

告生活教育社同志书*

——为生活教育运动十二周年纪念而作

我所敬爱的同志们：

三月十五日是一个值得纪念的日子。每年到了这个日子，大家都有许多意见想交换。我回国以来，忙于建立新事业，只有少数同志曾经通信，而且也因为时间关系，没有畅快的写。在这半年当中也曾走过不少的地方，但是会见的同志究竟不多。现在想乘这十二周纪念的日子，把心里想说的话，尽量的说出来，希望大家指教；并希望大家也将别后的一切尽量告诉我，使我对于各人的工作有更深切的了解。让我们就在这种了解中建立我们共同的信念，以发挥我们的力量。

我们在这大时代中遇着了，而且是继续不断的共同奋斗，这是多么幸福啊！有些人却不是这样看法。去年八月中归船到印度，一位留学的女太太对我说："这次我们回到中国是和出国的时候大不同了。学校没有了，工厂没有了，家庭没有了，亲戚朋友都流离失所了，先生也不免有些伤感吧？"我说："在国内我们可能看见的也许比你所说的要惨十倍一百倍，但是我毫无伤感。它的确是一

* 原载《战时教育》第4卷第3期，1939年3月25日。——编者注

个不大同的中国了。有拳头了，站起来了。不错，它是在大量的流血，但是如同一位母亲生孩子一样，流血的结果是新生命之产生。我们在中国所看到的血，不再是自相残杀的血，而是和日本帝国主义拼命的血。在这伟大的血的洪流里将要浮出来一个伟大的自由平等的中华民国。"记得"五卅"惨案纪念日在晓庄寅会里我曾说过："晓庄所办教育如果不能帮助中国把日本帝国主义打出去，便算是失败。"我们自始就认定大时代之来到，而且这大时代是要靠中国人和一切反侵略的战友的血汗创造出来的。

从上海、江苏、浙江、安徽、湖北、湖南、广东、广西、福建、四川、陕西、山西、河南、河北、贵州、甘肃、香港、安南、新加坡及欧美同志的来信，知道大家都在自己的岗位上把各人的力量贡献给中华民族。在后方，在前方，在海外，在敌人的后方，大家都是很努力很切实的尽你们的责任。我们的人数不多，但几乎是总动员了。大家毫不吝啬的贡献各人的汗、血或脑汁。我不能否认也有很少数的同志由认识不够而徘徊、落伍。但是大多数是在大时代的创造中，百折不回的发挥各人的小小的力量。有一封信，尤其使我不能忘记。它以"迎接困难"四个字作对我回国之勉励。我以为这四个字是不应该独自欣赏而应该送给全体同志做座右铭。拿破仑说他的字典里没有"难"字，连侵略俄国也不难，所以一败涂地。汪精卫说他的字典里没有"易"字，怕抗日不易，所以动摇妥协。这都是矫枉过正之谈。其实，字典里有"难"字也有"易"字。我们对于困难，不可轻视，也不可害怕，这"迎接困难"四字恰恰把我们应该有的态度表现了出来。谁也不能否认，中国是在过难关。困难既是不断的来，那末，来一个，解决一个，来两个，解决一双。我们个个人都有了这"迎难"的精神，便更能负起我们的任务而发挥我们的贡献。

就我实地所观察，中国是走上了胜利之路。三民主义是成了全国共同信仰之主义，即成了领导中华民族解放之最高原则。抗战建国纲领也是正确的国策。衡山会议议决方针，民众重于士兵，政治重于军事，后方重于前方及游击战重于阵地战都是帮助抗战建国纲领实行之有效途径。蒋委员长对于近卫声明的驳斥一方面是指出抗战国策之坚决，一方面是粉碎敌人之阴谋。在第三届参政会闭幕词里面，蒋议长特别阐明民主政治之要义，尤足以保证抗战必胜、建国必成之信念。这是在政治方面所表现的进步。军事方面，游击战、运动战、阵地战、综合之全面抗战已经展开，最可宝贵的是我所遇见的将领士兵，人人都抱有抗战到底的决心。经济方面，各种重要工业在内地是渐渐的惨淡复兴起来。轻工业、合作社也以逐渐展开，最可喜的是有不少新工程师之出现，没有水泥钢骨也能建立起工厂。法币的基础是仍然稳定，敌人使尽千方百计还是撼不动。人民方面所表示出来的，如赵洪文国之三代打游击，曾大娘之送子从军，台儿庄儿童唱歌之化小汉奸为小战士，华侨之长期输捐，小贩发动之义卖，足见人心未死，中国必兴。这些事实与现象都证明中国是在胜利的大道上阔步迈进。

同时，日本国内反战分子渐多，政府为要镇压反战势力之兴起而益趋向法西斯化。在前线日军是士无斗志，厌战心理浓厚。所造傀儡时遭中国志士毁灭，伪军多反正。占领之据点被我游击截断，联络不易。敌国际市场受抵制日货的威胁，日渐缩小。现金为抵补军需入超，将要枯竭。我只能大略说说，证明日本帝国主义是愈战愈弱，必有支持不住之一天。国际方面亦逐渐发生于中国有利之发展。英美间本有难以调和之矛盾，但近来亦有商约之订立，俾经济矛盾得以减少，使其对远东政策可以由平行行动而渐趋于合作。美洲是门罗主义之家乡，近年来是被德意日撒下纳粹法西斯的种子造成侵略的细胞。美国感到极度不安，最近召集泛美会议目的在取得美洲各国谅解互助以共同抵御侵略。倘美国减少内顾之忧则对于远东问题，自能采取更有效之行动。苏联本其和平政策，对中国抵抗侵略，自始至终是十分同情，所以他对于国际联盟个别援助中国之决议是忠实执行。起初各国亲日派大放谣言说中国接受苏联帮助是趋向赤化。殊不知苏联与中国皆为国联会会员国，依照国联决议授受，是其本分。现在英美对于中国亦有同样的帮忙，则谣言不攻自破，苏联以后援助中国亦可以减少顾虑了。现在德意日的侵略阵线拉拢得更紧，将来的趋势，英美法苏和中国的反侵略阵线是有结成的可能。即使结不成功，他们的平行行动也是于中国有益。

我们只须看一看上面所说的便知道教育者责任之重大了。一、怎样才能使全国人民都了解三民主义，信仰三民主义，实行三民主义？二、怎样才能使全国人民知道抗战建国纲领、拥护抗战建国纲领，实行抗战建国纲领？三、怎样才能唤起全国民众使他们发出比士兵更大的力量？四、怎样才能使个个老百姓都知道蒋委员长驳斥近卫声明之要点？五、怎样才能使全国老百姓都很快的得到民主政治的训练而成为民主政治的柱石？六、怎样才能使全国的老太太都得到赵老太、曾大娘的精神？七、怎样才能使全国的小孩都有台儿庄儿童的认识？八、怎样才能使敌人占领区域之老百姓都有民族意识并使伪政权不得成立？九、怎样才能使敌人前线士兵及国内民众反战势力增高以镇压消灭其侵略之气焰？十、怎样才能使全世界反侵略运动发生效力以制裁侵略国之行动而粉碎他们扰乱和平的阴谋？这些可以说都是教育问题。由此可见教育者责任之重大。我们在这重重叠叠的重大责任逼迫而来的时候,举行我们的十二周纪念,是非常有意义,不容我们有丝毫的懈怠。

在这个值得纪念的日子,我的脑袋里浮出来一个最鲜明的印象是:一群青年丢掉了文凭的眷恋,从学府里跑到乡下去,和农人共生活。光阴过得很快。这已经是十二年前的"罗曼斯"了。这一群青年所带去的不是文化的赈济品,而是一颗虚心要探寻真正适合中国向前进取的教育。

当这些青年和农人接触之后,双方都有了惊奇的发现。青年们在学府里受教已久,手无缚鸡之力,只拿得动一支笔儿写几行字。他们下乡不多时,便发现自己也有手,可以做工,可以种田,可以实验,可以使枪杆。农人呢,在"民可使由之,不可使知之"的空气中生活了几千百年,久已被裹头布裹得不能思想。他们和青年智识分子接触之下,禁不住要喊出来:"我们也有头脑啊!"青年发现了自己有双手,才是能坐而言也能起而行。农人发现自己有头脑,才能由了解革命信仰革命并发挥出力量以争取中国之自由平等。这种双手与头脑的重新发现是极重要的收获,应当在纪念的时候特别指出。

我们在这十二年当中干了些什么事?三件事,还没有做完。

一是反洋化教育,二是反传统教育,三是在半殖民地半封建的国家建立争取自由平等之教育理论与方法。

(一)反洋化教育的用意并不是反对外来的智识　我们对于外洋输入的真智识是竭诚的欢迎。但是办学校一定要盖洋楼、说洋话、用洋书才算是真正的学校,那可不敢赞同。有些洋化教育家没有抽水的洋马桶是几乎拉不出屎。尤其是没有工业的生产而他们要工业的享受和花费。中国是个穷国,哪能禁得起这样的浪费。

在这一方面浪费，在另一方面的教育便没有钱办了，结果是成了少数人的教育。

（二）反传统教育也不是反对固有的优点　我们对于中国固有之美德是竭诚的拥护。但是“满朝朱紫贵，尽是读书人”的升官教育，以及“为教书而教书，为读书而读书”的超然教育，我们都是反对的。至于一般老百姓“出钱给人读死书，自己一个大字也不识”的现象尤其不能缄默。

（三）建立争取自由平等的教育原理方法　我们之所以反对洋化教育和传统教育，是要开辟出一条大路，让这半殖民地争取自由平等的教育可以出来。三民主义是我们的工作的最高指导。从一个半殖民地半封建的国家变成一个自由、平等的民有、民治、民享的国家，是要军事、政治、经济、教育几方面配合得好才能达到目的。教育方面必定要具备几种条件才能负起这样伟大的使命。(1)教育必须是战斗的。教育不是玩具，不是装饰品，不是升官发财的媒介。教育是一种武器，是民族、人类解放的武器。(2)教育必须是生活的。一切教育必须通过生活才有效。抗战建国的生活才算是抗战建国的教育。(3)教育必须是科学的。这种教育是没有地方能抄袭得来的。我们必须运用科学的方法，根据客观情形继续不断的把它研究出来，而且，这种教育的内容也必须包含并着重自然科学与社会科学，否则不能前进。(4)教育必须是大众的。把一个半殖民地半封建的国家变成一个独立国，绝不是少数人所能办得成功。我们必须教育大众一同起来负担这个伟大的使命。但是希望老百姓都得到这教育必须有三个条件：一要省钱，使无钱的老百姓可以受到教育；二要省时间，使没有空闲的老百姓也能求学；三要通俗，使没有受过教育的老百姓也能了解而感到兴趣。这样一来,若不运用“即知即传”的原则,便不能达到老百姓都受教育的目的。而且老百姓所受的教育是要集体的施行,集体才是力量;个别的教,还是一盘散沙,不能发挥出充分的力量。(5)教育必须是计划的。我们要有一个动的计划,使人力、财力都有一个缓急轻重的总分配。从半殖民地半封建到自由平等之境要有一个继续展开的教育计划,逐步的引导我们前进。

在这十二年当中,应客观环境的需要,我们是发动了四个教育运动:即乡村教育、普及教育、国难教育、战时教育。这四个运动只是一个运动的四个阶段,这一个运动便是生活教育运动,也可以说是从半殖民地半封建渡到自由平等的国家的教育运动。

现在要问:我们今后应该做什么?怎样做?

(一)继续已往的工作　伟大的抗日战争已经把洋化教育、传统教育弄得站不住脚。新的教师在茅草棚和山洞里没有黑板粉笔也能办教育。这是多么可喜的现象啊?但是教死书、死教书、教书死的教书匠,和读死书、死读书、读书死的蛀书虫还是很多;守知奴也没有完全变化过来;文化买办还在恋栈;学校内外的洋八股、老八股、文八股、武八股、宣传八股必还没有肃清;文化病块是长在都市;乡下是害了文化贫血症;缺课的要拼命的补,补课之后就得吃补药;穷苦的天才是被埋没;到现在还有人反对战时需要的战时教育,他们是藏在百年大计、基本学术的盾牌之下。时常发出违背民族生存之歪曲言论。我们要争取抗战的胜利,建国的成功,是必须把这些毛病改正过来。我们对于这些病症是不应该消极的批评,而是要积极的帮助改正。

(二)负起当前的任务　我们当前的任务是展开全面教育以配合全面抗战而争取全面的最后胜利。我们要把教育展开到前方，展开到边疆，展开到敌后方，展开到华侨的所在地，展开到全世界凡是有敌人斗争的地方去。别人不愿意去而应该去的地方，我们都得分道扬镳的去。我们要把三民主义送去，把抗战建国纲领送去，把蒋委员长告全国国民书及驳斥近卫声明的训词送去，把蒋委员长对全国教育会议的训词送去，送到每一个人的心里，还要在每一个人的生活里行动上表现出来，去粉碎敌人挑拨离间的阴谋，破坏敌人所造的伪政权，揭开敌人灭亡我们民族的野心，消灭敌人可能得到的一切外援。增高敌人压迫下的民众反战的情绪，化除集团间因夙怨政见误会所引起之磨擦，启发整个民族对于抗战建国之了解，加强整个民族对于抗战建国之团结，坚定整个民族对于抗战必胜、建国必成的信念。我们不应该把别人的力量小看了，连老太太、孩子们都是同阵的战士。我们也不应该把自己的力量小看了，当一个小学教员不仅是三四十个学生的导师，倘使培养学生即知即传，就很容易的影响三四百人。他的地位的重要是好比一个作战的连长或营长。当一个小学校长，不仅是一两百学生的导师，而是一两百户、一两千人的导师。他的地位的重要是好比一个作战的团长。当一个县教育局长，不仅是几百个学校、万把学生的导师，而是一个几十万民众的导师。他的地位是好比一个集团军总司令，甚至是一个战区的司令长官。但是倘使你小看了自己的岗位，小看了别人的力量，小看了生活教育的即知即传、工学团等等原理，你便成了一只孤鸦、一个光棍，由渺小而悲观、徘徊、妥协，敌人一来是不堪设想。有许多人是把大事小做了。最重要的是我们要认清我们任务之重大。此外随身要带的还有两样东西：一是针线，二是灯笼。一件衣服破过了，是可以越破越撕，越撕越破，到后来是可以撕成粉碎。唯一的办法是遇着破绽便立刻用针线把它缝好。当这民族的生死关头,是不容有丝毫的裂痕,一遇破裂就把我们的针线拿出来。灯笼是照着人认清路线向前走,不只是照着自己而且是照着同行的人向前走,走入自由平等之境。

（三）加强我们的力量　为着要继续已往的工作和负起当前的任务,我们必须增加自己的力最,否则是不能胜任的。第一,学术便是力量。我们要提高学术的研究。晓庄研究所之建立便是希望对于抗战建国的重要而被忽略的问题,加以研究,以求解决而帮助增加抗战建国之力量。此外,我希望我们每一个同志都要抓着一个问题,继续不断、百折不回的去研究它,不得到解决不止;同时,对于中国,对于敌国,对于世界也要努力取得正确的认识。我们所教的小孩的集团也要时时刻刻的求进。第二,组织便是力量。生活教育社已经成立,这是一个喜讯。季平同志说得好,生活教育社是一个教育界的大家庭。它是教育思想者的团体,又是教育运动者之团体,又是教育工作者之团体,又是培养教师的团体,又是一般人学习生活和知能的团体,又是一个共同生活体。他又说:它是应该大众化的,大家共同生活;它应该是工厂化的,大家分工合作;它应该是学校化的,大家互教共学。我对这些话都同意,只是培养教师的团体要改为教师进修的团体,并且互教共学之下要加即知即传。传统学校化是不够的,我们必须即知即传才能跳出自己的小篱笆。其实,整个生活教育社应该是一个大的工学团,办教育是我们的工;研究问题是我们的学;共同过有组织的生活是我们的团。我们既要根据三民主义教导民众小孩,那末,我们自己的组织就必须民主化。不但总社要民主化的组织,而且分社、共学服务团的组织都得民主化。第三,行动便是力量。我们要在抗战建国的行动上发挥我们的力量而且增加我们的力量。蒋委员长说得好:“战时生活就是现代生活。现在时代,无论个人或社会若不实行战时生活,就不能存在,就要被人淘汰灭亡。”这是多末正确的真理啊。依我们的说法:战时生活便是战时教育,我们要以行动的战时生活来增加我们的力量。

增加我们的力量是为着要在三民主义最高原则即蒋委员长领导之下帮助争取最后之胜利。让我们大家把整个生命献出来,帮助打倒日本帝国主义并创造我们的独立平等幸福的中华民国。

1939 年 3 月 15 日写

宪政运动与国民教育*

国民参政会第四届会议把七个关于制宪的提案合并通过而又组织了一个宪政期成会，这是一件值得注意的大事。蒋议长在开会词中说，这个案子之通过是本届参政会最大之收获，可见得实现宪政是现在中国顶要紧的事了。闭会之后，社会上不久就组织了宪政座谈会和宪政促进会来响应这一议决案，现在是形成了一个宪政运动，它的发展的前途应该造成一套适合国情而又进步的中国宪法。

我们在表示"抗战必胜，建国必成"的信念的时候，有些人好像是把抗战和建国之间分成一条鸿沟。其实抗战和建国是一件不可分的大事。抗战便是建国的一步，而且是最基本的一步。要把它们分开来看，不但是对于抗战会发生误解，而且对于建国也要发生误解。同样我们对于制宪也不能离开抗战建国去看它。我们是要为抗战而制宪，为建国而制宪。一部有效的进步的宪法能保证抗战的胜利和建国的成功，也就把抗战和建国统一起来了。所以宪政运动——创造一部增加抗战建国的力量而担保抗战胜利建国成功的宪法是空前的一件大事。

大事要大做，不可小做。如果小做了就会变成一件小事。宪

---

* 本文原载《战时教育》第5卷第3期，1939年12月10日。——编者注

政运动怎样才算当作一件大事来做呢？我们从教育的目光看来，宪政运动是要用新大学的原理来干，才能把它干成一桩真正救国的大事。怎样叫做新大学呢？大学之道在明大德，在新大众，在止于大众之幸福。新大学是大众之学府，整个的中国是我们的学校。中国的疆界是学校的疆界，中国的领土是学校的校址。凡是中国人都是学生，都是同学，只要他对于某件事是先知先觉便是先生。校长不消说则是蒋委员长，现在的大成至圣先师便是孙中山先生。各国的华侨可算是我们的留学生。世界上一切反侵略之组织是我们的友校，反侵略之战士都是我们的学友。我们的全部课程是抗战建国。宪政运动是我们的一门重要的功课。我们要在制宪上学习制宪，制宪是国家的根本大计，不能草草了事。这门功课必得大家亲自去上。请人代替上课是一切认真的学校所不许。千万不要认为老百姓程度不够就连宪政教育也不给他们。先知先觉的同胞们要领着后知后觉的同胞们一同把这门重要功课好好的上，使老百姓都明白大众的道德，都能做新时代的大众，都能瞄准着大众的幸福来制成宪法，并且运用宪法来增进大众的幸福，而不使它被减少或受忽视。

大学里最重要的原则是学术自由。这“学术自由”四个字往往被人误解为自由主义的学术。其实，学术自由只是追求真理的自由。如果追求真理的自由都没有，根本就不能产生学术。宪政教育里所需要的是这种自由。中国的老百姓应该有充分自由去追求制宪的真理。我们要什么宪法？要什么适宜的人去制宪？怎样去制成这种宪法？我们要有自由去追求这些问题里面所包含的真理。

孔子说：“温故而知新，可以为师矣。”我想补充一句：“知新而温故,可以做学生了。”因此,无论是教导制宪或者是学习制宪的人必得温故又必得知新,然后才能把中华民国的宪法好好的立起来。怎么叫做温故?我们对于创造中华民国的中山先生的指示应该温习,我们应该把他的《北上宣言》、号召国民会议之演讲和《建国大纲》再仔仔细细的翻开来看看,看不懂的应该有人讲给他们听。其次,我们对于国民党政纲也要再看看。最后国民大会组织法、选举法和《五五宪草》也要用锐敏的眼光再来重读一遍。怎样叫做知新呢?抗战后应运而生的《中国国民党抗战建国纲领》不可不知。世界进步的宪法不可不知。抗战第二阶段以后的新需要及国际形势的新发展不可不知。宪法如何制?先知先觉者温故而知新,后知后觉者知新而温故可以制宪了。

宪政运动是训政的最重要的一课。蒋议长对于训政在参政会里曾有精辟的定义。他说训政的意义不但是官训民,民也训官。的确如果老百姓们都拿他们的美德来帮助官吏向好的路上走,那末,世界上就没有坏官了。我们在老百姓的立场上说,如果官长都拿他们的优势来找出老百姓的真正需要,而帮助他们实现这种需要,那末,世界上也就没有捣乱的老百姓了。如果我们拿官民互训的意思来上这训政的最重要的一课,那末,中国的宪政运动是可以成为一个最有精彩的国民教育运动;也唯独成为国民教育运动,那宪政运动才有充分的意义。全国国民共同认识而又共同学习,共同参加所产生的宪法是必定成为共同遵守、共同爱护的国宝而垂于久远。

每天四问*

今天是本校三周纪念，我有一些意见提出来和大家谈谈，作为先生、同学和工友们的参考。

本校从去年的二周纪念到今年的三周纪念，能在这样艰难困苦中支持了一年，几乎是一个奇迹。这一个奇迹，不是一个人的力量所能够做得出来的，而是全体先生、同学、工友共同坚持，共同进步，共同创造，以及社会关心我们的人士尽力赞助所得来的。

本校在这一年中，好像是我们先生、同学、工友二百人坐在一只船上，放在嘉陵江中漂流，大的漏洞危险虽然没有，但是小的漏洞是出了一些，这些小漏洞也可以变成大漏洞，使我们的船沉没下去的！然而我们的船没有因为这些小漏洞沉没，竟因为我们这些同船的人，一见有小漏洞，即想尽方法用力去堵塞，有时用手去堵，有时用脚去堵，甚至有时用头用全身的力量去堵，终于把这只船上这些小漏洞堵塞住，而平稳地渡过这一年，达到了目的地。这是一个奇迹，一个共同努力、共同创造的奇迹。

“一切为纪念”，刚才主席提的这一个口号，当然是有他的作用

---

* 本文系陶行知 1942 年 7 月 20 日在育才学校三周年纪念晚会上的演讲记录，记录者方与严，后收入《育才学校》教育书店 1951 年版。——编者注

的，大家用力对着这一个目的来创造，是很好的。但是，我对于这一个口号有点骇怕，骇怕费钱太多，骇怕费力太多，以致精疲力尽，恐怕得不偿失。所以我主张明年四周纪念，要改变方针。我们的成绩，要从明天起，即开始筹备，日积月累，“水到渠成”，不要再在短期内来多费钱和多费力量。到了明年七月一日，开始把平日的成绩装潢一下，便有很丰富的成绩，再不像今年和去年这样忙了。大家也可以很从容很清闲而有余裕的过着四周年纪念。

现在我提出四个问题，叫做“每天四问”：

第一问：我的身体有没有进步？

第二问：我的学问有没有进步？

第三问：我的工作有没有进步？

第四问：我的道德有没有进步？

第一问：“我的身体有没有进步？”

首先，我们每天应该要问的，是“自己的身体有没有进步？有，进步了多少？”为什么要这样问？因为“健康第一”。没有了身体，一切都完了！不禁使我想到了去年二周纪念前九日邹秉权同学之死！与今年三周纪念前九日魏国光同学之死！二人之死的日子是恰恰一周年，不过时间上相差八九个钟点罢了。因这两位同学的死，使我联想到，我们必须继续建立“健康堡垒”。要建立健康堡垒，必须注意几点：（一）“科学的观察与诊断。”科学是教我们仔细观察与分析，譬如邹秉权、魏国光两同学之死，尤其是魏国光同学这一次的死，不能不说是我们先生同学的科学观察力不够。魏国光同学患的是“蛔虫”症候，他在学校寝室内吐过蛔虫，有同房的同学见到没有报告，先生也没有仔细查看，到了医院又在痰盂中吐过蛔虫，又没有留心注意到，这就是缺少科学重证据的“敏感”，而成为一种不科学的“钝感”了！而医生又复大意，则在这种钝感之下误断为“盲肠炎”。虽然他腹痛的部位是盲肠炎的部位，但既称为“炎”，就必得发“热”，今既无热，就可以断定不是盲肠炎了，何以需要开刀割治?！其实魏国光同学的病症是蛔虫积结在肠胃内作怪，不能下达，而向上冲吐了出来！如果把这吐过蛔虫的证据提出来，医生一定不致遽断为盲肠炎，而开刀，而发炎，而致命！因为魏国光同学之死，我们必须提高“科学的警觉性”。以后遇病，必要拿出科学上铁一般的证据来，才不致有错误的诊断，而损害了身体。否则，都有追踪邹秉权、魏国光两同学之死的危险！所以提高科学的警觉性，是保卫生命的起码条件。最重要还是要用科学的卫生方法，好好的调节自己的身体，不使生病！科学能教我们好好的生活，生存！我们今后应该多提高科学的知能，向着科学努力，努力建立科学的健康堡垒，以保证我们大家的健康和生命。

（二）“饮食的调节与改进”。我这次去重庆，因事到南岸，会到杨耿光（杰）先生，杨先生是我们这一年来，经济助力最多最出力的一位热心赞助者。顺便谈到儿童和青年的营养问题，杨先生提到德国对于儿童和青年的营养问题，是无微不至的。德国有一位大学教授，对于自己儿子的营养，说过这样一段话：“我为什么有这样好的身体，可以担任这样繁重的事情？就是我的父母把我从小起的营养就调节配备得好，所以身体建筑得像钢骨水泥做的一样。身体建筑最好的材料是牛肉，所以我决定每天要给我的儿子吃半斤牛肉，一直到25岁，就能够把他的身体建筑成为钢骨水泥做成的一样，可以和我一样担任繁重的大事了。”纳粹德国政府，对于全国儿童及青年身体健康的营养，是无微不至，我们今天关于营养的问题提到德国，并不是要像纳粹德国一样，把儿童和青年的身体培养得坚实强健，然后逼送他们到前线上去当侵略者的炮灰！但是，这种注意新生一代的儿童和青年营养问题的办法，是值得注意的。苏联是社会主义的国家，对于儿童和青年的营养问题，也是无微不至的，所以它在一切建设上，在抵抗侵略上，到处都表现着活跃的民族青春的活力。其他许多国家政令中，亦多注意到儿童和青年的营养问题。我们在今天提出营养问题来，就是为着现在和将来人人能够出任艰巨。悬此为的，以备改进我们的膳食，为国家民族而珍重着每一个人的身体的健康。

（三）“预防疲劳的休息。”“饱食终日，无所用心”，固然不对，但是过分的用功，过分的紧张劳苦工作，也于一个人身体的健康有妨害。妨害着脑力的贫弱，妨害着体力的匮乏，甚至于大病，不但耽误了学习和工作，而且减损及于全生命的期限！所以我在去年早已提出“预防疲劳的休息”问题，今天重新提出，希望大家时时提示警觉，预防疲劳，不致使身体过分疲劳。天天能在兴致勃勃中工作学习，健康必然在愉快中进步了。至于已经有人过分疲劳了，要快快作“恢复疲劳的休息”。适当的休息，是健身的主要秘诀之一，万不可忽略。忽略健康的人，就是等于在与自己的生命开玩笑。

（四）“用卫生教育代替医生。”卫生的首要任务在预防疾病。卫生教育就在于教人预防疾病，减少疾病。卫生教育做得好，虽不能说可以做到百分之百不生病的效果，但至少是可以减少百分之九十的病痛。其余在预防意料之外而发生的只有百分之十的病痛，可是已经是占着很少成分，足以见出卫生教育效力之大了。以现在学校的经济状况说来，是难以支出两三千块钱来请一个医生。我们的学校是穷学校，中国的村庄是穷村庄。我们学校是二百人，若以五口之家计算，是等于一个四十户人家的村庄。若以这个比例来计算，全中国约有一百万个村庄，每村需要请一个医生，便需要有一百万个医生。现在中国的人力和经济力都不允许这样做，不能够这样做，所以我们学校也就决定不这样做，决定不请医生。我们要以决心推进卫生教育的效力来代替医生，以保证健康的胜利。以卫生教育代替医生，在两月前，我已有信来学校，提出十几条具体事实来，希望照行。现在想来，还是不够，需要补充。待补充之后，提交校务会议商定进行。但是今天在此提出来告诉大家，希望大家多多准备意见，贡献意见。在建立"科学的健康堡垒"上多尽一份力量，便是在卫生教育施行上多一份力量，卫生教育胜利上多一份保证。大家都成为建立"科学的健康堡垒"的主要成员的之一，健将之一，共同来保证"健康第一"的胜利。

第二问："我的学问有没有进步？"

其次，我们每天应该问的，是"自己的学问有没有进步？有，进步了多少？"为什么要这样问？因为"学问是一切前进的活力的源泉"。学问怎样能够进步？重要在有方法研究。现在我想到有五个字，可以帮助我们学问易于进步。哪五个字呢？

第一个，是"一"字，一是"专一"的一。荀子说："好一则博"，这句话是很有精义的。因为有了一个专一的问题做中心，从事研究，便可旁搜广引，自然而然的广博起来了。我看世界名人学者对于治学的解释，尚少如此精约的，治学必须"专一"的"一"，这是天经地义的了。"专一"在英文为 Concentration，我们对于一件事物能够专心一意的研究下去，必然能够有一旦豁然贯通之时。所以我希望有能力研究的先生和同学，必须择定一个题目从事研究，即使是一个很小的问题，也可以研究出很深刻很渊博的大道理来，于人于己都可得到切实的益处，而且可能有大的贡献。

第二个，是“集”字。集是“搜集”的集。“集”照篆字的写法，是这样“集”，好像许多钩钩一样。我们研究学问有了中心题目，便要多多搜集材料，我们便像“集”的篆写一样，用许多钩钩到处去钩，上下古今、左右中外的钩，前前后后、四面八方的钩，钩集在一起来，好细细研究。集字在英文为 Collection，我们有了丰富的材料，便可以原原本本的彻头彻尾的来研究它一个明明白白，才能够真正理解这个问题的症结所在，才能够“迎刃而解”，才能够收得“水到集成”的效力。所以我希望大家对于每一个问题，都必须多多搜集材料，以便精深的精益求精的研究。在研究上发生力量，在研究上加强创造力量，集体创造，共同创造，在创造上建立起我们的事业的新生命，树立起我们事业的新生机，稳定我们事业的新基础。

第三个，是“钻”字。钻是钻进去的钻，就是深入的意思。钻是要费很大的力量，才能够钻得进去，深入到里面去，看得清清楚楚，取得了最宝贵的宝贝。做学问虽不能像钻东西那末钻，但是能够用最好的方法，也可以很快钻进去。我在某国，参观一个金矿，他们开采的机器，是运用大气的压力来发生动力的。我见到他们开采的速度，是比现代所称的“电化”的电力，还不知要增加若干倍咧。我们做学问也是一样，如果我们能够在学术气氛中的大气压力下，发生动力去钻，一定能够深入到里面去，探获学问的根源奥妙与诀窍，而必有很好的收获。“钻”字在英文为 Penetration，所以我希望大家对于一个问题拿定了，便要尽力向里面钻，钻出一大套道理来，使我们学术气氛有着飞跃的进步。

第四个，是“剖”字。剖是“解剖”的剖。就是“分析”的意思。有些材料钻进去还不够，必须解剖出来看它的真伪，是有用的还是有毒素的？以便取舍，清化运用。“剖”字在英文为 Analyzation，所以我希望大家对于每一个问题搜集得来的材料。除了钻进深入之外，必须更加着意做一番解剖的工夫，分析入微，如同在解剖刀下，在显微镜下，看得明明白白，分析得清清楚楚，真的有用的没有毒素的就拿来运用；如果是假的有毒素的就舍去抛掉不用。如此，鉴别材料，慎选材料，自然因应适宜了。

第五个，是"韧"字。韧是坚韧，即是鲁迅先生所主张的"韧性战斗"的韧。做学问是一种长期的战斗工作，所以必须有韧性战斗的精神，才能够在长期战斗中，战胜许许多多困难，化除种种障碍，开辟出一条新的道路，走入新的境界。"韧"字在英文中尚难找得一个适当的字来翻译，勉强可以译为 Toughness，所以我希望大家在做学问上，要用韧性战斗的精神，历久不衰的，始终不懈的，坚持下去，终可达到"柳暗花明又一村"的境界。

我想我们每一个人能把"一"、"集"、"钻"、"剖"、"韧"五个字做到了，在做学问上一定有豁然贯通之日，于己于人于社会都有贡献。

第三问："我的工作有没有进步？"

再次，我们每天要问，"自己担任的工作有没有进步？有，进步了多少？"为什么要这样问？因为工作的好坏影响我们的生活学习都是很大的。我对于工作也提出几点意见，以供大家参考。

第一点最要紧的，是要"站岗位"。各人所负的责任不同，各人有各人的岗位，各人应该站在各人自己的岗位上，守牢自己的岗位，在本岗位上努力，把本岗位的职务做得好，这是尽责任的第一步。我最近在想，人人应该有"站岗位"的教育。站牢在自己的工作岗位上，教育自己知责任，明责任，负责任——教育着自己进步。

第二点最要紧的，是要"敏捷正确"。人常说，做事要"敏捷"，这是对的。但我觉得做事只是做到敏捷还不够，敏捷是敏捷了，因敏捷而做错了怎么办？所以敏捷之下必须加上“正确”二字，工作敏捷而正确才有效力。一件工作在别人做起来需要四小时，你只要二小时或三小时就做好了，而且做得很正确，这才算是工作的效力。工作怎样能够做得敏捷正确呢？这就要靠熟练与精细。粗心大意，是最易弄错弄坏事情的。做事要像做算术的演算草一样，要演得快演得正确。

第三点最要紧的，是要“做好为止”。有些人做事，有起头无煞尾，做东丢西，做西丢东，忙过不了，不是一事无成，就是半途而废。我们做事要按照计划，依限完成，就必须毅力坚持，一直到做好为止。

第四问：“我的道德有没有进步？”

最后，我们每天要问的，是“自己的道德有没有进步？有，进步了多少？”为什么要这样问？因为道德是做人的根本。根本一坏，纵然使你有一些学问和本领，也无甚用处。否则，没有道德的人，学问和本领愈大，就能为非作恶愈大，所以我在不久以前，就提出“人格防”来，要我们大家“建筑人格长城”。建筑人格长城的基础，就是道德。现在分“公德”和“私德”两方面来说。

先说“公德”。一个集体能不能稳固，是否可以兴盛起来？就要看每一个集体的组成分子，能不能顾到公德，卫护公德，来衡量它。如果一个集体的组成分子，人人以公德为前提，注意着每一个行动，则这一个集体，必然是日益稳固、日益兴盛起来。否则，多数人只顾个人私利，不顾集体利益，则这个集体的基础必然动摇，并且一定是要衰败下去！要不然，就只有把这些不顾公德的分子清除出这个集体，这个集体才有转向新生机的希望。所以我们在每一个行动上，都要问一问是否妨碍了公德？是否有助于公德？妨碍公德的，没有做的即打定决心不做，已经开始做的，立刻停止不做。若是有助于公德的，大家齐心全力来助他成功。

再说“私德”。私德不讲究的人，每每就是成为妨害公德的人，所以一个人私德更是要紧，私德更是公德的根本，私德最重要的是“廉洁”，一切坏心术坏行为，都由不廉洁而起。所以我在讲“建筑人格长城”的时候，提到了杨震的“四知”、甘地的漏夜“还金”、华盛顿的勇敢承认错误，和冯焕章先生所讲的平老静“还金镯”的故事。这些，都是我们大家私德上的好榜样。我们每一个人都可以效法这些榜样，把自己的私德建立起来，建筑起“人格长城”来。由私德的健全，而扩大公德的效用，来为集体谋利益，则我们的学校必然的到了四周年，是有一种高贵的品德成绩表现出来。

我今天所讲的“每天四问”，提供大家作为进德修业的参考。如果灵活运用的行到做到，明年今日四周纪念的时候，必然可以见出每一个人身体健康上有着大的进步，学问进修上有着大的进步，工作效能上有着大的进步，道德品格上有着大的进步，显出“水到渠成”的进步，而有着大大的进步。

创造宣言*

创造主未完成之工作，让我们接过来，继续创造。

宗教家创造出神来供自己崇拜。最高的造出上帝，其次造出英雄之神，再其次造出财神、土地公、土地婆来供自己崇拜，省事者把别人创造现成之神来崇拜。

恋爱无上主义者造出爱人来崇拜。笨人借恋爱之名把爱人造成丑恶无耻的荡妇来糟踏，糟踏爱人者不是奉行恋爱无上主义，而是奉行万恶无底主义的魔鬼，因为他把爱人造成魔鬼婆。

美术家如罗丹，是一面造石像，一面崇拜自己的创造。

教育者不是造神，不是造石像，不是造爱人。他们所要创造的是真善美的活人。真善美的活人是我们的神，是我们的石像，是我们的爱人。教师的成功是创造出值得自己崇拜的人。先生之最大的快乐，是创造出值得自己崇拜的学生。说得正确些，先生创造学生，学生也创造先生，学生先生合作而创造出值得彼此崇拜之活人。倘若创造出丑恶的活人，不但是所塑之像失败，亦是合作塑像者之失败。倘若活人之塑像是由于集体的创造，而不是个人的创造，那末，这成功失败也是属于集体而不是仅仅属于个人。在一个

---

* 原载《新华日报》1943年11月25日。——编者注

集体当中，每一个活人之塑像，是这个人来一刀，那个人来一刀，有时是万刃齐发。倘使刀法不合于交响曲之节奏，那便处处是伤痕，而难以成为真善美之活塑像。在刀法之交响中，投入一丝一毫的杂声，都是中伤整个的和谐。

教育者也要创造值得自己崇拜之创造理论和创造技术。活人的塑像和大理石的塑像有一点不同，刀法如果用得不对，可以万像同毁，刀法如果用得对，则一笔下去，画龙点睛。

有人说：环境太平凡了，不能创造。平凡无过于一张白纸，八大山人挥毫画他几笔，便成为一幅名贵的杰作。平凡也无过于一块石头，到了飞帝亚斯，米开朗基罗的手里可以成为不朽的塑像。

有人说：生活太单调了，不能创造。单调无过于坐监牢，但是就在监牢中，产生了《正气歌》，产生了苏联的国歌，产生了《尼赫鲁自传》。单调又无过于沙漠了，而雷塞布(Lesseps)竟能在沙漠中造成苏彝士运河，把地中海与红海贯通起来。单调又无过于开肉包铺子，而竟在这里面，产生了平凡而伟大的平老静。

可见平凡单调，只是懒惰者之遁辞。既已不平凡不单调了，又毋需乎创造。我们是要在平凡上造出不平凡；在单调上造出不单调。

有人说：年纪太小，不能创造，见着幼年研究生之名而哈哈大笑。但是当你把莫扎尔特、爱迪生及冲破父亲数学层层封锁之帕斯加尔(Pascal)的幼年研究生活翻给他看，他又只好哑口无言了。

有人说：我是太无能了，不能创造，但是鲁钝的曾参传了孔子的道统。不识字的慧能，传了黄梅的教义。慧能说："下下人有上上智。"我们岂可以自暴自弃呀！可见无能也是借口。蚕吃桑叶，尚能吐丝，难道我们天天吃白米饭，除造粪之外，便一无贡献吗？

有人说:山穷水尽,走投无路,陷入绝境,等死而已,不能创造。但是遭遇八十一难之玄奘,毕竟取得佛经;粮水断绝,众叛亲离之哥仑布,毕竟发现了美洲,冻饿病三重压迫下之莫扎尔特,毕竟写出了安魂曲。绝望是懦夫的幻想。歌德说:没有勇气一切都完。是的,生路是要勇气探出来,走出来,造出来的。这只是一半真理;当英雄无用武之地,他除了大无畏之斧,还得有智慧之剑,金刚之信念与意志,才能开出一条生路。古语说,穷则变,变则通,要有智慧才知道怎样变得通,要有大无畏之精神及金刚之信念与意志才变得过来。

所以:处处是创造之地,天天是创造之时,人人是创造之人,让我们至少走两步退一步,向着创造之路迈进吧。

像屋檐水一样,一点一滴,滴穿阶沿石。点滴的创造固不如整体的创造,但不要轻视点滴的创造而不为,呆望着大创造从天而降。

东山的樵夫把东山的茅草割光了,上泰山割茅草,泰山给他的第一印象是:茅草没有东山多,泰山上的“经石峪”、“无字碑”;“六贤祠”、“玉皇顶”;大自然雕刻的奇峰、怪石、瀑布,豢养的飞禽、走兽、小虫,和几千年来农人为后代种植的大树,于他无用,都等于没有看见。至于那种登泰山而小天下之境界,也因急于割茅草看不出来。他每次上山拉一堆屎,下山撒一泡尿,挑一担茅草回家。尿与屎是他对泰山的贡献,茅草是他从泰山上得到的收获。茅草是平凡之草,而泰山所可给他的又只有这平凡之草,而且没有东山多,所以他断定泰山是一座平凡之山,而且从割草的观点看,比东山还平凡,便说了一声:“泰山没有东山好。”被泰山树苗听见,想到自己老是站在寸土之中,终年被茅草包围着,徒然觉得平凡、单调、烦闷、动摇，幻想换换环境。一根树苗如此想，二根树苗如此想，三根树苗如此想，久而久之成趋向，便接二连三的，一天一天的，听到树苗对樵夫说："老人家，你愿意带我到东山去玩一玩么？"樵夫总是随手一拔，把它们一根一根的和茅草捆在一起，挑到东山给他的老太婆烧锅去了。我们只能在樵夫的茅草房的烟囱里偶尔看见冒出几缕黑烟，谁能分得出哪一缕是树苗的，哪一缕是茅草的化身？

割草的也可以一变而成为种树的老农，如果他肯迎接创造之神住在他的心里。我承认就是东山樵夫也有些微的创造作用——为泰山剃头理发，只是我们希望不要把我们的鼻子或眉毛剃掉。

创造之神！你回来呀！你所栽培的幼苗是有了幻想，樵夫拿着雪亮亮的镰刀天天来，甚至常常来到幼苗的美梦里。你不能放弃你的责任。只要你肯回来，我们愿意把一切——我们的汗，我们的血，我们的心，我们的生命——都献给你，当你看见满山的幼苗在你监护之下，得到我们的汗、血、心、生命的灌溉，一根一根的都长成参天的大树，你不高兴吗？创造之神！你回来呀！只有你回来，才能保证参天大树之长成。

罗丹说："恶是枯干。"汗干了，血干了，热情干了，僵了，死了，死人才无意于创造。只要有一滴汗，一滴血，一滴热情，便是创造之神所爱住的行宫，就能开创造之花，结创造之果，繁殖创造之森林。

1943 年 10 月 13 日写于凤凰山

创造的儿童教育*

创造的儿童教育，不是说教育可以创造儿童。儿童的创造力是千千万万祖先，至少经过五十万年与环境适应斗争所获得而传下来之才能之精华。发挥或阻碍，加强或削弱，培养或摧残这创造力的是环境。教育是要在儿童自身的基础上，过滤并运用环境的影响，以培养加强发挥这创造力，使他长得更有力量，以贡献于民族与人类。教育不能创造什么，但他能启发解放儿童创造力以从事于创造之工作。

我们晓得特别是中国小孩，是在苦海中成长。我们应该把儿童苦海创造成一个儿童乐园。这个乐园不是由成人创造出来交给小孩子，也不是要小孩子自己单身匹马去创造。我们造一个乐园交给小孩子，也许不久就会变为苦海，单由小孩子自己去创造，也许就创造出一个苦海。所以应该成人加入小孩子的队伍里去，陪着小孩子一起创造。

一、把我们摆在儿童队伍里，成为孩子当中的一员 我们加入到儿童队伍里去成为一员，不是敷衍的，不是假冒的，而是要真诚的，在情感方面和小孩子站在一条战线上。我曾经写过一首小诗，

---

* 原载重庆《大公报》1944 年 12 月 16 日。——编者注

描写过我们在小孩队中应有和不应有的态度。

儿童园内无老翁，
老翁个个变儿童，
变儿童，
莫学孙悟空！
他在狮驮洞，
也曾变过小钻风，
小钻风，
脸儿模样般般像，
拖着一条尾巴两股红。

我们要加入儿童队伍里，第一步要做到不失其赤子之心，做成小孩子队伍里的一分子。

二、认识小孩子有力量　我们加入儿童生活中，便发现小孩子有力量，不但有力量，而且有创造力。我们要钻进小孩子队伍里才能有这个新认识与新发现。

从前当晓庄学校停办的时候，晓庄的教师和师范生不能回晓庄小学任职，私塾先生又被小孩拒绝，农人不好勉强聘请，不得已，小孩自己组织起来，推举同学做校长当教员，自己教，自己学，自己办，并自称自动学校，这是中国破天荒的创造。我听见了这个消息以后，就写了一首诗去恭贺他们：

有个学校真奇怪：
大孩自动教小孩。

七十二行皆先生，
先生不在学如在。

写好之后，交给几位小学生，请他们指教，他们说尽善尽美，于是用快信寄去。

第三天，他们回一封信，向我道谢之外，说这首诗有一个字要改，大孩教小孩，难道小孩不能教大孩吗？大孩能够自动，难道小孩不能自动吗？而且大孩教小孩有什么奇怪呀？这一串炸弹把个大字炸得粉碎，我马上把他改为“小孩自动教小孩”，这样一来，是更好了。黄泥腿的农村小孩改留学生的诗，又是破天荒的证明，证明小孩有创造力。

又有一次我到南通州去推广“小先生”，写了一篇一分钟演讲词，内中有一段：“读了书，不教人。甚么人？不是人。”我讲过后有一个小孩子马上来说，陶先生，你的演讲最好把“不是人”改为“木头人”，“木头人”比“不是人”更好了。因为“不是人”三个字不具体，桌子不是人，椅子也不是人，而“木头人”是给了我们一个具体的印象。这也证明小孩子有创造力。我们要真正承认小孩子有创造力，才可以不被成见所蒙蔽。小孩子多少都有其创造的能力。

三、解放儿童的创造力　我们发现了儿童有创造力，认识了儿童有创造力，就须进一步把儿童的创造力解放出来。

（一）解放小孩子的头脑。儿童的创造力被固有的迷信、成见、曲解、幻想层层裹头布包缠了起来。我们要发展儿童的创造力，先要把儿童的头脑从迷信、成见、曲解、幻想中解放出来。迷信要不得，成见要不得，曲解要不得，幻想更要不得，幻想是反对现实的。这种种要不得的包头布，要把他一块一块撕下来，如同中国女子勇敢的撕下了裹脚布一样。

自从有了裹脚布，从前中国妇女是被人今天裹，明天裹，今年裹，明年裹，骨髓裹断，肉裹烂，裹成一双三寸金莲。

自从有了裹头布，中国的儿童，青年成人也是被人今天裹，明天裹，今年裹，明年裹，似乎非把个个人都裹成一个三寸金头不可。如果中华民族不想以三寸金头出现于国际舞台，唱三花脸，就要把裹头布一齐解开，使中华民族的创造力可以突围而出。三民主义开宗明义就说：大凡人类对于一件事，研究其中的道理，首先发生思想，思想贯通，以后才生信仰，有了信仰，才生力量。思想贯通，便等于头脑解放。唯独从头脑里解放出来的创造力，才能打退日本鬼，建立新中国。

（二）解放小孩子的双手。人类自从腰骨竖起，前脚变成一双可以自由活动的手，进步便一天千里，超越一切动物。自从这个划时代的解放以后，人类乃能创造工具武器文字，并用以从事于更高之创造。假使人类把双手束缚起来，就不能执行头脑的命令。我们要在头脑指挥之下用手使用机器制造，使用武器打仗，使用仪器从事发明。中国对于小孩子一直是不许动手，动手要打手心，往往因此摧残了儿童的创造力。一个朋友的太太，因为小孩子把她的一个新买来的金表拆坏了，在大怒之下，把小孩子结结实实打了一顿。后来她到我家里来说："今天我做了一件极痛快的事，我的小孩子把金表拆坏了，我给了他一顿打。"我对她说恐怕中国的爱迪生被你枪毙掉了。我和她仔细一谈，她方恍然大悟，她的小孩子这种行动原是有出息的可能，就向我们请教补救的办法。我说："你可以把孩子和金表一块送到钟表铺，请钟表师傅修理，他要多少钱，你就给多少钱，但附带的条件是要你的小孩子在旁边看他如何修理。这样修表铺成了课堂，修表匠成了先生，令郎成了速成学生，修理费成了学费，你的孩子好奇心就可得到满足，或者他还可以学会修理咧。”小孩子的双手是要这样解放出来。中国在这方面最为落后，直到现在才开始讨论解放双手。在爱迪生时代，美国学校的先生也是非常的顽固，因为爱迪生喜欢玩化学药品，不到三个月就把他开除！幸而他有一位贤明的母亲，了解他，把家里的地下室让给他做实验。爱迪生得到了母亲的了解，才一步步的把自己造成发明之王。那时美国小学的先生不免也阻碍学生的创造力的发展。我们希望护育员或先生跟爱迪生的母亲学，让小孩子有动手的机会。

（三）解放小孩子的嘴。小孩子有问题要准许他们问。从问题的解答里，可以增进他们的智识。孔子入太庙，每事问。我从前写过一首诗，是发挥这个道理：“发明千千万，起点是一问。禽兽不如人，过在不会问。智者问得巧，愚者问得笨。人力胜天工，只在每事问。”但中国一般是习惯不许多说话，小孩子得到言论自由，特别是问的自由，才能充分发挥他的创造力。

（四）解放小孩子的空间。从前的学校完全是一只鸟笼，改良的学校是放大的鸟笼。要把小孩子从鸟笼中解放出来，放大的鸟笼比鸟笼大些，有一棵树，有假山，有猴子陪着玩，但仍然是个放大的模范鸟笼，不是鸟的家乡，不是鸟的世界。鸟的世界是森林，是海阔天空。现在鸟笼式的学校，培养小孩用的是干腌菜的教科书。我们小孩子的精神营养非常贫乏，这还不如填鸭，填鸭用的还是滋养料让鸭儿长得肥胖的。我们要解放小孩子的空间，让他们去接触大自然中的花草、树木、青山、绿水、日月、星辰以及大社会中之士、农、工、商、三教九流；自由的对宇宙发问，与万物为友，并且向中外古今三百六十行学习。创造需要广博的基础。解放了空间，才能搜集丰富的资料，扩大认识的眼界，以发挥其内在之创造力。

（五）解放儿童的时间。现在一般学校把儿童的时间排得太紧。一个茶杯要有空位方可盛水。现在中学校有月考，学期考，毕业考，会考，升学考，一连考几个学校。有的只好在鬼门关去看榜。连小学的儿童都要受着双重夹攻。日间由先生督课，晚上由家长督课，为的都是准备赶考，拼命赶考，还有多少时间去接受大自然和大社会的宝贵智识呢？赶考和赶路一样。赶路的人把路旁风景赶掉了，把一路应该做的有意义的事赶掉了。除非请医生，救人，路是不宜赶的。考试没有这样的重要，更不宜赶。赶考首先赶走了脸上的血色，赶走了健康，赶走了对父母之关怀，赶走了对民族人类的责任，甚至于连抗战之本身责任都赶走了。最要不得的，还是赶考把时间赶跑了。我个人反对过分的考试制度的存在。一般学校把儿童全部时间占据；使儿童失去学习人生的机会，养成无意创造的倾向，到成人时，即有时间，也不知道怎样下手去发挥他的创造力了。创造的儿童教育，首先要为儿童争取时间之解放。

四、培养创造力　把小孩子的头脑、双手、嘴、空间、时间都解放出来，我们就要对小孩子的创造力予以适当之培养。

（一）需要充分的营养。小孩的体力与心理都需要适当的营养。有了适当的营养，才能发生高度的创造力，否则创造力就会被削弱，甚而至于夭折。

（二）需要建立下层的良好习惯，以解放上层的性能，俾能从事于高级的思虑追求。否则必定要困于日用破碎，而不能够向上飞跃。

（三）需要因材施教。松树和牡丹花所需要的肥料不同，你用松树的肥料培养牡丹，牡丹会瘦死，反之，你用牡丹的肥料培养松树，松树受不了，会被烧死。培养儿童的创造力要同园丁一样，首先要认识他们，发现他们的特点，而予以适宜之肥料、水分、太阳光，并须除害虫，这样，他们才能欣欣向荣，否则不能免于枯萎。

最后，我要提醒大家注意创造力最能发挥的条件是民主。当然在不民主的环境下，创造力也有表现。那仅是限于少数，而且不能充分发挥其天才。但如果要大量开发创造力，大量开发人矿中之创造力，只有民主才能办到，只有民主的目的、民主的方法才能完成这样的大事。美国杜威先生（不是候选总统之杜威，而是哲学家、教育家之杜威）最近给我信说："现在世界是联系得这样密切，如果民主的目的与方法不能在全世界每一个角落里都普遍的树立起来，我怕我们在美国也难持久繁荣。"民主应用在教育上有三个最要点：

（一）教育机会均等，即是教育为公，文化为公。我们要求贫富的机会均等，男女的机会均等，老幼的机会均等，各民族各阶层的机会均等。

（二）宽容和了解。教育者要像爱迪生母亲那样宽容爱迪生，在爱迪生被开除回家的时候，把地下室让给他去做实验。我们要像利波老板宽容法拉第，法拉第在利波的铺子里作徒弟，订书订得最慢，但是利波了解他是一面钉书一面读书，终于让法拉第在电学上造成辉煌的功绩。

（三）在民主生活中学民主。专制生活中可以培养奴才和奴隶，但不能培养人民做主人。民主生活并非乱杂得没有纪律。民主要有自觉的纪律，人民只可以在民主的自觉纪律中学习做主人翁。在民主动员号召之下，每一个人之创造力都得到机会出头，而且每一个人的创造力都能充分解放出来。只有民主才能解放最大多数人的创造力，并且使最大多数人之创造力发挥到最高峰。

创造的社会教育*

“创造”与“改造”或“翻造”不同。

大清帝国的教育与中华民国的教育的区别:大清时代,人才即奴才教育,国民教育即奴隶教育。今天,时代不同了,因此,我们办理教育——社会教育,要用新的眼光和新的精神。这就是说,今天我们的“大学之道”,不是“在明明德,在新(亲)民,在止于至善”;而是:“在明大德,在亲大众,在止于大众之幸福。”

所谓“大德”,就是“大公无私”。

所谓“亲民”者也,只是过去智识分子的优越感,好像是给老百姓洗把澡,洗后又远远地离开了他们。文化天使哪里会有工夫常常来替老百姓洗澡呢?(哄堂大笑!)因此,我们是主张“亲大众”的,要文化天使思凡,思凡后即下凡。换言之,即要“文化、精神、学术下凡”。

要亲大众,必须实行文化下凡四部曲:一、钻进老百姓的队伍中去,与老百姓站在一条战线上,同甘苦,共患难;二、熟悉老百姓,要说出老百姓心中所要说的话;三、教老百姓;四、与老百姓共同

---

* 本文系 1945 年 1 月 28 日在四川璧山县国立社会教育学院的演讲,摘自邹大彤的笔记。邹在陶行知逝世三周年之际抄送给生活教育社。文前,抄录者注云:“此系旧日记中片断,当时随听随写,事后未予整理,以致中途脱略之处,无法补正。所幸全文俱在,固无损于先生之真知灼见也。”——编者注

创造。

“大众之幸福”包括“福、禄、寿、喜”四个字。一、“福”——老百姓需要和平、安全、乐业，不让少数人专有福气。二、“禄”——吃得饱，穿得暖，不啼饥号寒。三、“寿”——卫生，健康……四、“喜”——要和科学、学术等等结婚，皆大欢喜。一切均是自愿的，不是压迫的，也不是“埋头苦干”。要是埋着头，一干就干得不高兴，而是挺着胸膛，高高兴兴，快快乐乐地做去。

要“止于大众之幸福”，就必须解放老百姓的创造力。创造力是我们千千万万的祖宗在至少五十万年以来与环境不断奋斗的结果。“北京人”在周口店的发现者是一位工人，可惜却做了“无名英雄”。因此，我们要解放老百姓的创造力。要：

一、解放老百姓的双手。所谓思想、语言、文字等等，都是由双手劳动、工作而发展起来的。

二、解放老百姓的双眼。不要戴有色眼镜，近视的可配上远视的镜子（鼓掌）。

三、解放老百姓的嘴。防民之口，甚于防川（大鼓掌）。所谓“舆论”者，就是大众的意见，抬滑竿的（舆者）意见。

四、解放老百姓的头脑。内在的要除去听天由命、迷信、成见和幻想等等；外在的要除去那些“裹脚布”，“缠头布”（鼓掌）。我自入川以来，看到裹头布甚为流行。拿布来裹头固然要不得，可是还不打紧，而非布的（非物质的）裹头布呢，大概是传自意大利或者是日耳曼的（鼓掌，哄堂大笑），却一天紧过一天，如果人人都是“三寸金头”立在国际之间，似乎是太不体面的事吧（大鼓掌）！

五、解放我们的空间。我国年来在各地设了许多民众教育舘，就“舘”字解释，将民众教育——社会教育关在一间房子里，不是

“官舍”，便是“舍”中坐了一个“官”而已。如果将“舘”字写成“馆”，那也不过成了所谓“文化食堂”、“精神食堂”而已。我们办教育，应该力争做到让所有的老百姓都能各教所知，各学所好，各尽所能，为社会服务而将教育送到大自然、大社会、大森林中去。

六、解放我们的时间。赶考和赶路是同样要不得的。我们应该慢慢地走，然后才能吸收沿途中所接触的事物，所欣赏的风景。不致像学生赶考一样，结果是面黄肌瘦、腰驼背曲，恢复了我们老祖宗五十万年前伛偻状况的老样子，四肢伏地。

真正的创造的社会教育，是要培养老百姓的创造力。由于时间关系，已无法详讲，只提四点供参考：一、在普及教育中提高老百姓的水准；二、……（笔者遗漏）；三、因材施教；四、要有深刻的讲解。

最后，还应着重指出：专制时代的创造是顺乎皇帝的意旨的，是仅限于少数人的。而今天，民主时代的创造，是给每个人以同等的创造的机会，是动员整个民族力量以创造民众的福禄寿喜的。民主的程度愈高，则创造愈开放、愈好。

实施民主教育的提纲*

今天只是提出一些问题作为日后讨论的提纲,希望大家予以修正补充和指教。

一、旧民主与新民主

旧民主,是少数资产阶级作主,为少数人服务。新民主,是人民大众作主,为人民大众服务。

二、创造的民主与庸俗的民主

庸俗的民主是形式主义、平均主义,只是在形式上做到,如投票等等。创造的民主是动员全体的创造力,使每个人的创造力得到均等的机会,充分的发挥,并且发挥到最高峰,所以创造的民主必然与我以前所讲的民主的创造有关联。民主的创造,是要使多数人的创造力能够发挥。在专制时代,少数人也能创造,但多数人

* 原载《战时教育》第9卷第2期,1945年5月。——编者注

的创造的天才被埋没，或因穷困忙碌而不能发挥，即使发挥也会受千磨万折，受到极大的阻碍。民主的创造为大多数人的创造，承认每一个人都得到创造的机会。这是与专制的创造不同的地方。

三、民主运用到教育方面来

民主运用到教育方面，有双重意义：

第一，民主的教育是民有、民治、民享的教育。“民有”的意义，是教育属于老百姓自己的。“民治”的意义，是教育由老百姓自己办的。例如从前山海工学团时代，宜兴有一个西桥工学团，是老百姓自己办的，农民自己的孩子把附近几个村子的教育办起来，校董是老百姓，校长也是老百姓。又如晓庄学校封闭后，晓庄学生不能回晓庄办教育，而老百姓又不要私塾，所以小孩子自己办了一个佘儿岗自动小学。又如陕北方面提倡的民办教育，也都是这意思。“民享”的意义，是教育为老百姓的需要而办的，并非如统治者为了使老百姓能看布告，便于管理，就使老百姓认识几个字。由此可见有了民有、民治、民享的政治，才有民有、民治、民享的教育。

第二，民主的教育必须办到各尽所能，各学所需，各教所知。各尽所能，就是使老百姓的能力都能发挥。各学所需，因为经济条件没有具备，所以办不到。但各教所知是可以做到的。在民主政治下，特别是中国有许多人民没有受教育，需要多少教员才能把各地教育办起来？如一人能教 40 人，200 万教师才能教 8000 万小孩。这些教师是师范所不能训练出来的，所以还必须每人各教所知。各尽所能，各学所需，各教所知三点都办到了，民有、民治、民享的教育也就成功了。

四、 教育的对象或教育的目的

“文化为公”，“教育为公”，是教育的目的，但又不妨因材施教。国民教育，与人才教育略有不同。国民教育，是人人应当免费受教育，但如有特殊才能的，也应加以特殊的教育，使其才能能充分发挥，这就是人才教育。但人才教育并不是教他升官发财，而是要他们将学得的东西贡献给大众，所以这也是“文化为公”。

男女也应有平等受教育的机会。目前有些地方，例如南充男女界限分得很严，男女学生不能互相说话。这种地方，女子教育一定不发达。

无论贫富，也应该有均等受教育的机会。前次社会组在草街乡调查失学儿童，占学龄儿童的74%。能来中心小学读书的儿童，大多是小地主的孩子，佃农的恐怕很少。民主教育要使穷人也有受教育的机会。

无论老少，也应该受教育。生活教育很早就提出活到老，学到老。最近听说回教也是如此。生活教育运动中最老的学生为83岁之王老太太，她说：“我也快进棺材了，还读什么书？”但经她的孙儿曾孙的鼓舞，她的热情也烧炽起来了。因为她的缘故，她的媳妇也得读书了。

还有资格的问题：现在是有资格就能上进，没有资格就该赶出大门外。但民主教育是只问能力，不问资格的。本来资格是有能力的证明，既有直接的证明，又何须资格。只要证明是有能力的就可上进。

民族教育现在也成一个问题。过去把少数民族取名为边民，不承认他们为民族。我们对于侗族、苗族等小民族的教育，强迫他们学汉文，还要用汉人教师去教他们。但民主教育是让他们学习他们自己的文字，没有文字的，就帮助他们制造文字，让他们自己办学校，训练各民族的人才来教育他们自己的人民。过去蒙古人受教育时，是雇人来上课的。这种教育又有什么用？

还有一点，无论什么阶级，都要有受教育的机会。受教育的机会被剥夺最多的是农工及其子弟。农工阶级忙碌一天，还陷入吃不饱饿不死的状态，当然再谈不到受教育。民主教育是要力求农工劳苦阶级有机会受教育。

总结起来，“教育为公”就是机会均等：入学时求学的机会均等，长进的机会均等，离校时复学的机会均等，失学时补习机会均等，而且老百姓有办学管教育的机会。

五、民主教育的方法

民主的教育方法，要使学生自动，而且要启发学生使能自觉，要客观，要科学，不限于一种，要多种多样，因材施教，要生活与教育联系起来，并且在中国要会用穷办法，没钱买教科书，用尽种种办法来找代用品，招牌可以作课本，树枝可以作笔，桌面可以当纸笔。某路军行军时，带着一套文化工具，即是一枝木笔，行军停下来时，就在地上画字认字。新民主主义既是农工领导，就必须用穷办法使老百姓受教育。单是草街子如每人买一枝铅笔，就要花去

40 万元，因此只有不用铅笔另想穷办法，想出穷办法，才能做到教育为公。

另外还有一个办法，学生不能来上课的可以去上课，“来者不拒，不能来者送上门去”，看牛的送到牛背上去，拾柴的送到柴山上去。这样“教育为公”才有办法。最后，我们必须重提要着重创造，让学生自动的时候，不是让他们乱动，而是要他们走上创造之路，手脑并用，劳力上劳心。这需要六大解放：（一）解放眼睛——不要带上封建的有色眼镜，使眼睛能看事实；（二）解放双手；（三）解放头脑——使头脑从迷信成见命定，法西斯细菌中解放出来；（四）解放嘴——儿童应当有言论自由，有话直接和先生说，并且高兴心甘情愿和先生说。首先让先生知道儿童们一切的痛苦；（五）解放空间——不要把学生关在笼中，在民主教育中的学校应当大得多，要把大自然大社会作他们的世界。空间放大了，才能各学所需。扩大了空间，才能各教所知，扩大了空间，才能各尽所能；（六）解放时间——育才是以此标榜，然而并未完全做到。师生工友都应当有一点空闲的时间，可以从容消化所学，从容思考所学，并且干较有意义的工作。

六、 民主的教师

民主的教师，必须具有：（一）虚心；（二）宽容；（三）与学生共甘苦；（四）跟民众学习；（五）跟小孩子学习——这听来是很奇怪的，其实先生必须跟小孩子学，他才能了解小孩子的需要，和小孩子共甘苦。并不是说完全跟小孩子学，而是说只有跟小孩子学，才能完成做民主教师的资格。否则即是专制教师。现在民主国家的领袖，都是跟老百姓学，否则即成专制魔王；（六）消极方面，肃清形式、教条、先生架子、师生的严格界限。

七、民主教育的教材

民主教育的教材应从丰富中求精华。教科书以外求课外的东西，并且要从学校以外到大自然、大社会中求得活的教材。

八、民主教育的课程

（一）内容。现在人民所以大部分在贫穷中过生活，因为贫富不均，所以了解社会是很重要的。另外科学不发达，不能造富，所以应该有科学的生产、科学的劳动。抗战如不能胜利，整个中国就完了！因此教育要拿出一切力量来争取胜利，要启发民众，用一切力量来为抗战为反攻而努力。

（二）组织。组织应敷成多轨，即普及与提高并重，使老百姓都能受教育，并且有特殊才干也能发挥。

（三）课程。课程要有系统，但也要有弹性，要在课程上争取时间的解放。

九、 民主教育的学制

民主教育的学制,包含三原则:单轨出发。学制在世界上各国分成几种,如德国的学制是双轨制,穷苦的人民受国民教育,再受职业教育,有钱的人则由中学而直升大学。民主教育开始是单轨,不分贫富以单轨出发,以后依才能分成多轨,各人所走路线虽不同,但都将力量贡献给抗战,贡献给国家,这叫多轨同归。并且还要换轨便利,让他们在才干改变时有调换轨道的便利。

旧时的学校,学生忙于赶考。赶考是缩小学生时间的一原因,并且使学生没有时间思考。民主教育也是要考的,但不要赶考,而是考成。也不鼓励个人的等第,只注意集团的成绩,而成绩也不以分数定高下。

民主也不是绝对的自由。民主有民主的纪律,与专制纪律不同。专制纪律是盲从。民主纪律是自觉的集体的,不但要人服从纪律,还要人懂得为什么。

此外应当广泛的设立托儿所,农村的、工厂的、公务员的,可以将妇女从家庭中解放出来。在大学,要做到下列几点:(一)入学考试不应过分着重文凭,应增加同等学力录取比例;(二)研究学术自由,读书自由,讨论自由;(三)增设补习大学及夜大学。这应该跟日本学,在日本夜大学很多。我们要帮助工厂里的技术工人,合作农场中的技术农人,得到受大学教育的机会。至于留学政策,凡是在中国可以学到的应在中国学,也可请外国教授来中国教。如设备不可能在中国设置的学科,才能派大学毕业有研究能力的研究生出外留学。

十、民主教育的行政

（一）鼓励人民办学校。当然人民自己所办的，并不能像美国私立学校那样宣传某种宗教的偏见，而是为民主服务。

（二）鼓励学生自己管自己的事。

（三）肃清官僚气的查案，以及重资格的作风。视察员及督学有三个作用：（1）鼓励老百姓办学，（2）考察学校是否合乎民主道理，（3）不是去查案，而是积极指导学校如何办得好。老百姓的学校，大概粗糙简陋，所以视察员到时，不是带来恐怖，而是带来春风。

民主的校长，也有四种任务：（1）培养在职的教师，教师是从各处来的，校长应负有责任使教师进步；（2）通过教员使学生进步并且丰富的进步；（3）在学校中提拔为老百姓服务的人，如小先生之类；（4）应当将校门打开，运用社会的力量，使学校进步，动员学校的力量，帮助社会进步。他应当有社会即学校的观点，整个社会是学校，学校不过是一课堂，这样才能尽校长的责任。并且对于大的社会，才能有民主的贡献。而学校本身就可以成为民主的温床，培养出人才的幼苗。

十一、民主的民众教育

有人民的地方，就是民主教育到的地方。家庭、店铺、茶馆、轮船码头，都是课堂。甚至防空洞中，也可以进行教育。博物馆、图书馆、电影院，都是进行有系统的教育的地方。应当请专家讲演，深入浅出。没有专家的地方，也应有好的办法，使老百姓无师自通。

十二、 民主教育的文字

要老百姓认两千个字，好比要他们画二千幅画。有人说汉字太难，应当打倒，有人主张，不用拉丁化，而用注音字母。我主张汉字、新文字、注音字母三管齐下。（一）认得汉字的人，照估计有八千万人，假使最低估计有五百万人可能教汉字，这是一股很大的力量，我们不但不用推倒他，而要运用他。（二）运用新文字教老百姓，我们在上海试过，教起来非常方便。一个月就可以使老百姓看懂信件。学过英文的人，三个钟头就可以学会。（三）醉心注音字母也好，就用注音字母来帮助老百姓。我希望文字也像政党似的来一个民主联合，汉字好比是板车木车，注音字母好比是汽车，新文字好比是飞机。各种文字的提倡人联合起来，做到多样的统一。

民主教育*

民主教育是教人做主人，做自己的主人，做国家的主人，做世界的主人。把林肯总统的话引伸到教育方面来说：民主教育是民有、民治、民享之教育。说得通俗些：民主教育是人民的教育，人民办的教育，为人民自己的幸福而办的教育。现在把这样教育的内容和方法，扼要提出几点，供给从事举办民主教育的朋友参考。

一、教育为公以达到天下为公。全民教育以实现全民政治。积极方面，我们要求教育机会均等。对人说，无论男女老少贫富阶级信仰，以地方说，无论远近城乡都应有同等机会享受教育之权利。消极方面，我们反对党化教育，反对党有党办党享的教育，因为党化教育是把国家公器变做一党一派的工具。

二、教人民肃清法西斯细菌，以实现真正的民主。

三、启发觉悟性。教人民进行自觉的学习，遵守自觉的纪律，从事自觉的工作与奋斗。

四、培养创造力，以实现创造的民主和民主的创造。解放眼睛，敲碎有色眼镜，教大家看事实。解放头脑，撕掉精神的裹头布，使大家想得通。解放双手，剪去指甲，摔掉无形的手套，使大家可以执行头脑的命令，动手向前开辟。解放嘴，使大家可以享受言论

---

* 原载1945年11月1日《民主教育》创刊号。——编者注

自由,摆龙门阵,谈天,谈心,谈出真理来。解放空间,把人民与小孩从文化鸟笼里解放出来,飞进大自然大社会去寻觅丰富的食粮。解放时间,把人民与小孩从劳碌中解放出来,使大家有点空闲,想想问题,谈谈国事,看看书,干点与老百姓有益的事,还要有空玩玩,才算是有点做人的味道。有了这六大解放,创造力才可以尽量发挥出来。

五、各尽所能,各学所需,各教所知,使大家各得其所。

六、在民主的生活中学习民主。在争取民主的生活中学习争取民主。在创造民主的新中国的生活中学习创造民主的新中国。

七、尽量采用简笔汉字拉丁字母,双管齐下,以减少识字困难,使人民特别是边民易于接受教育。

八、充分运用无线电及其他近代交通工具。以缩短距离,使边远地方之人民小孩,可以加速的享受教育。

九、民主教育应该是整个生活的教育。他应该是工以养生;学以明生;团以保生。他应该是健康、科学、艺术、劳动与民主织成之和谐的生活,即和谐的教育。

十、承认中国是从农业文明开始渡到工业文明,经济是极端贫穷。我们必须发现穷办法,看重穷办法,运用穷办法,以办成丰富的教育。开始的时候,唯独这样办才能使绝大多数之劳苦大众及其小孩得以享受教育,否则,只有少数少爷小姐享受教育,不能算是真正的民主教育。

社会大学运动*

社会大学有两种，一是有形的社会大学；二是无形的社会大学。社会大学运动是要把有形的社会大学普及出去，并且要给无形的社会大学一个正式的承认，使每一个人都承认这无形的社会大学之存在，随时随地随事进行学习。

无形的社会大学，是只有社会而没有"大学"之名。它是以青天为顶，大地为底，二十八宿为围墙，人类都是同学。依"会的教人，不会的跟人学"之原则说来，人类都是先生，而且都是学生。新世界之创造，是我们的主要的功课。无形的社会大学，虽无社会大学之名，实实在在它是一个最伟大的大学，最自由的大学，最合乎穷人需要的大学。我们穷人一无所有，有则只有这样一个社会大学。这无形的社会大学既然是我们的，我们就应该承认它，认识它，把它当作我们自己的宝贝，运用它来教育我们自己，使自己和同伴近邻养成好学的习惯，活到老，学到老，进步到老。把这个意思打进每一个人的心里，是社会大学运动的第一个任务。

当黄齐生先生参加中华职业教育社的一个会议的时候，他在名单上列为第一名。有些青年干部不服气质问主席说，黄先生是哪个大学毕业的？江问渔先生回答："黄先生是社会大学毕业生。"

---

* 原载《陶行知教育论文选辑》，上海生活书店 1947 年版。——编者注

大家才没有话说。江先生所说的社会大学,便是我所指的无形的社会大学。黄齐生先生既因这无形的社会大学而有所成就,让我们大家都紧紧的把握着这个大学来进行学问,追求真理,以为老百姓服务。

有形的社会大学是夜大学、早晨大学、函授大学、新闻大学、旅行大学、电播大学。

重庆开办的社会大学,是夜大学,纯粹由职业青年自动创办的。有些地方的职业青年,早晨要到九点钟才上工。早晨可以进行二三小时的学习,便可以开办早晨大学,以应这种青年之需要。

可能进夜大学、早晨大学的青年,依我估计中国足足有400万人。每年高中毕业生有11万人,能考取正式大学者只有1万多人,那末,每年就是9万多人不得其门而入。人生从16岁到40岁,至少应该努力学习。这样算来便有216万人,除去死亡害病16万,应有200万高中毕业生,要求社会大学予以进修的机会。

此外还有大学一年级、二年级、三年级删下来,而不得不找工作养活自己的青年。还有受过大学四年级教育的人,而觉得时代已经变动需要再学习。还有大群的自学青年,倘使得到社会大学的便利,进步可能更为迅速。只要能听讲而又能记笔记,便有入学资格。这样估计起来,至少再加200万人,因此,我估计中国全国有400万职业青年需要社会大学帮助他们进修。我们应该在全国展开社会大学运动,在各大都市建立夜大学和早晨大学,来应济这广大的需要。正统大学能附设夜大学、早晨大学固然可以,但是单独设立尤有必要,它可以由职业青年、进步学者或热心社会人士分头或合力发起组织。一切要简而易行,不要让自己的幻想野心把办法弄得太困难,而阻碍了发展与普及。普及与发展夜大学、早晨大学,是社会大学运动的第二个任务。

至于函授大学、电播大学,是要集中的办。旅行大学,包括海陆空三方面。新闻大学,是以好报为中心,辅以好杂志,并助以经常的座谈会。把这几种事业有效的办起来,是社会大学运动的第三个任务。

社会大学,无论有形的无形的,要有一个共同的大学之道。孔子的大学之道是,在明明德,在新民,在止于至善。现在时代不同了,我们提议修改几个字,成为:

"大学之道:在明民德,在亲民,在止于人民之幸福。"

社会大学之道,首先要明白人民的大德。人民的大德有四:(一)是觉悟。人民要觉悟中华民国是一个大公司,个个国民都是老板;男的是男老板,女的是女老板,大的是大老板,小孩是小老板。(二)是联合。做老板要有力量,力量从联合而来。不联合没有力量,凶恶的伙计是不会理睬我们的!所以要联合,四万万五千万人要联合起来做老板才行。(三)是解放。有了力量便需进行解放。我们要联合起来,在进行解放的斗争中增长我们的力量。我们要学习争取六大解放:(1)头脑解放,(2)双手解放,(3)眼睛解放,(4)嘴解放,(5)空间解放,(6)时间解放。(四)是创造。解放出来的力量要好好的用,用在创造上,创造新自己,创造新中国,创造新世界。

社会大学之道,要亲近老百姓。我们认为亲民的道理,比新民的道理来得切。我们要钻进老百姓的队伍里去和老百姓亲近,变成老百姓的亲人,并且要做到老百姓承认我们的确是他们的亲人。

社会大学之道,是要为人民造幸福。一切的学问,都要努力向着人民的幸福瞄准。所谓人民的幸福,用老百姓自己的话说便是福禄寿喜。照着人民所愿望的福禄寿喜四大幸福进行,我们的学习才于人民有益,才配称为社会大学。也只有社会大学与人民幸福打成一片,而后社会大学运动才为人人应该参加的富有意义的大运动。

1946 年 1 月写

领导者再教育*

平常人对于教育有一种不够正确的了解，以为只有成人教育小孩，上司教育下属，老板教育徒弟，智识分子教育文盲。其实，反过来的教育的行动影响作用不但是可能而且是普遍习见的现象，不过很少的人承认它罢了；至于承认它而又能运用它来互相教育，使学问交流起来，以丰富彼此之经验，纠正彼此之看法，推动彼此之进步，那是更少了。但是一个民主的国家实在是要看重这种互相教育之现象并扩大学问交流的效果，加速度的走向共同创造之大道。

中国人受了二千年之专制政治之压迫，几乎每个人一当了权便会仗权凌人。好像受了婆婆压迫的媳妇，一旦自己做了婆婆便会更加压迫她的媳妇。在中国几乎每一个有权的人是一个独裁。有大权的是大独裁，有小权的是小独裁。自主席以至于保甲长都免不了有独裁的作风。就是我这个区区的校长也不是例外，常常不知不觉的独断独行，违反了民主的精神。一经别人提醒，才豁然大悟。在一个民主国家里面，做一个独裁校长是千不该万不该的事情。但江山易改，本性难移，过不了多少时候，病又复发了。那只有再接再厉的多方想法以克服这与民主精神不相容的作风。

---

* 原载《民主》第 24 期，1946 年 3 月。——编者注

民主的时代已经来到。民主是一种新的生活方式。我们对于民主的生活还不习惯。但春天已来,我们必须脱去棉衣,穿上春装。我们必需在民主的新生活中学习民主。不但老百姓要学习民主,大大小小的领袖们都得学习民主。领袖们是已经毕过业了,还要学习吗?不错,还要学习,只有进了棺材才不要学习。他们虽然有些学问,但是他们从来没有学过民主,所以还要学习,还要学习民主。他们虽然受过教育,但是没有受过民主教育,所以还要再受教育,再受民主教育,把受过不合民主的教育从生活中肃清掉。

这种再教育应该怎样进行呢?

第一,自己觉得需要再教育。自己觉得既往的习惯不足以应付民主的要求。自己承认在民主的社会里做领袖和在专制的社会里做领袖是有了根本之不同,那末,在本人的生活上也必须起根本的变化才能适应客观之变化。从前白健生先生有一次和我闲谈"以不变应万变"的道理。我提议在不字下面加一横,意思是"以丕变应万变",丕变即是大变,我们要在生活上起大的变化才能应付民主政治所起的大变化。民主政治所起的变化是很大的。例如承认个人之尊严,便不能随便侵犯别人的基本自由;采用协商批评之方法便须放弃"我即是","朕即真理";要使人了解你,同时又要使你了解人,便须放弃"民可使由之,不可使知之",又必须虚心下问,集思广益;实行共同创造,便须放弃少数人包办之倾向。我们若深刻的感觉到旧习惯不足以应付这种大变化,而又不愿被淘汰,那就一定觉得有再受教育之必要了。

第二,多方学习。自己既已感觉到有再受教育之必要,那就好办了。地位无论大小,只要对于民主的生活感觉到如饥似渴之需要,那不啻是走了一半的路程了。学习方法虽多,总靠自己虚心。

随时随地愿听逆耳之言，和颜悦色地欢迎干部和别人的批评，有事先商量而后行都很重要。民主先贤的传记著作如林肯、哲斐孙、汤佩恩的都能给我们有力的指示。国外民主国之游历，国内民主政治比较进步的地方的参观都能帮助我们进步。但是最重要的是在“做”上学，在实行民主上，在发挥民主作风上，学习民主。

第三，我们最伟大的老师。我们最伟大的老师是老百姓。我们最要紧的是跟老百姓学习。我们要叫老百姓教导我们如何为他们服务。我们要钻进老百姓的队伍里去和老百姓共患难，彻底知道老百姓所要除的是什么痛苦，所要造的是什么幸福。

我前些日子写的一首小诗，可供领导人自我再教育之参考：

民之所好好之，
民之所恶恶之。
为人民领导者，
拜人民为老师。

领导者再教育之三部曲是：第一部跟老百姓学习；第二部教老百姓进步；第三部引导老百姓共同创造。也只有肯跟老百姓学习的人，才能做老百姓的真正领导者。

小学教师与民主运动*

我这次到上海，在一个小宴会上，听了几句令人深思的话。我的朋友说：抗战八年来，五位教师之中，有一位逃难去了，一位做生意去了，一位变节了，一位死了，只剩了一位仍旧还在这里做教师，我们是多么寂寞啊！我说剩下的这一位，头上是裹着裹头布，嘴上是上了封条，肚子是饿凶了，被迫得只有干腌菜喂后一代。我们接着谈论胜利后的他们：逃难的难得回乡；做生意的倒胜利霉；变节的无法戴罪立功；死者不可复生；站在岗位上的，头上的裹头布仍旧裹着，嘴上的封条仍旧封得很紧，肚子饿得更凶了，除了干腌菜还没有别的精神粮食给学生吃。这谈话指示我们，如果我们要为民主奋斗，我们得加强自己，改变自己，武装自己，而且要为教育招兵，为民主募马。

首先我们自己需要再教育，再受民主教育。中华民国虽然成立了35年，我们只上了很少的民主功课。细算起来，民国初立的几个月，推翻袁世凯的几个月，五四运动后的一两年，推翻复辟后的几个月，五卅惨案以及北伐前后的一二年，“一二·九”抗战开始后一年，算是断断续续的上了几课，但是一曝十寒，胜不过二千年传下来的专制毒，和这十余年来的有系统的、反民主的、变相的法西

* 原载《陶行知教育论文选辑》，上海生活书店1947年版。——编者注

斯蒂训政。特别是我们做教师的人，需要再教育案肃清一切不民主，甚至反民主的习惯与态度，并且积极的树立真正的民主作风。校长对于我们，我们对于学生，多少都存在着一些要不得的独裁作风。中国现在，自主席以至于校长教师，有意无意的，难免是一个独裁。因为大家都是在专制的气氛中长大，为独裁作风所熏陶，没有学习过民主作风。我们所要学习的民主作风，至少应该包含这些：

（一）民为贵。人民第一。一切为人民。

（二）天下为公。文化为公。不存心包办，或征为私有。

（三）虚心学习，集思广益，以建立自己的主张。

（四）自己要说话，也让别人说话，最好是大家商量。自己要做事，也让别人做事，最好是大家合作。自己要吃饭，也让别人吃饭，最好是大家有饭吃。自己要安全，也让别人安全，最好是大家平安。自己要长进，也让别人长进，最好是大家共同长进。

（五）民主未得到之前，联合起来以争取民主为己任；人民基本自由得到之后，依据民主原则共同创造，创造新自己，创造新家庭、新学校、新中国、新世界。

这是一种全新的生活方式，我们必须天天在实际的生活中学习，学习再学习，才能习惯成自然，造成民主的作风。

个人学习不如集体学习，偶尔学习不如经常学习。为着进行经常的集体学习，最好是联合起来组织社会大学、星期研究会以实施共同之进修。这些新的学习组织，在重庆已经施行有效，应该在各地举办起来，以应好学的教师与好学的青年的需要。孔子说："学而不厌，诲人不倦。"我看出这两句话有因果的关系。惟其学而不厌才能诲人不倦；如果天天卖旧货，索然无味，要想教师生活不感觉到疲倦是很困难了。所以我们做教师的人,必须天天学习,天天进行再教育,才能有教学之乐而无教学之苦。自己在民主作风上精进不已,才能以身作则,宏收教化流行之效。我们在民主作风之外,要学习的东西很多,应该按着自己的兴趣,才能和工作岗位的需要继续不断的学习,活到老,学到老。但是最重要的不能忘了社会科学。每一位现代的教师,必须把基本的政治问题、经济问题、世界大势、社会的历史的发展和正确思想方法弄清楚,最好是要参加教师进修的组织,如社会大学、星期研究会,凭着集体的力量督促自己长进。在没有社会大学或星期研究会的地方,小学教师们应该主动发起创办。这是如同吃饭一样的急不容缓,不可等待。

我们进行自我再教育,不能没有先生,我们要三顾茅庐请出第一流的教授来帮助我们进行各项学习。第一流的教授具有两种要素:一、有真知灼见;二、肯说真话,敢驳假话,不说谎话。我们必须拿着这两个尺度来衡量我们的先生。合于此者是吾师,立志求之,终身敬之。

在各位大师之中,我要介绍两位最伟大的老师。

一位就是老百姓。我们要跟老百姓学习,学习人民的语言、人民的情感、人民的美德。努力发现老百姓的问题、困苦和他们心中所希望达到的目的,并认识他们就是中华民国真正的主人,要他们告诉我们怎样为他们服务才算满意。我愿把我写的一首小诗献给每一位小学教师,共同勉励:

> 民之所好好之,
> 民之所恶恶之。

教人民进步者，
拜人民为老师。

还有一位最伟大的先生要介绍，那就是小孩子——我们所教的小学生。我们要跟小孩子学习，不愿向小孩学习的人，不配做小孩的先生。一个人不懂小孩的心理、小孩的问题、小孩的困难、小孩的愿望、小孩的脾气，如何能救小孩？如何能知道小孩的力量？而让他们发挥出小小的创造力？

唯独肯拜人民与小孩为老师的人，才能把自己造成民主的教师，也只有肯拜人民与小孩为老师的，那民主作风才自然而然的获得了。

其次，就是运用民主作风教学生，并与同事共同过民主生活，以造成民主的学校。教育方法要采用自动的方法、启发的方法、手脑并用的方法、教学做合一的方法，并且要使学生注重全面教育以克服片面教育，注重养成终身好学之习惯以克服短命教育。在现状下，尤须进行六大解放，把学习的基本自由还给学生：一、解放他的头脑，使他能想；二、解放他的双手，使他能干；三、解放他的眼睛，使他能看；四、解放他的嘴，使他能谈；五、解放他的空间，使他能到大自然大社会里去取得更丰富的学问；六、解放他的时间，不把他的功课表填满，不逼迫他赶考，不和家长联合起来在功课上夹攻，要给他一些空闲时间消化所学，并且学一点他自己渴望要学的学问，干一点他自己高兴干的事情，还要把工友当做平等的人和他们平等合作。只有校长、教师、学生、工友团结起来共同努力，才能造成一个民主的学校。

再其次，要教学生为民主的小先生。我们不把小孩单单当作学生教。最重要的教育是“给的教育”，教小孩拿出小小的力量来为社会服务。人生以服务为目的，不是毕业后才服务。在校时，就要在服务上学习服务。学生最好的服务是做小先生，拿学得的智识教给人。中华民国是一个公司；四万万五千万人联合起来做老板。男人是男老板；女人是女老板；大人是大老板；小孩是小老板；大家都是中华民国的老板；大家都是中华民国的主人。拿这种浅显而重要的意思由学生一面学，一面教给不能进学校的老百姓，他们变成了民主的小先生。一位先生教 40 位学生，照老法子，他只是 40 个学生的先生。如今把这 40 个学生变成小先生，每位小先生平均帮助 5 个人，便能帮助 200 人，连原来的 40 人，便是一位 240 人的先生，力量与贡献大得多了。这样，学校变成了发电机，学生变成了 40 根电线，通到每一个家庭里去，使 40 家，乃至 240 家都发出民主的光辉来，这不能算是小学教师的重要任务吗？

再其次，要教民众自己成为民主的干部。小学教师应该是民主的酵母，使凡与他接触的人都发起酵来，发起民主的酵来。农人、工人、商人、军人、官吏、学生家属，只要一接触便或多或少，起一点变化，顶少要对民主运动减少一点阻碍，顶好是一经提醒便成了民主的斗士，乃至成为民主的干部，大家起来创造一个名符其实的中华民国。去年中秋，当我亲眼在四川看见一位老农拿出插在腰背后的旱烟管来，指挥他的七位学生，一连合唱了八个歌曲，我好像是看见了新中国的前途。这样可贵的，从人民中产生出来的民主干部，将来是要几十万几百万的产生出来。发现他们，培养他们，是小学教师不可放弃的天职，

最后，争取民主以保障生存权利与教学自由。小学教师值得几文钱？是我这次到上海来看见从前乃英先生写的一首感动人的

歌曲：

> 小学教师值几钱？五元钱一天，教一天，算一天。请假一天扣工钱。不管你喊哑喉咙，不管你绞尽脑汁，不管你坐弯背腰，不管你饿凶肚皮，预支不可以。小学教师值几钱？要求提高待遇，还没有这种福气。

这首歌的末一句，我提议修改为“争民主奋斗到底”。提高待遇，只有民主才有保障。现在的尊师运动，必须包含争取民主，才能将一时救急的办法，变成经常安定的办法。如不争取民主，使真正的民主政治、民主经济、民主文化全盘兑现，我们必定是一辈子陷在“吃不饱来饿不死”的地狱里。所以为着提高生活的待遇，我们必须参加在整个国家民主斗争里面去，实现天下为公，有我们自己的一份在内。

教师的职务是“千教万教，教人求真”，学生的职务是“千学万学，学做真人”。这教人求真和学做真人的教学自由，也只有真正的民主实现了才有可能。在不民主的政治下，说真话做真事的人是会打破饭碗，关进集中营，甚至于失掉生命。因此这教学自由，也是要在整个的人民基本自由中全盘解决。让我们和人民站在一条战线上，争取真正民主的实现。共同创造一个独立、自由、平等、进步、幸福的新中国。

1946 年 4 月写

陶行知先生学术年表*

1891 年(光绪十七年)

10 月 18 日(农历九月十六日)生于安徽省歙县西乡黄潭源村。

1897 年(光绪二十三年)

旸村蒙童馆方庶咸秀才免费为之开蒙。

1898 年(光绪二十四年)

入休宁万安镇中街吴尔宽家经馆伴读。

1905 年(光绪三十一年)

入歙县基督教内地会所办的崇一学堂,开始接受西方新学。

1908 年(光绪三十四年)

崇一学堂因堂长唐进贤(Mr. Gibbs)返英而停办。赴杭州考入广济医学堂,因不满学堂对非基督教徒的歧视,三天后愤而退学。

1909 年(宣统元年)

由唐进贤介绍,考入南京美以美会所办的汇文书院博习馆(即预科),次年从汇文书院直接升入金陵大学文科。

1911 年(宣统三年)

辛亥革命爆发后,信仰孙中山三民主义,主张民主共和,中途曾返徽州任徽州府议会秘书,参与地方武装暴动,半年后又回金陵

---

* 本年表由储朝晖撰写。

大学学习。

1912 年

在金陵大学学报《金陵光》(英文版)发表作品。研究明代哲学家王阳明的“知行合一”学说,笔名署“知行”。

1913 年

倡办《金陵光》中文版(第4卷第1期起),先后任编辑和主笔。在首期以“陶知行”的名义发表《〈金陵光〉出版之宣言》,在以后各期陆续发表《因循篇》、《导引新生之倡议》、《伪君子篇》等。

夏,全校考试,总分名列第一,获江苏省教育司奖励。受詹克教授(Prof. Jenke)的《基督教的社会意义》一书的影响,信仰“爱人如己”的基督教义。

1914 年

毕业于金陵大学,毕业论文题为《共和精义》。得金大校长及亲友帮助,入美国伊利诺伊大学攻读政治学。

1915 年

夏,获伊利诺伊大学政治学硕士学位。在校后半年曾任学生俱乐部干事。秋,转入哥伦比亚大学师范学校专攻教育行政,研修领域有教育行政、比较教育、教育哲学、教育史、教育社学等。指导教授有:孟禄(Paul Monroe)、克伯屈(William H. Kilpatrick)、杜威(John Dewey)等。

1916 年

经孟禄博士推荐,获得利文斯顿奖学金(Livingston Scholarships)。在致哥伦比亚大学师范学院院长信中表达自己致力于“为我国人民组织一高效率之公众教育体系”的愿望。

1917 年

获哥伦比亚大学“都市学务总监”资格凭，通过哥伦比亚大学师范学院院博士学位考试，待回国后搜集有关资料再完成博士论文。

9 月，应聘任南京高等师范学校教育学教授，主讲教育学、教育行政、教育史、教育心理等。

1918 年

1 月，以中华职业教育社社评议员和特约撰述员身份，发表《生利主义之职业教育》。

3 月，南京高师原教务主任郭秉文代理校长后，陶行知代理教务主任。

4 月，在《金陵光》发表《试验主义之教育方法》。

5 月，南京高师成立教育专修科，被聘为该科主任。南京高师学生组织教育研究会，被聘为指导员。

1919 年

与刘伯明等组织南京学界联合会筹备会。

1 月，参加由北京大学、南京高师、暨南学校、江苏省教育会、中华职业社共组的新教育改进社，并任该机关报《新教育》月刊的南京高师编辑代表。

2 月，发表《教学合一》。

3 月，同蔡元培、胡适等商定，以江苏教育会、北京大学、南京高等师范等五个文教团体的名义联合邀请杜威来华讲学，后与胡适、凌冰等陪同杜威到南京、上海等地讲演，分担口译。

4 月，发表《第一流的教育家》，倡导创造与开辟精神，蒋梦麟称为“教育界的福音”。

5 月，把南京高等师范学校全校各学科的“教授法”改为“教学法”。参与爱国运动，当选南京学界联合会会长。

10 月，任南京高师教务主任，发表《学生自治问题之研究》。

1920 年

4 月，主持杜威在南京高师讲授“教育哲学”、“试验伦理学”、“哲学史”等讲座；在校务会上争取招收女生，促成本年南高师首次招收女生。

夏，在南高师举办第一次暑期学校，培训全国教育行政人员及中小学教师 1300 多人，为国内高等学校开办暑期学校之始。

1921 年

3 月，发表《地方教育行政为一种专门事业》。

夏，在金陵大学暑假学校讲《活的教育》，第一次确定生活教育的英文定义：Education of life, by life, for life。

7 月，欢送杜威回国；与范源濂、蔡元培、张伯苓、严修、袁希涛等在北京组织“实际教育调查社”，推范为社长、蔡为副社长，决定聘请美国教育家孟禄来华调查科学教育实际情况并讲学。

9 月，陪同孟禄在上海、南京、苏州、杭州、广州等地调查、讲演，并任口译。

11 月，被推为第七届全国教育联合会“中国新学制”起草委员会委员。

12 月，新教育共进社、《新教育》杂志社、实际教育调查社合并成立中华教育改进社，被推为社长、起草委员会委员，确定以“调查教育实况，研究教育学说，力谋教育改进”为该社宗旨。

1922 年

1 月，从《新教育》4 卷 2 期起接任该刊主编，发表《我们对于新学制草案应持之态度》、《评学制草案标准》、《中国建设新学制历史》三文。

2 月,受聘为中华教育改进社主任干事。

3 月,发表《女子教育在学制上占领地位之十五周年纪念》、《对于参与国际教育运动的意见》。

4 月,与胡适、凌冰合作编译的《孟禄的中国教育讨论》出版。

5 月,与蔡元培、王宠惠、李大钊、胡适等 16 人联名发表《我们的政治主张》。

7 月,中华教育改进社第一届年会在济南举行,作社务报告。

10 月,应邀参加南开大学主办的科学教授法讨论会,参加全国教育会联合会第八届会议,讨论修订《中国新学制草案》。

12 月,南京高等师范并入东南大学,任东南大学教授、教育科主任和教育系主任;被聘为《教育大辞书》特约编辑。

1923 年

2 月,着手准备中国参加万国教育会议的材料,后撰《中国之教育行政》列入会议分送材料。

3 月,到嘉兴观看平民学校试用幻灯片教学。

4 月,与薛鸿志合撰《中国之教育统计》(英文)。

5 月,与朱其慧、黄炎培、晏阳初等发起成立中华平民教育促进会筹备委员会。

6 月,与朱经农合编《平民千字课本》由商务印书馆出版,与王伯秋等人组织南京平民教育促进会,编辑《南京平民教育概况》、《平民教育周刊》。

7 月,致函东南大学请辞教育科主任、教育系主任之职;8 月底东南大学准其辞职,以后专任改进社总干事。

8 月,中华教育改进社第二届年会在清华学校举行,与熊希龄联名致欢迎词，并报告社务以及该届年会筹备情况，提交《地方教育行政机关应编教育概况统计案》。与朱其慧、晏阳初、朱经农、黄炎培等发起成立中华平民教育促进会，到南京、安庆、南昌、上海、杭州、武汉等地推广平民教育运动。

秋，被安徽旅宁同乡会、同学会设立的南京安徽公学校董会推任该校校长，姚文采任副校长。

12月，南高师口字房失火，所撰博士论文《中国教育哲学与新教育》被焚毁，发表《平民读书处之试验》。

1924年

到张家口、开封、上海等地推动平民教育运动，平民教育推行到20个省区，有50万人读《平民千字课》。

6月，与申报联合创办《平民周刊》。

7月，中华教育改进社第三届年会在东南大学举行，做工作报告。在年会期间举办首次全国教育展览，与东南大学教授赵叔愚参观燕子矶国民学校，称该校是花钱最少的活学校。

10月，发表《平民教育概论》。应冯玉祥之请，与许士骐编《军人千字课》，推行士兵识字教育。与程其保合编《民国十三年中国教育状况》（英文）。

1925年

5月，为陈鹤琴编《语体文应用字汇》作序。

7月，被聘为中华教育文化基金董事会干部执行秘书。

8月，中华教育改进社第四届年会在太原召开，在开幕式上发表《感言》，做社务报告，在学术会议上演讲《中国教育政策之商榷》。

9月，在长沙对学生演讲《学生的精神》。

12月，《新教育评论》创刊发行，写发刊词《本刊之使命》。参加北京师范大学教育系发起的“乡村教育研究会”成立大会，演讲主张以乡村小学为改良乡村生活之中心。发表《评陈著之〈家庭教育〉》、《时局变化中的义务教育》、《内蒙革命与教育》。

1926 年

以中华教育改进社名义发表《改进全国乡村教育宣言书》、《创设乡村幼稚园宣言书》、《我们的信条》。撰文《师范教育下乡运动》、《中国乡村教育之根本改造》。拟定推行乡村教育计划。发表《试验乡村师范学校第一院简章草案》、《国画也要提倡了》、《整个的校长》、《中国师范教育建设论》，筹设试验乡村师范学校，撰写《试验乡村师范答客问》。与姚文采拟定《安徽公学生长程序》。

1927 年

1 月，《乡教丛讯》创刊，任主编，选定南京神策门外老山脚下的小庄为试验乡村师范学校校址。

2 月，改“小庄”为“晓庄”，取日出而作之意。在上海召开试验乡村师范学校董事会，被推为董事会秘书兼学校校长，赵叔愚为第一院院长兼研究部主任。

3 月 15 日，南京试验乡村师范学校正式开学，第一期学生 13 人。

6 月，在晓庄每天的寅会上先后发表题为“生活即教育”、“社会即学校”、“教学做合一”、“平等与自由”、“中华民族的使命”、“政治家与政客”的演讲，提出“行是知之始，知是行之成”、“在劳力上劳心”、“以教人者教己”等观点。发表《“伪智识”阶级》。

1928 年

1 月，发表《艺友制师范教育答客问》。

2 月，校阅邹恩润（韬奋）所译杜威著《民本主义与教育》。

4 月,为自编的第一部教育论文集《中国教育改造》作序。

5 月,参加大学院召开的第一次全国教育会议,提出《改革乡村教育案》、《推广幼稚园案》、《订定初等教育目标公布全国案》、《设立教育研究所案》以及《划出地方数处献与人类,俾抱有改造社会之学者,得以运用科学方法,实现极乐世界案》等 12 件。

7 月,偕操震球、建筑家朱葆初到湘湖顶山勘定浙江乡村师范校址。

10 月,浙江省立乡村师范(湘湖师范)开学,先后推荐操震球、方与严为第一、二任校长,又介绍程本海、董纯才、王琳、李楚材等任指导员。

11 月,到湘湖师范指导师生讨论"教学做合一"和"生活教育"。为《破晓》作序,编《知行书信》。

1929 年

1 月,组织晓庄剧社,任社长,编写《乡姑的烦恼》、《爱的命令》、《死要赌》等独幕剧,与学生同演《苏州夜话》、《生之意志》等剧,并带领剧团赴苏、锡、杭等地演出。

2 月,发表《地方教育与乡村改造》。

3 月,发表《第二年的晓庄》、《对于乡村教育及本校赞助人之总致谢》,派晓庄学生李友娣、吴延荣、蓝九盛等到江苏淮安创办新安小学,陶兼任校长。

7 月,晓庄试行学园制。

9 月,被教育部聘为地方教育方案编制委员会委员、常委。

10 月,陪同美国哥伦比亚大学师范学院教授克伯屈参观晓庄学校,并拍了影片带回美国。

12 月,上海圣约翰大学授予陶行知科学博士荣誉学位,以表彰他对科学教育事业的贡献。被推为乡村教育先锋团出版《乡村教师》周刊编辑委员会主席。

1930 年

1 月,在晓庄主持召开全国乡村教师讨论会上演讲"生活即教育",系统阐述"生活即教育"、"社会即学校"、"教学做合一"的理论。各地乡村教师和地方教育行政人员 130 余人参加。

3 月,主持晓庄学校成立三周年纪念活动,举办专家演讲、各项成绩展览、晓庄剧社演出、联村运动会、救火演习、植纪念树等活动,发表《晓庄三年敬告同志书》。

4 月,同情和支持晓庄学生爱国行动。蒋介石密令停办晓庄学校,以"勾结叛逆,阴谋不轨"等罪名通缉陶行知。陶起草《护校宣言》散发。

5 月,隐居上海苏州河北里弄内,翻译世界名著,以所得稿费资助晓庄同志。在极端困难时汇款给新安小学,并勉励他们要"捧着一颗心来,不带半根草去。"

7 月,商务印书馆出版《教育大辞书》,内有陶撰《教育改进》、《艺友制的教育》。

10 月,被迫到日本暂避,常设法到文教机关参观,阅读大量书籍。

1931 年

春,做诗《人与煤炭》、《寂寞》、《天山虎》、《种菜者与友和唱》。约于 2 月底秘密回国返沪,为商务印书馆译书。

3 月 15 日,晓庄校庆日,卧病多日写诗《久病初愈》。

4 月,协助晓庄在沪同志创办小朋友书店,出版《儿童生活》、《师范生》两刊,用笔名"时雨"撰稿。

夏，受史量才资助，与丁柱中、高士其、戴伯韬等共创“自然学园”，提倡“科学下嫁”运动。请陈鹤琴出面主编《儿童科学丛书》、《大众科学丛书》，共出版108种（册），陶编其中《儿童科学指导》、《儿童天文》、《儿童卫生》、《儿童数学》等。

7月，以“何日平”为笔名在《中华教育界》发表《中华民族之出路与中国教育之出路》。

8月，发表《教学做合一下之教科书》。

9月，开始以“不除庭草斋夫”笔名在《申报》副刊“自由谈”上辟“不除庭草斋夫谈荟”专栏，发表时评和杂感，到1932年1月共发文104篇，分121天刊出。

10月，在《生活》发表《科学的生活》。

1932年

2月，国民政府内政部宣布取消对陶行知的通缉令。

4月，创办儿童通讯学校，任校长，《斋夫自由谈》出版。

5月，偕儿童科学通讯学校指导员到杭州等地演示科学试验，在《申报》“教育消息”上连载教育小说《古庙敲钟录》。筹备建立工学团。

8月，在沪江大学演讲《国难与教育》。

9月，决定在孟家木桥建立山海工学团，10月1日开成立大会。

11月，在国立暨南大学教育系讲“目前中国教育的两条路线”，发表《打倒留级》。

本年主编《晓庄丛书》，其中有与陈鹤琴、张宗麟合编的《幼稚教育论文集》；自编《教学做合一讨论集》，由儿童书局出版。

1933年

1月，中国教育学会在上海举行成立大会，被选为理事。

3 月，与蔡元培等学术界 100 余人发起马克思逝世 50 周年纪念会，在大厦大学演讲“创造的教育”。《古庙敲钟录》整书出版。

9 月，试验两分钟唱歌、两分钟说科学、两分钟讲时事、四分钟认两个字的“十分钟教育”。

10 月，热情关怀指导新安旅行团七个小朋友抵沪参观。

本年推动各地创办工学团，推行小先生制，主编《山海工学团丛书》。

1934 年

1 月，儿童工学团举会“一·二八”两周年纪念会，同时举行儿童自动工学团小先生普及教育队授旗及宣誓典礼。

2 月，《生活教育》半月刊创刊，任主编，发表《生活教育》、《普及什么教育》、《小先生》。

3 月，发表《从穷人教育想到穷国教育》、《从救火想到小孩的力量》、《怎样培养普及教育的人才》。支持上海女青年会夜校办女工读书班。

5 月，发表《暑期普及教育运动》。

6 月，发表《杀人的会考与创造的考成》、《文言白话又一战》。

7 月，发表《行知行》，正式改名为“陶行知”。

9 月，组织成立中国普及教育助成会。

10 月，《普及教育》出版。

11 月，申报馆总经理史量才遭暗杀后“自然学园”与“自然科学”通讯学校因此停办。演讲“传统教育与生活教育的区别”。

本年，主编《小先生丛书》，“小先生制”迅速推广到全国 19 个省市。

1935 年

1 月，将自著的童话寓言《乌鸦》赠送给日本东京池袋儿童之村，并介绍生活教育、山海工学团和小先生制。在《中华教育界》上发表《普及现代生活之路》及其方案。编写《老少通千字课》（4 册）出版。发表《中国普及教育方案商讨》。在汉口演讲“怎样做小先生”。

5 月，发表《文化细胞》、《文化网》。

11 月，由生活书店出版《怎样做小先生》。

12 月，与宋庆龄、何香凝、马相伯、沈钧儒等 800 余人联合发表《上海文化界救国运动宣言》。被推选为上海文化界救国会执行委员兼教育委员会主任，编辑出版《普及教育续编》。

1936 年

1 月，被选为上海各界救国联合会理事，起草《上海文化界救国会国难教育方案》，发表《十二月运动与五四运动》。

2 月，国难教育社成立，被选为理事长，发表《民族解放大学校》。

3 月，发表《国难教育之特质》、《生活教育之特质》。

4 月，夫人汪纯宜去世。对广州中山大学 1000 多人讲演“粉碎日本大陆政策”。

5 月，在广州中山大学法学院讲演“大众教育问题”。应李宗仁邀请前往广西观光和讲演，在梧州、南宁等地讲演“抗日救国”、“中国的出路问题”、“中国民族的解放运动”、“小先生制的历史”。发表《大众教育与民族解放运动》。被全国各界救国联合会选为常务委员和执行委员。

7 月，全国各界救国会决定委托陶行知乘出席世界教育会议之便前往欧美亚非各国宣传抗日救国，发动侨胞共赴国难。签名发表与沈钧儒、章乃器、邹韬奋联署的《团结御侮的几个基本条件与最低要求》。离港赴英出席世界新教育会议。

8月,与张彭春一同出席在英国伦敦召开世界新教育会议第七届会议,在会上作"中国救亡运动与小先生制"、"中国普及教育"的报告。与钱俊瑞、陆璀去瑞士日内瓦出席世界青年大会。

9月,和钱俊瑞(代表宋庆龄)、陆璀参加在比利时首都布鲁塞尔召开的世界和平大会,陶被推举为中国代表团主席和中国执行委员。

9月,出席巴黎全欧抗日救国联合会成立大会,即席创作并朗诵《中华民族大团结》一诗。

10月,在伦敦谒马克思墓,写诗赞道:"光明照万世,宏论醒在下,二四七四八,小坟葬伟大。"

11月,在美会见杜威、克伯屈等。在哥伦比亚大学示范学院做教育问题演讲。救国会"七君子"被捕,陶再次遭通缉,动员杜威、爱因斯坦等人发电给蒋介石要求放人。

本年出版《普及教育三编》、《中国大众教育问题》。

1937年

到世界各国宣传抗战。

6月,撰写《对中国学生运动与希望》。

7月,"七七"事变后,指示国内同志将"国难教育运动"改为"战时教育运动",《生活教育》改为《战时教育》出版。

8月至9月,在墨西哥向南美国家代表介绍中国政治形势和教育情况,会见墨西哥卡德拉斯和教育家、华侨团体、侨胞领袖等,并发表演说。

11月,在多伦多大学、加拿大国会及多个集会上演讲"中国的战争"、"中国的和平与民主"、"禁运和抵制日货"。

12 月，草拟《杜威宣言》（杜威、罗素、罗曼、罗兰、爱因斯坦、甘地），并正式发表，谴责日本侵略中国。

1938 年

继续在国外宣传抗战。

5 月，会见日本反战同盟鹿地亘、池田幸子等人。

6 月，写诗祝贺《鲁迅全集》出版。

7 月，在雅典访苏格拉底石牢并写诗赞其“喜欢说真话，假人都烦恼”。当选为第一届国民参政会参政员。

8 月，在开罗会见埃及爱资哈尔大学校长麦拉额及中国回民留学生，在印度访圣雄甘地，介绍中国人民教育运动及小先生制。

9 月，抵香港，讲“国际形势与中国抗战”。发表回国三愿：一是创办晓庄学院，二是创办一所难童学校，三是在港创办中华业余补习学校。应甘地要求写的《中国人民教育运动》英文稿发表在印度《民族旗帜》杂志上。谢绝李宗仁邀任安徽省教育厅厅长、宋美龄邀任三青团总干事之职。

10 月，出席国民参政会一届二次会议，提出《推行普及教育及增加战斗力量树立建国基础案》、《建立志愿兵区以补兵役法之不足案》。在中华职教社演讲“全面教育与全面抗战”。

11 月，香港“中华业余补习学校”开学，任董事长，创立中国战时教育协会并起草战时教育方案。

12 月，生活教育社在桂林正式成立，当选为理事长。

1939 年

1 月，在香港《申报》发表《纵谈战时各种教育问题》。

3 月，筹备创办育才学校，寻觅校址。举办生活教育社 12 周年纪念大会，发表《告生活教育社同志书》。

4 月，发表《评第三届教育会议宣言》。

7 月，召开育才学校校务会议。20 日，育才学校借北碚温泉小学校舍开学，讲《育才学校创办旨趣》。

8 月，育才迁至合川草街子古圣正式上课，分文学、音乐、戏剧、舞蹈、绘画、社会、自然科学 6 个组，学生百余人，举行生活教育理论讨论会。

12 月，与吴树琴结婚，住一旧碉堡内。发表《宪政运动与国民教育》。

1940 年

竭尽全力使育才学校渡过战时难关。

1941 年

2 月，开始编《知行诗歌集》，计编为六集。

4 月，物价飞涨，育才学校经费十分困难。陶提出“跟武训学”的口号，要求大家做“集体的新武训”，并定 4 月 6 日为“育才兴学节”。病中写诗《海德公园》。

6 月，发表《育才二周岁前夜》，召开生活教育理论讨论会。

8 月，宣布育才学校“创造年”开始。

9 月，试验“育才幼年研究生制”，选拔 27 名少年研究生进行专门培养，使全校学习风气推向新的高潮。写《创造年献诗》。

1942 年

2 月，组织育才师生举行戏剧公演、绘画展览、音乐会，向社会汇报办学和创作成果。

3 月，在生活教育社十五周年纪念会上阐述生活教育的特点，延安新教育学会徐特立、范文澜写信祝贺。

7 月，在育才学校建校三周年纪念会上讲“每天四问”。

12 月，向育才师生讲“育才十字诀”。

1943 年

2 月，致函陶宏：“人生最大目的还是博爱，一切学术也都是要更有效的达到这个目的。”

3 月，生活教育社改选，连任理事长。

5 月，在育才朝会和复旦大学五四纪念会上讲“反对三寸金头”，批评限制思想和言论自由。

9 月，写广东百侯中学复校十周年祝词及百侯中学歌，中有“千教万教，教人求真；千学万学，学做真人”。

10 月，作《创造宣言》。

11 月，作《育才学校校歌》。

1944 年

1 月，编印《育才学校手册》。

6 月，写《从五周年看五十周年》。

7 月，为《武训先生画传》再版写跋。

9 月，为《朱大嫂送鸡蛋》写歌词。

10 月，作诗《民主到哪里去了?》、《歌唱现代》、《言论自由》、《民主第一》等。

12 月，发表《敲碎儿童的地狱，创造儿童的乐园》。本年与沙千里、周竹安筹建大孚出版公司。

1945 年

1 月，发表《迎接民主年》，讲“创造的社会教育”。

4 月，替乡下小朋友征求节日礼物，发表《民主的儿童节》，写《假使我重新做一个小孩》。

5 月，发表《实施民主教育的提纲》。

8 月，抗战胜利，创作《胜利进行曲》、《民主进行曲》。

9 月，发表英文论著《全民教育》。

10 月,在中国民主同盟第一次全国代表大会上当选为中央执行委员、中央常务委员、民主教育委员会主任,主编《民主星期刊》。

11 月,《战时教育》改《民主教育》,在创刊号上发表《民主》、《民主教育》两文。

12 月,参加重庆各界追悼昆明"一二·一"死难烈士大会,临行前写下遗嘱,愿为民主献身。任大孚出版公司总编辑。

1946 年

1 月,创办重庆社会大学,陶任校长、李公朴为副校长,发表新年的希望三首:《和平年》、《民主年》、《联合政府年》,写作或发表《社会大学颂》、《大众的艺术》、《向民主小姐求爱》、《社会大学运动》。

2 月,任民盟机关报《民主报》社论委员会委员。

3 月,发表《领导者再教育》。

4 月,由重庆飞南京,筹备将育才学校迁沪及筹办上海社会大学,对上海千余名教师讲"小学教师与民主运动"。

5 月,在沪江大学、圣约翰大学讲演"社会大学之道"、"社会大学之理论与实践"。

6 月,与郑振铎、翦伯赞等发起组织"全国学术工作者协会上海分会",在上海北站十万民众欢送赴京请愿代表大会上,担任大会主席并发表要求和平反对内战的著名演说。

7 月,在沪江大学做最后一次讲演:"新中国之教育"。在上海最后三个月里做了百余次演讲,充分表达反内战、反独裁、要民主、要和平的意志。

7 月 24 日连夜整理历年诗稿,7 月 25 日突患脑溢血逝世,享年 55 岁。

12 月 1 日,全国 53 个人民团体将陶行知安葬在南京劳山之麓晓庄。

用实验主义改造中国教育

储朝晖

陶行知一生做过很多事，经历也比较复杂。他曾被称为教育家、诗人、社会活动家、国民外交使节，也曾参加过武装暴动，还两次成为通缉犯；曾有过聚光灯下风光的经历，也曾在街头卖艺，度过了为育才师生的衣食而与米价赛跑的日子。当别人说他是“背着石头过河”时，他却快乐地说是“背着爱人过河”，而且一定要游到彼岸。事实上，他一生所想做的就是一件事——培养人去创造理想的社会。

为此，陶行知曾给教育下了一个最为简明的定义：“教育就是教人做人。”他提出了一套做人的标准，首先是做主人而不做奴隶。当今，“守财奴”、“守知奴”、“科学奴”、“技术奴”、“人文奴”、“网络奴（网虫）”已屡见不鲜，而且还会层出不穷，做主人的问题至今仍未得到真正解决。第二条标准是做真人，“千教万教教人求真，千学万学学做真人”。第三条标准是做人中人，不做人上人，也不做人下人，这是对影响中国两千余年的儒家追求做“人上人”、修己以治人的伦理的根本性修正。第四条是自立立人，不依赖于别人是自己拥有自己的先决条件，不让别人匍匐在自己的跟前也是自己拥有自己的先决条件，自立立人，就是自己要立同时帮助别人立,不做孤立的强人,不用自己的先进强大压制别人,要别人拜倒在自己的脚下。第五条是做抬头乐干的人,“抬头”表示清醒的自觉意识,所“干”是主人意识的“干”,所以是“乐干”,不是你死我活激烈竞争式的自奴式的“苦干”。第六条是做具有献身和创造精神的人,自己对自己的完全拥有使充分献身和创造的性质发生了变化,这种献身和创造都不是为了他人,而是为了自身的更加完善,它是中国古代“士之有志为己”①在新文明形态中的人性超越。第七条是做手脑相长的人。

陶行知所要创造的理想社会,用他自己的话说,就是民主的社会、科学的社会、富裕的社会、平等互助的社会、爱满天下的社会、人类各族及人类与自然界多元“共生”的社会。依据这一目标,原有的教育是做不到的,于是才有了“中国教育改造”这一命题。

一、 矢志教育改造

用什么来改造中国和中国教育呢? 对此,陶行知进行过反复探索。他在人生中选择教育,既是机遇,也是体验与理性的结果。

陶行知进入崇一学堂开始接受西方新学,让他看到中西差距,他曾在宿舍墙上写下:“我是一个中国人,要为中国作出一些贡献来。”因接触了基督教义,促成他产生行医济世的想法。并于 1908

① 朱熹:《衡州石鼓书院记》,《朱子大全·文集》卷第七十九。《论语·宪问》有“古之学者为己,今之学者为人”句,朱熹集注道:“程子曰:为己,欲得之于己也;为人,欲见之于人也。……古人学者为己,其终至于成物;今之学者为人,其终至于丧己。”“为己”或“为人”是朱熹辨别学者人性存失的切要标准。

年春怀着美好的期望，从休宁县万安镇出发，一人乘船赴杭学医，考入广济医学堂，后因该学堂对非基督教徒学生明显歧视，陶行知深为不满，三日后就愤而退学。后入金陵大学。

在金陵大学学习时，陶行知十分关心时局，敢于发表独立见解，受到民族民主思想熏陶，信仰孙中山的三民主义，主张民主共和，热心宣传民族民主革命。1911 年下半年新学期开学不久，武昌起义爆发，沿江各地响应尤其热烈。陶行知回到徽州，任初成立的府议会秘书半年，其间参与了余德民等人在屯溪阳湖余家庄的武装起义，并在华山岭进行了一次枪战。虽然吓跑了休宁县知事刘风绥，却被富户们拥立的夏慎大攫取了县政权。

起义失败，让陶行知体验到新建立政权的孱弱，新建民国犹如聚沙成塔，存在着种种严重缺陷，单纯武装斗争的结果，只能是“无量头颅无量血，可怜购得假共和”。建立一个真正民主国家最为根本的途径是教育而非军事，惟有教育才能改变人心，才能实现真正的正义与自由的理想。从此，他在激情燃烧的岁月选择了理性。

他在金陵大学自毕业论文《共和精义》凸现出他人生选择的逻辑。全文贯穿了倡导民主共和，反对专制的思想，认为“自由、平等、民胞，共和之三大信条也”。自由不是不要法律和道德，并特别强调“法律之内有自由，道德之内有自由”。平等则是“在政治上、生计上、教育上，立平等之机会，俾各人得以自然发展其能力而为群用”。“自由平等所在即责任所在。”民胞是指“畛域铲除，博爱心生，国人以兄弟相视”，“民胞”乃共和之大本，必具“共同目的，共同责任，共同义务”。并主张共和应重视个人之价值，唤醒个人之责任，予个人以平等之机会，谋国民全体之福利，应“视人民为社会之主体”，强调“政府者人民之政府”，而共和发生危险的原因在于国民程度不高、“媚民政客”与“选举理事”式的伪领袖存在、“一党自画”的党祸难防、乌合之众的多数横暴现象出现。

怎样才能防止共和的险象呢？陶行知把目光投向了教育，并就“共和与教育”论述如下：

> 人民贫，非教育莫与富之；人民愚，非教育莫与智之；党见，非教育不除；精忠，非教育不出。教育良，则伪领袖不期消而消，真领袖不期出而出。而多数之横暴，亦消于无形。况自由平等，恃民胞而立，恃正名而明。同心同德，必养成于教育；真义微言，必昌大于教育。爱尔吴①曰：“共和之要素有二：一曰教育；二曰生计。”然教育苟良，则人民生计必能渐臻满意。可见教育实建设共和最要之手续，舍教育则共和之险不可避，共和之国不可建，即建亦必终归于劣败。罗比尔曰：“吾英人第一责任，即教育为国家主人翁之众庶是已。”故今日当局者第一要务，即视众庶程度，实有不足。但其为可教，施以相当之教育，而养成其为国家主人翁之资格焉。②

陶行知认为教育的关键在于清除专制荼毒，启发人的自觉，认为“强有力者，亦未尝不欲施愚民政策，以塞人之自觉、自治之源。……自觉心不可逃避，即共和不可逃避”。可见，陶行知在他的大学毕业论文中基本确定了为实现民主共和而从事教育的人生大方向。

---

① 通译“爱尔威”。

② 见本书第137页。

赴美留学，由于经费不够，陶行知先入伊利诺伊大学研究院攻读政治学。在该校所修课程为：政治学和公法研究、市政、美国的性质、教育行政管理、教育研究方法、中学课程、教育心理学研究、政治学和公法讨论、欧洲大陆政体、美国的外交、美国对外贸易和殖民地贸易以及单位、等级与规范。其中教育行政管理的授课教师是柯夫曼。他热心辅导，循循善诱，促使陶行知更加坚定了从事教育的志向和决心。如果说金陵大学毕业论文奠定了他人生选择的大方向，柯夫曼就是他从事教育事业的启蒙老师。他进一步认识到，学习市政将来只能做官，不能真正建立民主共和的国家，而在中国最不缺少的就是官员，于是一年后，当他在伊利诺伊大学获得政治学硕士后，便转学到哥伦比亚大学，直奔理想目标，专门研究教育。1915 年 6 月学校组织的基督教男青年会于日内瓦湖举行的夏季大会，使他受极大启迪，便矢志以教育管理为终身事业。

二、 选择实验主义做工具

1915 年秋，陶行知如愿以偿地进入来美前即选定的哥伦比亚大学。他再次查阅美国所有高等学府的情况，哥伦比亚师范学院教授声誉之隆，学科设置之丰，求学生源之广之优，其他学校无法比肩，无愧是世界上研究教育的最高学府。他再次发现哥伦比亚大学师范学院是其中最适合的去处。

1916 年 2 月 16 日，陶行知致罗素院长的信中明言："余今生之唯一目的,在于经由教育而非经由军事革命创造一民主国家。”[①]用什么来改造中国教育就成为他所面对的新问题。

在金陵大学时,陶行知课余研究王阳明学说,受到王阳明“知行合一”和“知行并进”的影响,改名“陶知行”,并用“知行”作笔名在《金陵光》学报上发表文章。他对儒、墨思想也有所涉猎。但这些都不能成为改造中国教育的有效工具。

陶行知在哥伦比亚大学的学习为他寻找能有效改造中国教育的工具提供了新的机会,他先后修习了美国公共教育管理、学校与社会、教育史、教育哲学、财政学、进步社会的教育、中学原则、教育社会学实习、国外学校系统的社会基础、教育社会学研究等课程。直接就教的有保罗·孟禄博士、约翰·杜威博士、克伯屈教授等,还与同年到哥伦比亚大学学哲学的同乡胡适是同学。

19 世纪工业革命后,欧洲兴起了新教育运动,倡导学生个性的自由发展,这一运动在美国形成进步主义教育思潮。陶行知在美国留学期间,威尔逊总统倡导新自由政策,陶行知频繁接触的老师杜威成为当时美国进步教育运动的思想家和领军人物,提出“儿童中心论”,主张“教育即生活,学校即社会”。杜威的思想,不仅形成了美国继实用主义之后而起的实验主义(Experimentalism)哲学体系,而且也是间接影响到新教育——所谓进步主义教育——实施与理论的一位教育哲学家。杜威当时是哥伦比亚大学哲学系的教授,也一度在师范学院兼课,任教“学校与社会”一课。他将实用主义哲学理论运用于教育,首先影响了师院的师生,继而通过他们影响了世界。胡适留美日记中有一张杜威与安庆人胡天濬的合影,

① 《陶行知全集》第 6 卷,四川教育出版社 2005 年版,第 456 页。

注明照片为陶行知所摄,胡适还记载:“杜威……今为哥伦比亚大学哲学部部长,胡陶二君及余皆受学焉。”①陶行知作为教育专业的研究者,在哥大这个进步主义教育重镇里,直接感受到这股世界教育前进的潮流,回国后自然将这股思潮应用在他对中国教育的变革之中。只是他没有选择照搬。

1917 年 8 月,陶行知离美回国,在轮船上和同学们畅谈志愿,曾经豪迈地说:“我的志愿要使全国人民有受教育的机会。”一介书生,无钱无权无势,却立下如此宏愿,实令人惊诧,他不仅是这样说,而且毕生始终不渝朝这个目标去做。

陶行知回国后的行动证明,他站在中国立场上呼应整个世界新教育运动,选择以调查为基本依据,以试验为根本方法,充分利用试验主义作为立新破旧的工具,通过行动改革旧教育,建立新教育。

1917 年 9 月,陶行知受聘于南京高等师范学校,开始了教学生涯。他先后主讲教育学、教育行政、教育史、教育心理、教育统计等课程,介绍世界各国的教育思潮。他所倡导的试验,正是中国文化传统中所缺少的一种思维方式和精神。它能开创新局面,也会遇到大阻力。

他认为,注重试验的教学法最重要的,就是如何养成学生独立思想的能力,试验教育的目的,在于养成会试验的教育家和会试验的国民。而中国长期的专制统治,恰恰希望培养听话的国民和善于颂圣的伪知识阶级。方法的不同,直接导致内容和结果的差异

① 转引自《胡适作品集 37 · 胡适留学日记(四)》,台北远流出版公司 1986 年版,第 36 页。

甚至对立,这为陶行知后来人生的起伏埋下了伏笔。

一开始,陶行知所做的工作是以民主主义的眼光审视中国和世界教育,不断把世界教育革新的思潮输送进来,他通过讲课、写文章介绍世界教育发展的新知和新思潮。他曾介绍过裴斯泰洛齐、赫尔巴特、福禄贝尔、詹姆斯、杜威、桑代克、克伯屈、伯克赫斯特等人的教育思想,介绍过学校设备与卫生、戏剧与教育、道路与教育、活动教授的课堂、杜威的教育学说、普鲁士的教育改革等。请杜威来华讲学是其中的高潮,后来结集出版的《杜威五种长期演讲录》单行本大量发行,在中国造成了广泛的影响,最直接的影响是 1922 年适应儿童个性发展的新学制确立,胡适在杜威回美国的时候说:"我敢预定:杜威先生虽去,他的影响仍旧永永存在,将来还要开更灿烂的花,结更丰盛的果!"①尽管陶行知后来将自己的这些做法说成是"拉洋车",却不可否认它是走向实验的真实路径。

1921 年 7 月,陶行知刚欢送杜威回国,又于 9 月 5 日与黄炎培、郭秉文一起到上海码头欢迎保罗 · 孟禄来中国做科学教育之调查与讲学。直到 1922 年 1 月 7 日离开中国,孟禄的活动几乎由陶行知一人陪同。这次陪同对陶行知影响深刻的就是调查。他先后江苏、浙江、广州、福州、京、津、太原、东北调查讲学。1921 年 12 月 23 日在北京召开了中国教育调查讨论会,自教育总长以下各省教育行政负责人、各省教育会负责人和教育学术团体代表以及指定几所大学校长、教育系主任和特邀代表共一千余人出席会议。陶行知代表中华教育改进社主持讨论会,内容涉及中小学教育、教授法、课程、教育行政、教师职业、成人教育、特别教育、学校建筑与

① 胡适:《杜威先生与中国》,《东方杂志》第 18 卷第 13 号,1921 年 7 月 10 日。

卫生、私立学校与政府承认等问题，编辑成《孟禄的中国教育讨论》一书，于1922年4月出版。这次陪同孟禄对中国教育进行比较全面的调查，成为陶行知进入真正试验的重要台阶，也是他独特教育思想和理论形成的重要基础。

1918年3月，陶行知以《试验主义之教育方法》为题撰文发表在《南京高等师范学校教育研究会会刊》第1期，主张“试验者，发明之利器也”，认为杜威之集成教育哲学，桑代克之集成教育心理学皆因以试验。因为以试验主义方法，德国的教育学术大进，“十九世纪以前，德人师天下；十九世纪以后，天下师德人”。美国则自詹姆斯创设心理实验科后，学者趋向一变，“其试验机关与从事实地试验教育之人，几无处无之；其试验精神之充塞，可谓盛矣”。他批评中国教育现状拘于古法，慕于新奇，专事仪型，凭空构想，一知半解，武断从事，断言“欲教育之刷新，非实行试验方法不为功”，“非试验的教育方法，不足以达救国之目的也”。①

1918年9月27日，陶行知再到南京高等师范学校教育研究会就教育研究方法问题演讲，他说：“国之盛衰，视乎教育；而教育之新旧，视乎研究。守陈法而不革，拘故步而自封，则亦造成旧国，不适于新势而已。”并对政客之教育家、书生之教育家提出批评，认为“惟有以科学之方，新教育之事”的才是“真教育之人”，并以国外的大量例证说明“苟不实事求是，详加审谛，为救前人之说以遵循之，则教育终无大昌之时也”。②

1919年2月，他在《新教育》第1卷第1期发表列为本书“自

① 《陶行知全集》第1卷，四川教育出版社2005年版，第207—210页。
② 同上书，第236—238页。

序”后首篇的《试验主义与新教育》，批判中国教育的“五旧”：依赖天工、沿袭陈法、率任己意、仪型他国、偶尔尝试。提出要以“役物而不为物所役；制天而不为天所制”的试验探其奥秘，常葆其新；以试验获得发明，则陈法自去，教育自能刷新进步；试验“必使所思者皆有所凭，所断者皆有所据”；“实心试验，则特别发明，足以自用。公共原理，足以教人”；真试验必“有计划，有方法，视阻力为当然，失败为难免，具百折不回之气概，再接再厉之精神。成败虽未可必，然世界实由此而进步，教育亦由此而进步”。[①]

1919 年 4 月 14 日，陶行知在《时报·教育周刊·世界教育新思潮》第 8 号发表《试验教育的实施》，认为建设试验的教育要法有四：应注意试验心理学；应设立试验的学校，试验的时候“第一要得人，第二要有缜密的计划……合乎这两个条件，就需撤消一切障碍，使它得以自由试验”；应当注意应用统计法；应该注重试验的教学法，最要之点“就是如何养成学生独立思想的能力”。由此，开启了他全面使用实验主义改造中国教育的实践。

陶行知还试图将实验扩展为社会实验。1927 年 3 月 6 日晚，国民党元老吴稚晖、钮永建和共产党领袖陈独秀、罗亦农有一场著名的对话。其中吴问陈：“研究共产学说，自为共产党之责，若实行共产，五六年前苏俄代表越飞，在广州晤孙总理，当在二百年之后。以我理想，二百年尚嫌不足。”陈独秀笑吴太迂。吴问陈独秀：“你定中国实行列宁式共产主义是若干年？”陈毫不迟疑地回答：“二十年。”吴稚晖即乱以闲话曰：“如此国民党生命止剩十九年了。前年总理答越飞，国民党国民革命完成应需三十年。若你们共产党急

① 见本书第 5—8 页。

迫至此，未免取国民党的生命太快了一点，应当通融商量才好！”[①]这是吴稚晖、蔡元培提出清党的前奏。而陶行知则用另一种方式回应这次对话，提出开辟一片实验区，供抱有各种主义的人实验的提案。他回应吴稚晖说：“中国政治是不是这样演进，他老人家这话是否正确，也非实验不可。”[②]这项提案在时任大学院院长蔡元培的保护之下，不仅提出，且由大会决议保留，保留意见为：“不在教育范围之内，留供内政部推行自治制之参考。”这个提案的命运，也是由当时的理性与专断偏激的力量对比所决定的，而它对历史的启示日久弥彰，当今两岸四地事实上正在进行着这样的实验。

政治实验区虽未建成，陶行知创办的晓庄试验乡村师范学校却搭建了真实的试验平台，成了本书中很多想法的试验场。在这个平台上，陶行知提出了“生活即教育”、“社会即学校”、“教学做合一”三大主张，奠定了生活教育理论基础。后来进一步提出生活教育的特质是生活的、行动的、大众的、前进的、世界的、有历史联系的，要办求大众解放和民族解放的教育。

三、用平民主义作教育目的

陶行知从平民中走出来到美国留学，成为大学教授，早年艰苦求学以及受助于人的经历养成了他助人为乐的品质，也奠定了其

① 刘统：《共产党的崛起与国民党的“清党”》（上），《同舟共进》2011年第4期。

② 陶行知：《请大学院呈请国民政府划出地方数处献与人类俾抱有改造社会理想之学者得以运用科学方法实现极乐世界俟试有结查再行从事推广以收大同之效案》，中华民国大学院：《全国教育会议报告·丁编》（附录），1928年版。

为民立言的思想基础。中国新文化及五四运动使平民思想深入人心，陶行知决心既要打通层层叠叠的“横阶级”，也要打通深沟竖垒的“纵阶级”，使人人受到平民教育。1919 年 3 月他发表《普鲁士教育之基本改革》，系统分析德国的教育变革，认为其在打消旧宗旨的同时，一面提倡平民主义，一面脱离宗教的束缚。取消分阶级的学校，实行男女同学，注重学问自由。同时，批评通过日本模仿德国的中国教育，他说：“最重军国民主义的阶级制度的学校，一变为平民的共和的学校，岂不是世界的一个大大的幸福么？现在这军国阶级主义的祸根，既然为一阵狂风拔得干干净净，我很希望他在东亚的枝叶，不久也要凋落了；我更希望当这军国、阶级两主义凋落的时候，那抄袭德国精神的国家也能回心转意，培植平民主义的教育，使他能够开花结果，为东亚放一异彩。”这段话讲德国的事实，盯着日本的走向，关注中国现实，寓意极为深刻。

1919 年 3 月 31 日，陶行知介绍杜威素来所主张的“是要拿平民主义作教育的目的，试验主义作教育的方法”。5 月 3 至 4 日，杜威来华第一场演讲在江苏教育会举行，便是以“平民主义与教育”为题，主张世界问题的最后解决在于普及平民教育。5 月 7 日的第二场在浙江教育会的演讲以“平民教育之真谛”为题，认为：“教育之精神何在？曰在民主，在共和。”“共和主义的教育，其宗旨在使人人有被教育之机会，其方法则在尊重个性。”这些演讲又印证了陶行知的想法。1921 年 10 月 31 日，孟禄在广州召开的全国教育会联合会第七届会议对与会代表讲演的题目依然是“平民主义在教育上的应用”，这绝对不是偶然的。

1919 年夏，陶行知组织南京高等师范学校暑假留校学生 20 余人，调查研究失学成人补习教育问题，并在附近的成贤街、四牌楼、唱经楼、鸡鸣寺等处成立平民识字班或平民读书处，与学生们一起编辑平民识字课本，边教、边编、边改，油印发给学生。经过两个多月的试验，摸索出一些平民识字教育的初步经验。

1920 年，南京高等师范学校办第一次暑期学校的时候，陶行知和胡适、王伯秋、任鸿隽、陈衡哲、梅光迪几个人在地方公会园里月亮地上彼此谈论志愿时说：他要用四通八达的教育，来创造一个四通八达的社会。1923 年他在给妹妹的信中写道："我本来是一个中国的平民。无奈十几年的学校生活渐渐地把我向外国的贵族的方向转移。学校生活对于我的修养固有不可磨灭的益处，但是这种外国的贵族的风尚，却是很大的缺点。好在我的中国性、平民性是很丰富的，我的同事都说我是一个'最中国的'留学生。经过一番觉悟，我就像黄河决了堤，向那中国的平民的路上奔流回来了。"①

陶行知说："平民教育的宗旨是要叫种种人受平民化。"他立志自己"脚迹所到的地方，就是平民教育到的地方"，他自己的确是这么做了，也要求有志于平民教育的人这么做。

然而，1923 年，陶行知拿出全副精力推行平民教育，却在他的家乡遭到督军马少甫（联甲）怀疑，将平民教育当作"过激党"的行为；另一方面，当时被称为"过激党"的成员，不顾大多数人对平民教育给予肯定的评价，却对此做出了批判，著名的有："平民教育是要紧的！但是起码的生活，不更要紧么？……现制度若不经过一番彻底的翻砂功夫，平民教育么？我恐怕还不是像汉口今天这样只留下几张纸招牌，做个聋子的耳朵，徒为装饰哩！即令有效，也不过是多使平民认识得几个字，因而多使平民添得几分烦恼苦病

① 《陶行知全集》第 8 卷，四川教育出版社 2005 版，第 33 页。

而已！”①这两方面的偏激都显而易见。依照这种认识只能造就“政治狂”，后来中国的历史失误正说明，要求数万万同胞全都来参加政治运动，原本就是很危险的。80％的文盲是一个民族进步的重负，平民教育理念至今仍然珍贵，仍需继续。

四、民主教育志未酬

陶行知一生从倡导新教育，先后推行平民教育运动、乡村教育运动、普及教育运动、国难教育运动、战时教育运动，最终归止于民主教育运动。

民主是陶行知的终身追求，不民主的现状使陶行知对民主的追求尤烈。1944年圣诞节一大早陶行知写就《迎接民主年》，发表于1945年1月1日《新华日报》，诗中写道：“民主新年最崇高。民主好像圣诞老：带来糖果给宝宝；带来棉衣给苦恼；带来合法存在给党派；带来无畏精神给战壕；带来精诚团结给民族；带来四大自由给同胞。……拿出每一个人的血汗，培植民主的幼苗，把四万万七千万团结成一个巨人，打倒日本强盗，再把自由神送上扶桑三岛。在民主的世界里，共同为人类幸福而创造。”②

陶行知是中国民主同盟的创始人和领导人之一，是当时民主运动的领导者，主张实行宪政民主，他批驳：“有人说人民不会民主，不可以给他民主。也有人说人民不会自由，不可给他自由。”他

① 萧楚女：《陶朱公底“平民教育”》，《中国青年》1924年第18期。
② 陶行知：《迎接民主年》，《新华日报》1945年1月1日。

指出民主是中国政治的盘尼西林，强调“民主第一！民主至上！民主万能！民主是应该无所不在。”1945 年 10 月 27 日，陶行知将自己的民主理念写成《民之所好三首》：

民之所好好之。民之所恶恶之。教人民进步者，拜人民为师。

民之所好好之。民之所恶恶之。为人民服务者，亲民庶几无疵。

民之所好好之。民之所恶恶之。为人民奋斗者，血写人民史诗。①

11 月 1 日，陶行知发表《民主》一文，提出真民主包涵政治民主、经济民主、文化民主、社会民主、国际民主，其意义和内容还在发展。他认定“民主是中国之起命仙丹”。②

12 月 9 日，陶行知参加重庆各界祭昆明“一二·一”死难烈士，他在育才早会上宣布：“我是可以交代了，无顾虑的去参加祭礼了，参加是危险的，我是要去参加的。只要是有正义感，有爱国热忱的人都应该去参加。我是校长，我不强迫大家去参加。希望大家慎重考虑后决定。”他还给夫人写下遗嘱。

他认为：“平心静气的一起协商，的确胜于打仗”，奉劝各界“如果您感到不公道的偏枯，记着您的党。如果党起了独占的野心，忘

① 陶行知：《民之所好三首》，《民主星期刊》1945 年 11 月第 5 期。

② 陶行知：《民主》，《民主教育》1945 年 1 月创刊号。

了您的党。和平最急，民主第一，人民至上！”①

1946 年元旦，陶行知在《新华日报》发表《新年的希望》组诗《和平年》、《民主年》、《联合政府年》三首，主张军队交给国家，实现四大自由，建立取消一党专政的联合政府。1 月 5 日，发表长诗《向民主小姐求爱》，唤醒人们改变单相思、指望上帝、清谈的追求民主方式，当“蹈汤赴火，拿生命来换取爱的奖赏”。

1946 年 4 月 18 日，陶行知到上海即投入民主斗争，并着手育才迁校、筹办社大、恢复山海工学团、筹备成立生活教育社上海分社等工作。21 日，上海教联在育才中学集会欢迎陶行知，陶行知讲演《小学教师与民主运动》，参加欢迎会者一千余人。6 月 23 日，上海各界争取和平、反对内战请愿团赴南京请愿，在 150 多个团体 10 万人在北站举行的欢送大会上，陶行知发表了简短而有力的讲演：“八天的和平太短了，我们需要永久的和平！假装的民主太丑了，我们需要真正的民主！我们要用人民的力量，制止战争，争取永久的和平！我们要用人民的力量，反对独裁，争取真正的民主！”②

陶行知在生命的最后一百天里一直为和平与民主呼号。16 日，陶行知给育才全体师生的信中坚信自己生命的结束不会是育才和生活教育之结束，并说：“我提议为民主死了一个，就要加紧感召一万人来顶补”，要求育才师生“平时要以‘仁者不忧，智者不惑，勇者不惧，达者不恋’的精神培养学生和我们自己，有事则以‘富贵不能淫，贫贱不能移，威武不能屈，美人不能动’相勉励”。③ 在致

① 陶行知：《政治协商会议之路》，《民主星期刊》1945 年 12 月第 13 期。

② 《陶行知全集》第 4 卷，四川教育出版社 2005 年版，第 551 页。

③ 陶行知：《陶行知全集》第 9 卷，四川教育出版社 2005 年版，第 473—474 页。

育才学校同学会上海分会的信中道:“只要我们肯为民主死,真民主就会到来,而中华民族也一定可以活到万万年。”①这成为他最后的民主遗嘱。

陶行知反对一切反民主的教育。1939年3月10日,他发表《评加强教育党化》,对人们再提党化教育发出质疑,直言:“党在民众中间的行动与表现,就是一种教育,如果党员不‘以身作则’,不以‘人民之利害为利害’,不以‘人民之视听为视听’,徒贪个人之私利,其所宣扬的党义教育,必适得其反。”②那种以为教育权教育机关紧握在党员手中就达到党化教育目的的想法就变成争权夺利!

1944年4月1日,陶行知发表《创造的儿童教育》,呼吁创设民主的环境来发挥人的创造力,他指出民主应用在教育上有三个最要点:教育机会均等、宽容和了解、在民主生活中学民主。他强调:“专制生活中可以培养奴才和奴隶,但不能培养人民做主人……只有民主才能解放最大多数人的创造力,并且使最大多数人之创造力发挥到最高峰。”③

6月25日,陶行知在《新华日报》上发表看法,认为民主政制下的教育应具备的条件是:天下为公,教育为公,不以教育为一党一派及任何小集团谋利益;尊师重道,不以侦探作教员,不使教员兼侦探;使师生之间没有隔阂;使学生打开眼睛看事实;学生有阅读自由、讨论自由、批评自由;学校内团体生活,要有民主的组织使学生在民主生活中学习更进步之民主;动员广大民众,在真正民主的

① 陶行知:《陶行知全集》第9卷,四川教育出版社2005年版,第472页。
② 见本书第219—220页。
③ 见本书第253页。

组织生活中学习真正的民主。指出思想统制与追求真理不能相容,统制的"结果不是思想统一而是思想消灭,统一于愚"。[①]

7 月,在育才学校创建五周年之际,陶行知写文再次强调教育"止于大众之幸福","一切所教所学所探讨,为的都是人民的幸福"。[②]

10 月 13 日,陶行知致育才全校同志、同学就校务会议吩咐:校务会议为校内最重要之会议,希望针对全校应兴应革,依所赋职权,充分发挥宏论,议而决,决而能行,以为全校谋幸福,求进步。校务会议是民主教育之组织,希望列席者不是为会议而会议,而是为民主的学习而会议。

1945 年 5 月,陶行知发表《实施民主教育的提纲》[③],认为民主运用到教育,一是民有、民治、民享的教育,二是必须办到各尽所能,各学所需要,各教所知。教育的目的是"教育为公"、"文化为公",但又不妨因材施教。国民教育,是人人应当免费受教育;但如有特殊的才能,也应加以特殊的教育。人才教育是要他们将学得的东西贡献给大众。无论男女、贫富、老少、有无资格、不同民族、什么阶级,都有受教育的机会。民主教育的方法,要使学生自动,而且要启发学生能自觉,要客观,要科学,不限于一种,要多种多样,因材施教,要生活与教育联系起来,并且在中国要用穷办法。民主的教师要虚心、宽容,与学生共甘苦,跟民众学习,跟小孩子学习,肃清形式、先生架子、师生的严格界限。民主的教材应从丰富

---

① 陶行知:《青年的教育与思想问题》,《新华日报·青年生活》1944 年 6 月第 84 期。

② 《陶行知全集》第 4 卷,第 456 页。

③ 见本书第 257—265 页。

中求精华，到大自然、大社会中求得活的教材。民主教育的课程应该有科学的生产，科学的劳动；在课程组织上应敷成多轨，即普及与提高并重，使老百姓都能受教育，并且有特殊才干也能发挥；在课程顺序上，要有系统，但也要有弹性。民主教育的学制三原则是单轨出发，多轨同归，换轨便利。民主教育的行政鼓励人民办学，学生自己管自己，肃清官僚气的查案。民主的校长要培养在职教师，通过教员使学生进步，提拔为老百姓服务的人，将校门打开促使学校社会共同进步。

1945 年 11 月 1 日，《战时教育》改名《民主教育》，在创刊号上陶行知发表《民主》、《民主教育》两文，主张："民主教育是教人做主人，做自己的主人，做国家的主人，做世界的主人。……民主教育是人民的教育，人民办的教育，为人民自己的幸福而办的教育。"①其要点是：教育为公，以达到天下为公；全民教育，以实现全民政治，反对党化教育，反对党有党办党享的教育；教人民肃清法西斯细菌，以实现真正的民主；启发觉悟性，教人民进行自觉的学习，遵守自觉的纪律，从事自觉的工作与奋斗；培养创造力，以实现创造的民主和民主的创造；各尽所能，各学所需，各教所知，使大家各得其所；在民主的生活中学习民主；民主教育是整个生活教育。

12 月 1 日，陶行知发表《民主教育之普及》，主张民主教育一方面是教人争取民主，一方面是教人发展民主。在反民主的时代或是民主不够的时代，民主教育的任务是教人争取民主；到了政治走向民主之路，民主教育的任务是配合整个国家之创造计划，教人依着民主原则，发挥各人集体的创造力，为全民造幸福。普及民主教

① 见本书第 266 页。

育是一件顶大的事，也是一件可能做得到的事。民主教育不但可能做到普及，并且可能做到立体的普及。

1945 年年底，育才学校开始实行生活教育民主的、大众的、科学的、创造的四大方针。

1946 年 7 月 6 日，陶行知勉励育才同学会上海分会的同学："立志把自己造成一位英勇的民主战士。不但如此，还要做民主的酵母，使凡与我你他接触的人，都发出民主的酵来，成为一个个的英勇的民主战士。"①

陶行知逝世后，在上海举行的陶行知先生追悼大会上，有工人、农民、学生、文化教育界及中外人士五千余人到会，大门口横悬"爱满天下"，台前悬有"民主之魂，教育之光"，棺面上覆盖的是"人民导师"，标示着民众对陶行知的评价。

五、《中国教育改造》的力量之链

《中国教育改造》是陶行知在他所进行的中国教育改造试验——晓庄试验乡村师范学校创办一周年之际自编的一本文集，自 1928 年 4 月由亚东图书馆出版，到 1934 年 4 月就发行达 7 版。后经安徽教育出版社 1981 年再版，1996 年东方出版社纳入"民国学术经典文库"，2008 年人民出版社纳入"人民文库"丛书出版，加之湖南教育出版社、四川教育出版社先后出版的《陶行知全集》，江苏教育出版社出版的《陶行知文集》等多种文集的收入，印行总量

① 《陶行知全集》第 9 卷，第 472 页。

颇巨，当是20世纪对中国教育影响至深至远的一本著作。

陶行知在该书《自序》中有几句令众多教育家或教育学家难以望其项背的话："这部书代表我在中国教育里摸黑路所见着的几线光明。……当选择旧稿时，我曾下了一个决心，凡是为外国教育制度拉洋车的文字一概删除不留，所留的都是我所体验出来的。所以我所写的便是我所信的，也就是我所行的。"①

所写、所信、所行构成了一条推动人生，也推动社会向前发展的动力之链，这一力量之链在不断地向前推进时发出越来越强大的力量，正是这股力量铸就了陶行知的人生奇迹。

在该书首次出版时，陶行知已经形成的基本观念：反传统，反洋化，却不简单拒绝中西文化，而是主张在教育改造过程中要坚持"去"与"取"，不问"新"与"旧"、"中"与"西"，只问"适"与"不适"。简言之，中西古今的知识与文化应当是所写、所信、所行的初始条件。

在此基础上，作为一种个体体验，所写、所信、所行的关系又不那末简单，无疑，第一层含义为在"行"的基础上产生"信"，然后用"写"表达出来；仅仅理解到这二层是不够的，所写所信还必须用来指导、支配所行的，所行的又在继续不断地修改所信、所写的，这是一个反复地、多维度同时进行的过程。因此有从"教授"写到"教学"，从"教学"写到"教学做"的过程；有对试验主义与新教育、生利主义与职业教育、学生自治、在劳力上劳心、以教人者教己的倡导；有以"中心小学"为中心的中国师范教育建设论；有"农业上安根，工商业上出头"的农民出头或中国复兴论；有"中国乡村教育走

① 见本书第3页。

错了路！……前面是万丈悬崖，同志们务须把马勒住，另找生路！”[①]的警语；还确立了“敢探未发明的新理”、“敢入未开化的边疆”为基本素质的第一流教育家的标准；还将“适合国情，适合个性，适合事业学问需求”作为学制创新的尺度，将科学的精神、美术的精神、大丈夫的精神作为引导学生的目标，将“人中人”作为为人的准则，农夫的身手、科学的头脑、改造社会的精神作为乡村教师必备的条件。这些都是他在所行的过程中产生所信，然后写出来，经过多个回合熔炼出的结果。

然而，所写、所信、所行又不仅仅是一种个体体验，而是由这种个体体验发挥出的社会改造运动，“筹募一百万元基金，征集一百万位同志，提倡一百万所学校，改造一百万个乡村”，“一心一德的为中国乡村开创一个新生命”[②]，便是发起这一运动的宣言，晓庄试验乡村师范学校和改造乡村教育同志会便是这一运动的实践。

将所写、所信、所行看成同一件事，从哲理角度看，是基于“真知识的根是安在经验里的”认识，没有经验的知识就好比没有储备金的钞票，只写、不信、不行的学者一如滥发钞票的银行，滥发的钞票不值钱，滥写的文字也无多大价值，这本是极简单的道理，却不为众多的人理解，他们仅仅为稿酬、为职称、为学位堆积出如山的文字。

更深一层，所写、所信、所行构成了一条推动人生，也是推动社会向前发展的动力之链，他将所信的变成自己和乡村教师的 18 项信条，“并下定决心，终身奉行，始终如一”，用“写”的方式供大家“共同温习”，目的在于实行。这一力量之链在不断地向前推进时

① 《陶行知全集》第 1 卷，第 85 页。

② 同上书，第 82 页。

发出越来越强大的力量，正是这股力量铸就了陶行知的人生奇迹，同时铸就了20世纪上半叶的若干教育奇迹。

正因为此，陶行知强调教育改造与社会改造不可分，指出生活教育的远景是建立大同世界、天下为公。他意识到，建立民主共和的社会是人类发展的大势所向，提出："中国将来是非民主不可的，中国的教育也是非民主不可的。"他主张学生要通过自治学习民主，学生自治是学生结起团体来，大家学习自己管理自己的手续，能养成自己管理自己的能力，有自己立法、执法、司法的意识。认为养成共和的人民，必须用自治的方法，"自治可以养成我们对于公共事情上的愿力、智力、才力"。[①] 进而主张民主教育需要通过民主的方式管理学校。民主的校长要提拔为老百姓服务的人，将校门打开促使学校社会共同进步。

他主张教育为公，以达到天下为公；全民教育，以实现全民政治；反对党化教育，反对党有党办党享的教育；教人民肃清法西斯细菌，以实现真正的民主；启发觉悟性，教人民进行自觉的学习，遵守自觉的纪律，从事自觉的工作与奋斗；培养创造力，以实现创造的民主和民主的创造。

他倡导为博爱而学习，为独立而学习，为民主而学习，为和平而学习，为科学创造而学习。他提出"做民众运动要陪着民众干，不要替民众干"，认为"唯独有自立、自治、自卫能力的民族，才能享和平的幸福"，所以，要把人民培养成"国家有智慧，有实力，有责任心的国民"。他常告诫学生"为农人服务，帮助农人解除痛苦，帮助农人增进幸福"。

---

① 见本书第22—30页。

他认为教农民出头的关键在于农民能自主,“就得教农民实行把民权操在手中,运用国家的权力来出头”,包括“如何训练农民执民权,如何教他们运用选举权、罢官权、创制权、复决权”①,要教农人自己从时代的车轮底下爬起来,创造一个四通八达的大同世界。

他提出要做追求真理、讲真理、驳假话、跟学生学、教学生作先生、和大众站在一条战线上的大众教师;提倡做前进的青年大众,要对大众实行文化解放,要在认识、工具、方法、组织、时间和文化创造上解放,打破文化奴役的“三寸金头”,将民族解放、大众解放、文化解放联起来看,联起来想,联起来干。

现在已经比较热的教育或其他各门学科的研究当中,往往只有“所写”,没有“所信”、“所行”,更谈不上形成一个力量之链,于是乎不少人著述等身,但除了累加了自己的职称或学位,对于自己内质的提升,或对于使生活得更加美好,或对于一个更为理想的社会的形成,不能产生丝毫的力量。这不只是一种悲哀,还是一种社会资源与生命力的巨大浪费,是陶行知所说的消耗的教育或学术。但愿此文能起到提示作用,帮助那些迷于“所写”的人走出迷宫,找到自己的所信,明了自己所行,提高所写的“含金量”,形成对自己人生及对社会发展都较有力的力量之链,用于关爱自己,关爱人类。

陶行知所开辟的道路,需要我们坚定地走下去,我们有责任将他播下的爱的种子撒向一切需要爱的地方,酿造出更多的幸福果实,供大众分享。

---

① 见本书第96页。